不動産賃貸の所得税 Q&A

安井 和彦 編著

税務研究会出版局

はしがき

　今般、税務研究会から不動産所得の税務についての執筆依頼があり、本書を執筆することになりました。平成29年11月に出版した「所得税重要事例集」の共著者増渕実税理士との共著とすることになりました。

　不動産所得の税務は一見すると易しそうにみえますが、細部を見ると、法人税の取扱いと異なる所得税特有の取扱いがあります。

　例えば、収入金額の計上時期について、所得税基本通達36－5は、契約又は慣習により支払日が定められているものについては支払日、支払日が定められていないものについてはその支払いを受けた日と定めています。したがって、前家賃を約定に基づき受け取った場合には、その受け取った日の属する年分の収入金額となり、前受家賃（負債勘定）として取り扱う通常の簿記の取扱い、法人税の取扱いと異なります。この基本通達の取扱いとは別に、個別通達の昭48直所2－78「不動産等の賃貸料に係る不動産所得の収入金額の計上時期」は、一定の要件のもとに、この基本通達の定めと異なる取扱いを定めています。この個別通達も、「不動産等の貸付けが事業として行われている場合」と「不動産等の貸付けを事業的規模で行っていない場合」に分けて異なった要件を定めています。

　資産損失の必要経費算入を規定している所得税法51条も、「不動産等の貸付けが事業的規模で行われている場合」には同条1項が適用になり、「事業的規模で行っていない場合」には同条4項が適用になります。

　このように、法人税の一般的な取扱いと異なる取扱いをする点には注意をする必要があるように思われます。

　また、一般的には、不動産所得の赤字は他の所得と損益通算（所得税法69条）ができますが、土地等を取得するための利子（措置法41条の4）や特定組合員、特定受益者（措置法41条の4の2）に係る不動産所得の赤字のように、不動産所得の赤字でも損益通算が認められていないものもあります。

　更に、昨今、国をまたいだ人の出入り、国をまたいだ商取引が急速に増加し、非居住者が日本国内で不動産を取得し不動産所得を有するようになった

り、国内で不動産を所有し不動産所得があった者が海外に赴任したりするケースも増加しているように思われます。このような状況を考えると、非居住者に係る不動産所得の取扱いの知識も必要になっているということができます。

この他にも、民泊やシェア・ハウスなど従来なかった取引も行われるようになってきています。

以上のような問題意識のもとに、本書を作りました。

本書がこのような問題意識に充分に答えているかというと、筆者自身、心もとない部分を否定することはできませんが、足らない点については、今後読者の御意見を聞きながら補ってゆきたいと考えています。

最後に、本書が完成する過程において、筆者の不手際から、税務研究会出版局の知花隆次氏に多大なご苦労をかけたにもかかわらず、快く、足らないところを補ってくれた知花氏に心から感謝したいと思います。

平成30年11月

安井　和彦

目　次

第1章　総　論

- **1-1**　所得区分と不動産所得の意義 …………………………… *2*
- **1-2**　不動産所得の規模による所得税法上の取扱いの相違点 …… *4*
- **1-3**　不動産所得の事業的規模の判定 ………………………… *9*
- **1-4**　不動産所得がある者の納税地 …………………………… *11*

第2章　収入金額

- **2-1**　不動産賃貸料収入の計上基準 …………………………… *16*
- **2-2**　頭金、権利金、敷金の収入計上時期 …………………… *18*
- **2-3**　返還を要しないこととなる保証金、敷金 ……………… *21*
- **2-4**　契約終了時に定額の解約料を賃借人が賃貸人に支払うこととされている場合 …………………………………………… *24*
- **2-5**　数年分の賃貸料を一括して受領した場合 ……………… *27*
- **2-6**　借地権を設定し権利金を受領した場合 ………………… *30*
- **2-7**　借地権の放棄を受けた場合 ……………………………… *33*
- **2-8**　借地権の更新料をもらった場合 ………………………… *36*
- **2-9**　賃借人と係争になり家賃の受領を拒否している場合 … *38*
- **2-10**　立退料と家賃の相殺 …………………………………… *41*
- **2-11**　不動産業者が販売目的の不動産を一時的に貸し付けた場合の所得 ……………………………………………………… *44*
- **2-12**　工事用車両の通行を承諾した謝礼金 ………………… *46*
- **2-13**　上空の使用料をもらった場合 ………………………… *47*
- **2-14**　建築工事の工期遅延違約金をもらった場合 ………… *50*
- **2-15**　事業の用に供した後に値引きがあった場合 ………… *52*
- **2-16**　過年分の制限超過利息の返還を受けた場合 ………… *54*

2-17	固定資産に受けた損害の賠償金をもらった場合	57
2-18	過去の年分の固定資産税等が遡及して還付された場合	60
2-19	還付された消費税の収入計上時期	63
2-20	土地の賃料がない場合あるいは低額である場合	64
2-21	保証金を預かった場合の経済的利益	67
2-22	土砂の捨て場として農地を使用させて受け取った補償金	70
2-23	砂利を採取させたことによる所得	72
2-24	ゴルフ練習場施設を一括して賃貸している場合	73
2-25	太陽光発電による余剰電力の売却収入	75
2-26	未分割の相続財産から生ずる不動産所得	78
2-27	モータープールの所得	80
2-28	土地を無償で借り受けて駐車場経営をしている場合	82
2-29	非居住者が国内の不動産を賃貸している場合	84

第3章　減価償却

3-1	減価償却資産の取得価額の範囲	90
3-2	土地と建物を一括購入した場合の建物の取得価額	91
3-3	受取保険金で新築したアパートの取得価額	93
3-4	時価の１／２未満で譲り受けた減価償却資産の取得価額	95
3-5	建物を取得するために支出した立退料	96
3-6	建物の取得価額に算入する費用（住民対策費等）の範囲	98
3-7	駐車場を敷設するための工事費用	99
3-8	空き家となっている賃貸用建物の減価償却	101
3-9	賃貸アパートに設置した太陽光発電設備の減価償却	103
3-10	アパートの建替えに伴い交付を受けた国庫補助金等の取扱い	105
3-11	少額の減価償却資産の判定	107
3-12	消費税等の経理処理方式の違いによる少額の減価償却資産の判定	109
3-13	法人成りした場合の一括償却資産の必要経費算入	110

3-14	旧定額法と旧定率法による減価償却費の計算（平成19年3月31日以前に取得した場合） …………………… 112
3-15	定額法と定率法による減価償却費の計算（平成19年4月1日以後に取得した場合） ……………………… 115
3-16	定額法を定率法等に償却方法を変更した場合の償却費の計算 … 117
3-17	定率法を定額法等に償却方法を変更した場合の償却費の計算 … 120
3-18	中古資産を非業務用から業務用に転用した場合の減価償却費の計算 …………………………………………………………………… 123
3-19	年の中途で減価償却資産の償却累計額が償却可能限度額に達した場合の償却費の計算 …………………………………………… 127
3-20	死亡した日の属する月の減価償却費の取扱い …………………… 129
3-21	建物の用途を転用した場合の減価償却費の計算 ………………… 131
3-22	年の中途で譲渡した場合の減価償却費の取扱い ………………… 132
3-23	減価償却資産の償却費を必要経費に算入していなかった場合 … 134
3-24	旧定率法を選定していた者が新たに資産を取得した場合 ……… 135
3-25	共有建物について共有者と異なる償却方法を採用することの適否及び共有部分を取得して単独所有とした場合の償却方法 …… 138
3-26	相続等により取得した減価償却資産の償却方法 ………………… 140
3-27	相続等以外で事業承継した場合の減価償却の方法 ……………… 142

第4章　繰延資産

4-1	市道舗装負担金及びアーケード工事分担金の取扱い …………… 146
4-2	公共下水道の設置に伴う受益者負担金と水道施設利用のための水道負担金の取扱い ……………………………………………… 148
4-3	太陽光発電設備の設置に伴う工事負担金の取扱い ……………… 150
4-4	繰延資産の償却の開始時期と償却費の計算 ……………………… 151
4-5	分割で支払う繰延資産の償却費の計算 …………………………… 153
4-6	少額の繰延資産に該当するかどうかの判定 ……………………… 155

第5章　資本的支出と修繕費

- 5-1　資本的支出の判定 …………………………………………………… *158*
- 5-2　資本的支出をした場合の減価償却費の計算方法 ……………… *159*
- 5-3　定率法を採用している減価償却資産に資本的支出をした場合の減価償却費の計算方法 ……………………………………………… *162*
- 5-4　資本的支出と修繕費の区分の特例 ………………………………… *164*
- 5-5　修繕費の判定 …………………………………………………………… *166*
- 5-6　少額又は周期の短い費用の必要経費算入 ……………………… *168*
- 5-7　災害による復旧費用の必要経費算入 ……………………………… *170*

第6章　資産損失

- 6-1　土地と共に取得した建物の取壊し費用等の取扱い …………… *174*
- 6-2　賃貸用建物の取壊し費用 …………………………………………… *176*
- 6-3　アパートに建て替えた場合の居住用家屋の取壊し損失等 …… *178*
- 6-4　建築中に滅失した建物の損失 ……………………………………… *180*
- 6-5　年の中途で取り壊した減価償却資産の未償却残額と資産損失 … *182*
- 6-6　不動産所得（業務的規模）の基因となる固定資産の取壊し損失 … *183*
- 6-7　火災により焼失したアパートの損失の計算 ……………………… *185*
- 6-8　事業以外の業務用資産の災害による損失 ……………………… *188*

第7章　支払利子・保険料

- 7-1　土地を取得するための借入金の利子 ……………………………… *192*
- 7-2　アパート建築期間中の借入金の利子の取扱い ………………… *195*
- 7-3　家賃収入がない期間の借入金利子の取扱い …………………… *198*
- 7-4　譲渡した業務用資産に係る借入金利子の取扱い ……………… *200*
- 7-5　生計を一にする父からの借入金でアパートを取得した場合の利息の取扱い ……………………………………………………………… *202*

7-6	ローンで取得した自宅を担保にした借入金でアパートを取得した場合のローンの利息の取扱い……………………………… 205
7-7	収用に伴って借入金で代替資産を取得した場合の借入金利子の取扱い……………………………………………………………… 208
7-8	アパートの持分の2分の1、アパート取得のための借入金の全部を相続した場合…………………………………………………… 210
7-9	借入金で事務所併用住宅を取得し使用していたが、事情により事務所部分を貸し付けようとしている場合の借入金利子………… 212
7-10	借入金で取得した固定資産を譲渡した場合の借入金利子の取扱い……………………………………………………………………… 214
7-11	銀行借入れの条件とされた生命保険の保険料の取扱い………… 217
7-12	火災保険の保険料を借入金で支払った場合の借入金利子の取扱い……………………………………………………………………… 219

第8章　その他の必要経費

8-1	不動産所得に係る短期前払費用………………………………… 224
8-2	アパート火災により賃借人に支払った見舞金………………… 225
8-3	建物の売買契約の解除に伴い返還されない手付金……………… 227
8-4	賃借人の立退きに際して返還を要しない保証金を返還した場合……………………………………………………………………… 229
8-5	信用保証協会に支払う保証料…………………………………… 230
8-6	アパートの建替えのために地主に支払う承諾料……………… 233
8-7	所得税の課税処分に関して支払った弁護士費用……………… 234
8-8	相続の争いに関する弁護士費用と相続登記費用……………… 237
8-9	賃貸している建物の明渡し訴訟費用…………………………… 239
8-10	マンション建設に伴い近隣住民に支払った補償金等………… 240
8-11	マンション建築主が負担する埋蔵文化財の発掘費用………… 242
8-12	建築を取り止めた賃貸マンションの設計料…………………… 243
8-13	賃借人に支払った立退料………………………………………… 245

8-14	立退料を分割で支払った場合の必要経費算入時期 …………… 247
8-15	土地の不法占拠者を立ち退かせるために要した費用 ………… 249
8-16	転勤により自宅を賃貸した場合の自己の居住用アパートの支払家賃 ……………………………………………………………… 251
8-17	賃貸用建物の建築計画を中断している期間の土地に係る費用… 253
8-18	賃貸マンション建築工事の着手金の貸倒れ …………………… 255
8-19	不動産貸付け（事業に至らない規模）における回収不能となった未収家賃 ……………………………………………………… 258
8-20	修正申告に伴う消費税及び事業税の必要経費算入時期 ………… 260
8-21	土地等を取得した場合の未経過固定資産税等の清算金 ………… 262
8-22	相続により取得した賃貸マンションに係る固定資産税等 ……… 263
8-23	不動産を使用貸借により貸し付けている場合の必要経費 ……… 265
8-24	賃貸マンションの修繕積立金 …………………………………… 267

第9章　青色申告関係

9-1	親族に給与等を支払う場合 ………………………………………… 272
9-2	青色事業専従者と配偶者控除・扶養控除 ………………………… 275
9-3	事業的規模に至らない不動産所得から65万円の青色申告特別控除を引けるか …………………………………………………… 279
9-4	不動産所得と事業所得がある場合の青色事業専従者給与・事業専従者控除の取扱い …………………………………………… 282
9-5	事業専従者が他に職業を有する場合 ……………………………… 284
9-6	不動産が共有である場合の事業専従者 …………………………… 286
9-7	青色事業専従者給与が未払いである場合 ………………………… 289
9-8	非居住者が青色専業専従者給与を支払った場合等 ……………… 291
9-9	賃貸不動産が共有の場合の青色申告特別控除 …………………… 294
9-10	65万円の青色申告特別控除を引くと不動産所得が20万円以下になる場合 ……………………………………………………… 296
9-11	年の中途から青色事業専従者にすることの可否 ……………… 298

9-12	年の中途で青色専従者給与の額を変更する場合 …………… 300
9-13	青色事業専従者に支払う退職金 ……………………………… 302
9-14	青色申告特別控除を10万円から65万円に変更する際の手続 … 304
9-15	修正申告をする際の青色申告特別控除 ……………………… 306
9-16	年の途中で事業主が死亡した場合の所得控除等の取扱い …… 308
9-17	年の途中で事業的規模から業務的規模に変わった場合 ……… 312

第10章 損益通算

10-1	別荘を貸し付けた場合の不動産所得の損失の損益通算 ………… 316
10-2	非居住者の純損失の繰越控除 ………………………………… 318
10-3	居住者期間中の純損失の金額は非居住者となった後の申告で繰越控除できるか ……………………………………………… 320

第11章 地方税

11-1	不動産貸付けと事業税 ………………………………………… 326
11-2	事業税における「事業的規模」の認定基準 …………………… 329
11-3	償却資産と申告手続について ………………………………… 331
11-4	償却資産の申告対象になる資産とならない資産について ……… 335

第12章 その他

12-1	役員をしている法人に貸している土地を無償で返還してもらう場合 …………………………………………………………… 338
12-2	信託を設定した場合 …………………………………………… 341
12-3	任意組合を作った場合 ………………………………………… 343
12-4	任意組合における特定組合員の所得計算 …………………… 346

第13章　新たな形態の取扱い

13-1	「民泊」の事業形態 …………………………………………… 352
13-2	住宅宿泊事業により生じる所得の区分……………………… 355
13-3	住宅宿泊事業における必要経費……………………………… 357
13-4	住宅宿泊事業における必要経費の計算……………………… 359
13-5	住宅宿泊事業と消費税の課税関係…………………………… 361
13-6	不動産賃貸のフリーレントに係る収入金額の計上時期…… 364
13-7	サブリース（一括転貸）における税務上の取扱い………… 367
13-8	シェアハウスにおける税務上の取扱い…………………… 370

主な凡例

本書で使用されている主な略称は以下のとおりです。

- 所法………所得税法
- 所令………所得税法施行令
- 所規………所得税法施行規則
- 所基通……所得税基本通達
- 租法………租税特別措置法
- 地法………地方税法
- 県通………地方税法の施行に関する取扱いについて（道府県税関係）
- 市通………地方税法の施行に関する取扱いについて（市町村税関係）

本書の内容は、平成30年11月1日現在の法令等によっています。

第 1 章

総　論

1-1 所得区分と不動産所得の意義

質問

アパートなどの不動産を賃貸して得た所得は、所得税法上どのように取り扱われるのですか。

回答

不動産所得に区分され、他の所得区分に区分される所得と合算されて総合課税の方法により課税されます。

解説

1 所得税の課税計算

所得税は、個人の所得に課される国税で、その課税方法は所得税法が規定しています。

所得とは、外部との取引により増加した資産の増加部分をいうものと考えられています。

所得税は、所得税を課さない所得(非課税所得、所法9)以外の所得については、3つの方式により課税されます。

①源泉分離課税	所得税をその所得に係る収入が支払われる際に所得税を徴収し、課税関係をそれで完結させる方式
②申告分離課税	確定申告をするが、他の所得と区分して税額を計算する方式
③総合課税	他の所得と合算して税額計算を行う方式

なお、不動産所得は上記③総合課税の方式で課税されます。

2 所得税法における所得分類と不動産所得

所得税法は、所得をその性質に応じて10種類に分類しています。

> ①利子所得（所法23）　②配当所得（所法24）　③不動産所得（所法26）
> ④事業所得（所法27）　⑤給与所得（所法28）　⑥退職所得（所法29）
> ⑦山林所得（所法32）　⑧譲渡所得（所法33）　⑨一時所得（所法34）
> ⑩雑所得（所法35）

　アパートの賃貸収入などは、上記③不動産所得に分類されますが、所得税法26条は、不動産所得とは、不動産、不動産の上に存する権利、船舶又は航空機（不動産等）の貸付け（地上権又は永小作権の設定その他他人に不動産等を使用させることを含む。）による所得（事業所得又は譲渡所得に該当するものを除く。）をいうと定めています。

　民法86条は、土地及びその定着物は、不動産とすると規定していますが、不動産所得をもたらす資産は民法上の不動産に限られず、船舶や航空機も含まれることになり、所得税法26条はこれらを併せて「不動産等」としています。

　不動産の上に存する権利とは、地上権、永小作権、地役権等を指します。

　また、「貸付け」とは、地上権、永小作権の設定のほか他人に不動産等を使用させる一切の行為を含みます。

　事業所得又は譲渡所得に該当するものは、不動産等の貸付けによる所得であっても、不動産所得からは除かれ、不動産所得にはなりません。

3　事業所得との関係

　不動産等の貸付けによる所得であっても、事業所得に該当するものは、不動産所得に該当しません。

　所得税法27条は、事業所得とは、農業、漁業、製造業、卸売業、小売業、サービス業その他の事業で政令で定めるものから生ずる所得（山林所得又は譲渡所得に該当するものを除く。）をいうと規定し、同法施行令63条は具体的に事業所得の基因となる事業を定めていますが、不動産等の貸付業に該当するものは、事業所得の基因となる事業に該当しないものと定めています。

　したがって、不動産等の貸付けを業として行っていた場合でも、事業所得にはならず、不動産所得となります。

　そうすると、不動産所得に該当せず事業所得あるいは雑所得に該当する不動産等の貸付けとはどういうものかが問題になりますが、以下のとおり整理

することができます。

不動産所得	・不動産所得が資産所得であり、事業所得は資産・勤労共同の所得であるので、所得が専ら不動産等を利用するものである場合
事業所得あるいは雑所得	・不動産等の使用のほかに役務の提供が加わり、これらが一体となった給付の対価という性質を持つ場合 ・事業者が事業に関して不動産等の貸付けをし、その収入が事業所得の付随収入と見られるような場合

4 譲渡所得との関係等

　借地権又は地役権の設定の対価として支払いを受ける権利金収入は、原則として不動産所得となります。

　借地権等の設定に伴い更地価額の2分の1（特定の場合には4分の1）を超える権利金収入があった場合には、譲渡所得の収入金額になります（所法33①、所令79①）。

　所得税法33条2項1号は、たな卸資産の譲渡その他営利を目的として継続的に行われる資産の譲渡による所得は譲渡所得に含まれないと規定しています。

　そうすると、更地価額の2分の1を超える借地権等の設定の対価を収受する行為が、営利を目的として継続的に行われる場合の所得区分が問題になります。

　このような所得は、土地の部分的譲渡の対価として、不動産所得から除かれ、それが営利を目的として継続的に行われているので事業所得あるいは雑所得に該当することになります。

1-2 不動産所得の規模による所得税法上の取扱いの相違点

質問

　私は、退職を機にアパート経営を始めようと考えています。アパート経営の規模の大小により、所得税の取扱いが異なるそうですが、どのように違う

のですか。

回答

　不動産の貸付けの規模が事業的規模の場合と事業的規模に至らない規模の場合の所得金額の計算上の主な相違点には、以下のものがあります。
　①資産損失の必要経費算入、②貸倒損失、③貸倒引当金、④事業専従者給与又は事業専従者控除、⑤青色申告特別控除、⑥確定申告における延納に係る利子税

解説

1　事業的規模の場合と事業的規模に至らない場合の対比

要点をまとめると以下のとおりです。

	事業的規模の場合	事業的規模に至らない場合
①資産損失の必要経費算入	賃貸用固定資産の取壊し、除却などの資産損失については、事業的規模の場合は、その全額を必要経費に算入する。	その年分の資産損失を差し引く前の不動産所得の金額を限度として必要経費に算入する。災害、盗難、横領による損失の場合は雑損控除の適用対象。
②貸倒損失	損失の生じた日の属する年分の不動産所得の金額の必要経費に算入する。	未収家賃を収入金額に計上した年分の不動産所得のうち貸倒れとなった金額に対応する金額がなかったものとみなす。更正の請求を行うことができる。
③貸倒引当金	一定金額を必要経費に算入できる。	適用なし。
④事業専従者給与又は事業専従者控除	適用あり。	適用なし。
⑤青色申告特別控除	最高65万円	最高10万円
⑥確定申告における延納に係る利子税	不動産所得を生ずべき事業から生じた所得に対応する部分は必要経費に算入する。	適用なし。

2 資産損失の必要経費算入

(1) 事業的規模の場合

　所得税法51条1項は、事業用資産の取壊し、除却、滅失等により生じた損失（資産損失）について、その損失の金額（保険金、損害賠償金その他これらに類するものにより補塡される部分の金額を除く。）は必要経費に算入すると規定しています。

(2) 事業的規模に至らない場合

　所得税法51条4項は、業務用（事業的規模に至らないもの）資産の損失の金額について、その年分の不動産所得の金額を限度として必要経費に算入すると規定しています。

　この場合の不動産所得の金額は、この規定を適用しないで計算した不動産所得の金額です。

　この損失が、災害、盗難、横領（災害等）によるものである場合には、雑損控除（所法72①）の適用対象になります。

　なお、災害等による損失の場合には、納税者の選択により、所得税法51条4項と72条1項を選択して適用することができます（所基通72-1）。

3 貸倒損失

(1) 事業的規模の場合

　所得税法51条2項は、不動産所得を生ずべき事業について、その事業の遂行上生じた売掛金、貸付金、前渡金その他これらに準ずる債権の貸倒れその他政令で定める事由により生じた損失の金額は、その者のその損失の生じた日の属する年分の不動産所得の金額の計算上必要経費に算入すると規定しています。

　したがって、未収家賃が貸倒れになった場合の損失は、その損失の生じた日の属する年分の必要経費に算入されます。

(2) 事業的規模に至らない場合

　所得税法64条1項は、事業所得、不動産所得又は山林所得を生ずべき事業から生じた所得以外の収入金額の全部若しくは一部を回収することができないこととなった場合には、その回収することができないこととと

なった金額に対応する部分の金額は、当該所得金額の計算上なかったものとみなすと規定しています。

したがって、事業的規模に至らない規模の不動産所得については、未収家賃を収入金額に計上した年分にさかのぼって、その年分の不動産所得の金額のうちその貸倒れとなった金額に対応する部分の金額がなかったものとみなして、当該収入金額に計上した年分の不動産所得の金額を再計算し、その再計算した所得金額に基づいて更正の請求を行うこととなります（所法152、所令180）。

4 貸倒引当金

(1) 事業的規模の場合

所得税法52条1項は、不動産所得を生ずる事業を営む居住者について、その年の12月31日において、未収家賃の貸倒れによる損失の見込額として一定の金額を必要経費に算入できる旨規定しています。

(2) 事業的規模に至らない場合

所得税法52条1項は、事業的規模の不動産所得のある者について定めたものであり、事業的規模に至らない規模の不動産所得を有する者には適用がありません。

5 事業専従者給与又は事業専従者控除

(1) 事業的規模の場合

所得税法56条は、居住者と生計を一にする配偶者その他の親族がその居住者の営む不動産所得を生ずべき「事業」に従事したことその他の事由により当該事業から対価の支払いを受ける場合について規定し、同法57条1項は、青色申告者と生計を一にする配偶者その他の親族で専らその青色申告者の営む同法56条に規定する「事業」に従事する者について、その者に支払う給与の支払いの取扱いを定めています（青色申告の事業専従者給与）。

また、所得税法57条3項は、青色申告者以外の者について、その者の営む不動産所得を生ずべき「事業」につき、その者と生計を一にする配

偶者その他の親族で専らその者の営む同法56条に規定する「事業」に従事する者に係る必要経費算入額（事業専従者控除）を規定しています。

(2) **事業的規模に至らない場合**

所得税法57条1項及び3項は、いずれも、不動産所得を生ずべき「事業」を営む場合の規定なので、事業的規模に至らない不動産所得の場合には適用がありません。

事業的規模に至らない不動産所得を生ずべき業務に居住者と生計を一にする配偶者その他の親族が従事したことその他の事由によりこれらの者が当該業務から対価の支払いを受ける場合については、必要経費に算入することはできないと考えられています。

6 青色申告特別控除

(1) **事業的規模の場合**

不動産の貸付けが事業的規模で行われている場合には、青色申告者で正規の簿記の原則に従った帳簿書類に基づいて作成された貸借対照表及び損益計算書等を確定申告書に添付するなど一定の要件を満たす場合は、最高65万円の青色申告特別控除の適用が受けられます。

(2) **事業的規模に至らない場合**

不動産の貸付けが事業的規模に至らない場合や事業的規模であっても簡易な記帳方法を採用している場合には、最高10万円の青色申告特別控除の適用を受けることになります（措法25の2①③）。

7 確定申告における延納に係る利子税

(1) **事業的規模の場合**

所得税の延納に係る利子税のうち、不動産所得を生ずべき事業から生じた所得に対応する部分は必要経費に算入されます。

(2) **事業的規模に至らない場合**

事業的規模に至らない場合には、必要経費に算入することはできません（所法45①二、所令97①一）。

1-3 不動産所得の事業的規模の判定

質問

私は、退職を機にアパート経営を始めようと考えています。アパート経営が事業的規模かそれ以下の規模かにより所得税の取扱いが異なるそうですが、事業的規模かどうかの判定基準を教えてください。

回答

建物の貸付けが事業として行われているかどうかの判定基準を定めた所得税基本通達26－9を基本に判定します。

解説

1 所得税基本通達26－9の定め

所得税基本通達26－9は、建物の貸付けが不動産所得を生ずべき事業として行われているかどうかは、社会通念上事業と称するに至る程度の規模で建物の貸付けを行っているかどうかにより判定すべきであるとした上で、次に掲げる事実のいずれか一に該当する場合又は賃貸料の収入の状況、貸付資産の管理の状況等からみてこれらの場合に準ずる事情があると認められる場合には、特に反証がない限り、事業として行われているものとすると定めています。

(1) 貸間、アパート等については、貸与することができる独立した室数がおおむね10以上であること。
(2) 独立家屋の貸付けについては、おおむね5棟以上であること。

2 不動産管理会社に一括して貸し付けている場合

所得税基本通達26－9は、建物の貸付けが、(1)貸間、アパート等については、貸与することができる独立した室数がおおむね10以上である場合、又は(2)独立家屋の貸付けについては、おおむね5棟以上である場合には、特に反証のない限り、事業として行われているものとすると定めています。

この(1)又は(2)の要件を満たしている限り、事業的な規模のものとすると定めていますので、建物の貸付けの方法が不動産管理会社に建物を一括して貸し付けているという場合においても、事業的規模のものと考えられます。

3 土地の貸付けの場合

不動産の貸付けが「事業的規模」のものかどうかは、社会通念上事業と称するに至る程度の規模かどうかによります。

土地だけの貸付けも、貸付資産の規模、賃貸料収入の状況、貸付資産の管理に特別の人的、物的施設を設けているかどうかなど諸般の事情を勘案して事業的規模かどうかを判定することになります。

この判定が難しい場合には、所得税基本通達26－9で定めている建物の貸付けの場合の形式基準を参考に判定することになります。

この場合、①貸室1室及び貸地1件当たりの平均賃貸料の比率、②貸室1室及び貸地1件当たりの維持・管理及び債権管理に要する役務提供の程度等を考慮して、地域の実情及び個々の実態等に応じて判定することになります。

実務的には、1室の貸付けに相当する土地の貸付件数を、「おおむね5」として判定することとされています。

したがって、例えば、貸室8室と貸地10件を賃貸しているという場合には、貸地10件を貸室2室（10÷5＝2）と換算し、貸室10室を賃貸しているものとして、事業的規模のものと判定することになります。

4 不動産が共有の場合における事業的規模の判定

賃貸マンションを夫婦や親子・兄弟の共有で所有する場合のように、賃貸不動産が共有の場合に、所得税基本通達26－9の(1)貸間、アパート等については、貸与することができる独立した室数がおおむね10以上である場合、又は(2)独立家屋の貸付けについては、おおむね5棟以上である場合という形式基準の使い方が問題になります。

すなわち、10室あるいは5棟という形式基準は、共有者の各共有持分で按分し、その按分したところの室数あるいは棟数によって判定するのかどうかということです。

この場合には、共有持分で按分した室数あるいは棟数ではなく、按分前の室数あるいは棟数により判定することとされています。

例えば、親子で、部屋数が12室あるマンションを2分の1ずつの共有で所有していたという場合に、共有持分で12室を按分すると、共有者1人当たり6室となり、10室という所得税基本通達26－9の形式基準に当てはめると事業的規模にならないということになりますが、実務的には、12室を2分の1ずつに按分せず、12室が10室以上であるかどうかという判定を行うことになります。

1-4 不動産所得がある者の納税地

質問

私は、貸事務所を賃貸し不動産所得があります。貸事務所の所在地を納税地にすることができますか。

回答

賃貸資産があるというだけで、その所在地を納税地とすることはできません。不動産の貸付けが事業と称するに足るものであり、かつ、管理事務所等を有する場合に限り、その資産の所在地を「事業場等」として納税地にすることができます。

解説

1 納税地

国税通則法21条は、納税申告書（通則法2六）は、その提出の際におけるその国税の納税地を所轄する税務署長に提出しなければならないと規定しています。

そして、所得税法15条は、所得税における納税地を次のように規定しています。

(1) 国内に住所を有する場合

その住所地（所法15一）、ただし、国内に住所のほか居所も有する場合には、住所地に代えてその居所地を納税地とすることができます（所法16①）。

(2) 国内に住所を有せず、居所を有している場合

その居所地（所法15二）

(3) 国内に住所又は居所を有し、かつ、それ以外の場所にその営む事業に係る事業場その他これに準ずるもの（事業場等）を有する場合

住所地又は居所地に代えて、主たる事業場等の所在地を納税地とすることができます（所法16②）。

2 貸事務所等への納税地の変更

住所又は居所以外の場所を納税地とすることができるのは、住所及び居所以外の場所にその営む事業に係る事業場その他これに準ずるものを有する場合です。

貸事務所や賃貸住宅等の不動産所得の基因となる資産が所在するというだけでは、事業場等に該当しませんので、その貸事務所や賃貸住宅の所在地を納税地とすることはできません。

住所や居所以外に賃貸不動産の所在地を納税地とすることができるのは、①不動産の貸付けが事業と称するに足る規模のものであること、及び②賃貸不動産を管理する管理事務所等の「事業場等」に該当するものがある場合です。

事業的規模（所基通26－9）のマンションの一部にその管理業務を行う事務所を設けたというような場合には、その所在地を納税地とすることができることになります。

3 非居住者となった場合の納税地

海外への転勤などで日本国内に住所及び居所を有しなくなる場合には、非居住者になります（所法2①五）。

海外へ転勤した後、それまで住んでいた家を賃貸したという場合には、不動産所得が発生します。

所得税法161条１項は、「国内源泉所得」を定義し、同項７号は、国内にある不動産の貸付けによる対価を掲げているので、非居住者であっても、国内にある不動産の貸付けによって発生する不動産所得は、総合課税の方法により所得税が課されます（所法164①）。

　国税通則法117条は、個人である納税者が国内に住所及び居所を有せず、若しくは有しないこととなる場合において、納税申告書（通則法２六）の提出その他国税に関する事項を処理する必要があるときは、その者は、当該事項を処理させるため、国内に住所又は居所を有する者で当該事項の処理につき便宜を有するもののうちから納税管理人を定めなければならないと規定しています。

　納税管理人の届出書が提出されると、税務署では、所得税に関する書類を納税者本人ではなく納税管理人の住所又は居所に送達します（通則法12①）。

　他方、申告書の提出先は、納税管理人の住所や居所ではなく納税者本人の納税地の所轄税務署長になります。

　国内に住所及び居所を有しない者の納税地は、次のとおりとなります。

区　分	納税地
①　国内に住所あるいは居所があり、それにより納税地を定められていた者が国内に住所及び居所を有しないこととなった場合において、その納税地とされていた場所にその者の親族その他その者と特殊の関係にある者として政令（所令53）で定める者が引き続き、又はその者に代わって居住しているとき（所法15四）	その納税地とされていた場所
②　①の場合以外の場合で、国内にある不動産の貸付け等の対価を受ける場合（所法15五）	当該対価に係る資産の所在地（例えば賃貸不動産の所在地）（その資産が２以上ある場合には、主たる資産の所在地）
③　住所、居所あるいは①又は②により納税地を定められていた者が、これらのいずれにも該当しないこととなった場合（所法15六、所令54一）	その該当しなくなった時の直前において納税地であった場所

④ ③以外の場合で、その者が国に対し所得税に関する法律の規定に基づく申告、請求その他の行為をする場合(所令54二)	その者が選択した場所(これらの行為が2以上ある場合には、最初にその行為をした際選択した場所)
⑤ ③及び④の場合以外の場合(所令54三)	麹町税務署の管轄区域内の場所

第 2 章

収入金額

2-1 不動産賃貸料収入の計上基準

質問

私は、貸事務所を賃貸し不動産所得がありますが、その家賃はその支払日を前月末日と決めています。

1月分の家賃は前年の12月31日までに支払いを受けることになりますが、この家賃は、当年分の収入金額になるのでしょうか、あるいは、前年分の収入金額になるのでしょうか。

回答

いわゆる前家賃の収入すべき時期は、その家賃の支払いを受けるべき時が原則です。

解説

1 所得税基本通達36-5(1)の定め

不動産所得の総収入金額の収入すべき時期（収益計上時期）については所得税基本通達36-5(1)が次のように定めています。

契約又は慣習により支払日が定められている場合	その定められた支払日
支払日が定められていない場合	その支払いを受けた日
請求があったときに支払うべきものとされている場合	その請求の日

法人の企業会計においては、地代家賃のような期間収益については、貸付期間の経過に応じて益金に算入することになります。

例えば、前月末日を支払日とする月払家賃の契約で10月から貸付けをした場合、12月決算の法人の法人税の計算上、期間対応により既経過の3か月分だけがその年の益金に算入され、1か月分は前受収益として処理されます。

所得税では、その年中に支払いを受けるべき4か月分がその年の収入金額に算入されることになります。

所得税においてこのような考え方が採られるのは、次のような理由による

ものとされています。

① 所得税法36条1項では、その年において収入すべき金額を総収入金額に算入すべきものとしていますが、この「収入すべき金額」とは、原則的には、収入すべきことが確定した金額つまり相手方にその支払いを請求し得ることとなった金額をいうものと解されていること
② 企業会計を前提とした法人税の所得計算においては、いわゆる期間計算の方法によって損益を計上すべきこととなるが、個人の所得税においては、それと所得計算の目的が必ずしも同一ではないので、直ちに企業会計の考え方が導入されるものではないこと
③ 個人の場合には、法人と異なり継続的記帳を前提とした所得計算がとりにくいこと
④ 5年、10年というような長期間の賃料を一括して収受する場合には、期間計算の方法を採ると納税の時期が大きくずれることになること

2 昭和48年11月6日付直所2-78「不動産等の賃貸料にかかる不動産所得の収入金額の計上時期について」の定め

　所得税の場合においても、事業所得については、企業会計の処理に従った所得計算を広く採り入れているので、不動産所得についてだけ常に所得税固有の計算方法によらなければならないとする必然性もないので、不動産所得についても、一定の要件を満たすものについては企業会計の方法による計算を認めることとされています。

(1) 不動産等の貸付けを事業的規模で行っている場合

　昭和48年11月6日付直所2-78「不動産等の賃貸料にかかる不動産所得の収入金額の計上時期について」は、次の各要件のすべてを満たす場合には、その賃貸料に係る貸付期間の経過に応じて、その年中の貸付期間に対応する部分の賃貸料の額をその年分の不動産所得の総収入金額に算入すべき金額とすることができると定めています。

① 不動産所得を生ずべき業務にかかる取引について、その者が帳簿書類を備えて継続的に記帳し、その記帳に基づいて不動産所得の金額を計算していること

> ② その者の不動産等の賃貸料にかかる収入金額の全部について、継続的にその年中の貸付期間に対応する部分の金額をその年中の総収入金額に算入する方法により所得金額を計算しており、かつ、帳簿上当該賃貸料にかかる前受収益及び未収収益の経理が行われていること
>
> ③ その者の1年をこえる期間にかかる賃貸料収入については、その前受収益又は未収収益についての明細書を確定申告書に添付していること

(2) **不動産等の貸付けが事業的規模に至らない場合**

　昭和48年11月6日付直所2-78「不動産等の賃貸料にかかる不動産所得の収入金額の計上時期について」は、次の各要件のすべてを満たす場合には、その者の1年以内の期間にかかる不動産等の賃貸料の収入金額については上記(1)の取扱いによることができると定めています。

> ① 上記(1)の①に該当すること
>
> ② その者の1年以内の期間にかかる不動産等の賃貸料の全部について(1)の②に該当すること

(注1) 上記(1)の場合(2)の場合ともに、所得税法67条《小規模事業者の収入及び費用の帰属時期》の規定(いわゆる「現金主義」)の適用を受けている場合には、上記の取扱いはありません。

(注2) 上記の「不動産賃貸料」には、不動産等の貸付けに伴い一時に受ける頭金、権利金、名義書換料、更新料、礼金等は含まれないものとされています。

2-2 頭金、権利金、敷金の収入計上時期

質問

私は、賃貸マンションを経営しています。マンション経営でもらう頭金、権利金、敷金等はどのタイミングで収入に計上するのですか。

回答

頭金、権利金、名義書換料等については、所得税基本通達36-6に、敷金

等については同通達36－7に、収入金額に計上すべき金額、収入に計上すべき日が定められています。

解　説

1　頭金、権利金、名義書換料等

　不動産の貸付け（貸付契約の更新及び地上権等の設定その他他人に不動産等を使用させる行為を含む。）をしたことに伴い一時に収受する頭金、権利金、名義書換料、更新料等に係る不動産所得の総収入金額の収入すべき時期は、当該貸付けに係る契約に伴い当該貸付けに係る資産の引渡しを要するか否かに応じて、次のとおりとなります（所基通36－6）。

　いずれも、金銭を受領した日ではありません。

資産の引渡しを要するもの	当該引渡しがあった日 ただし、契約の効力の発生の日とすることも認められます。
資産の引渡しを要しないもの	当該貸付けに係る契約の効力発生の日

　不動産等を貸し付けたことにより、賃貸人が支払いを受ける一時金の中には、譲渡所得になるもの（所令79）と不動産所得になるものがあります。

　このうち、譲渡所得となるものの収入金額の計上時期は、資産の引渡しがあった日によることを原則とし、契約の効力発生の日によることも認められています（所基通36－12）。更地価額の2分の1を超える借地権の権利金を受け取った場合には、譲渡所得の収入金額となり、所得税基本通達36－12により、収入計上時期は、資産の引渡しがあった日を原則とし、契約の効力の発生の日によることも認められます。権利金の額が、更地価額の2分の1以下であるため不動産所得に該当するものについても、両者のバランス上、同様に取り扱われます。

　更新料は、「貸付けに係る資産の引渡しを要しないもの」に該当するので、更新した契約の効力発生の日が、収入すべき時期になります。

2 敷金、保証金

　不動産の賃貸借契約を締結する際に、賃借人から賃貸人に支払われる敷金や保証金は、本来、賃借人の賃貸人に対する債務を担保するために支払われるものなので、これを賃貸人が受領しても、賃貸人の収入金額にはなりません。

　しかしながら、敷金や保証金という名称で賃借人から賃貸人に支払われる金銭等（敷金等）の中には、当初から、あるいは一定期間が経過すると、その全部又は一部について賃貸人が賃借人に返還することを要しないことが契約によって取り決められ契約書に記載されていることがあります。

　このようなものは、賃貸借契約の当事者が「敷金」あるいは「保証金」と呼んでいる場合であっても、それは本来の意味の「敷金」や「保証金」ではなく、権利金や更新料と同じ性質の金銭の支払いです。

　したがって、このような金銭の支払いは、当然、不動産所得の収入金額となります。

　その収入金額の計上時期は、その賃貸借契約の終了時ではなく、通常の原則に従い、返還を要しないことが確定した時に返還を要しないことが確定した金額が収入金額に計上すべき金額となります。

　所得税基本通達36－7は、各場合に分けて、収入金額に計上すべき金額及び収入金額に計上すべき日を次のように定めています。

① 敷金等のうちに不動産等の貸付期間の経過に関係なく返還を要しないこととなっている部分の金額	所得税基本通達36－6に定める日
② 敷金等のうちに不動産等の貸付期間の経過に応じて返還を要しないこととなる部分の金額がある場合における当該返還を要しないこととなる部分の金額	当該貸付けに係る契約に定められたところにより当該返還を要しなくなった日
③ 敷金等のうちに不動産等の貸付期間が終了しなければ返還を要しないことが確定しない部分の金額がある場合において、その終了により返還を要しないことが確定した金額	当該不動産等の貸付けが終了した日

　具体例を示すと次のようになります。
(1)　「敷金として100万円を差し入れるが、そのうち40％は償却し、残金は賃

貸借契約終了後に返還する。」という場合（表の①の場合）

100万円×40％＝40万円は、契約と同時に返還を要しないことが確定するので、所得税基本通達36－6により、原則として貸付資産の引渡し時の収入金額となります。

(2) 貸付期間10年の不動産賃貸借契約で、敷金を100万円差し入れ、敷金について「3年以内に解約した場合は全額返還し、5年以内に解約した場合には70％を返還するが、それ以後に解約した場合又は契約期間満了による賃貸借契約の終了の場合には50％を返還する」という場合（表の②の場合）

イ　貸付期間が3年経過した日の収入金額
　　100万円×（100％－70％）＝30万円
ロ　貸付期間が5年経過した日の収入金額
　　100万円×（50％－30％）＝20万円

(3) 貸付期間10年の不動産賃貸借契約で、敷金を100万円差し入れ、敷金について「3年以内に解約した場合は50％返還し、5年以内に解約した場合には70％を返還するが、それ以後に解約した場合又は契約期間満了による賃貸借契約の終了の場合には全額を返還する」という場合（表の③の場合）

イ　3年以内に解約した場合の解約日の収入金額
　　100万円×（100％－50％）＝50万円
ロ　5年以内に解約した場合の解約日の収入金額
　　100万円×（100％－70％）＝30万円

2-3　返還を要しないこととなる保証金、敷金

質問

私は、不動産業者の仲介で、事務室の賃貸借契約を締結し、事務室の賃貸を始めました。
この賃貸借契約の契約書には、次のような記載があります。
① 賃貸人は、賃貸建物に損害がなく明渡しが終了したと認めた時は、契約締結に際し受領した保証金全額を賃借人に返却するものとする。

② 賃借人の都合により賃貸借契約を解除する場合又は賃貸借契約を終了する場合（①の場合を除く）、賃貸人は保証金のうち20％に相当する金額は賃借人に返還を要しないものとする。

このような場合の、賃借人が賃貸人に返還を要しないものとされる保証金の20％相当額の取扱いはどのようにしたらよいですか。

回答

預かった保証金のうち、その20％に相当する金額は、賃貸借契約を締結した年分の不動産所得の収入金額になります。

解説

1 保証金、敷金

不動産の賃貸借契約を締結する際に、賃借人から賃貸人に支払われる敷金や保証金は、本来、賃借人の賃貸人に対する債務を担保するために支払われるものです。

したがって、賃借人が賃貸人に対して負担している賃料支払債務や退去の際の原状回復義務等を履行している場合には、賃貸人は賃借人に保証金、敷金を返還する義務を負います。

このような内容の保証金、敷金を賃貸人が受領しても、賃貸人の収入金額にはなりません。

しかしながら、敷金や保証金という名称で賃借人から賃貸人に支払われる金銭等（敷金等）の中には、当初から、その全部又は一部について賃貸人が賃借人に返還することを要しないこととする約定が契約によって取り決められているものがあります。

このような金銭の支払いは、通常の原則に従い、返還を要しないことが確定した時に返還を要しないことが確定した金額が収入金額に計上すべき金額となります。

2 所得税基本通達36－7の定め

所得税基本通達36－7は、貸付期間の経過とともに返還を要しなくなる敷

金等の収入金額に計上すべき金額及び収入に計上すべき日について、次のように定めています。

① 敷金等のうちに不動産等の貸付期間の経過に関係なく返還を要しないこととなっている部分の金額	所得税基本通達36－6に定める日
② 敷金等のうちに不動産等の貸付期間の経過に応じて返還を要しないこととなる部分の金額がある場合における当該返還を要しないこととなる部分の金額	当該貸付けに係る契約に定められたところにより当該返還を要しなくなった日
③ 敷金等のうちに不動産等の貸付期間が終了しなければ返還を要しないことが確定しない部分の金額がある場合において、その終了により返還を要しないことが確定した金額	当該不動産等の貸付けが終了した日

3 質問のケース

①で、賃貸人は、賃貸建物に損害がなく明渡しが終了したと認めた時は、契約締結に際し受領した保証金全額を賃借人に返却するものとするとされています。

そうすると、賃貸建物に損害なく明渡しが終了したと賃貸人が認める場合とそうでない場合とが可能性としてあり、前者の場合には、保証金は全額返還されるのであるから、賃貸建物の明渡しが終了するまで、保証金の20％相当額が返還を要しないことになるか否かは確定しないということになります。

しかしながら、建物というのは時の経過とともに劣化するものであり、事実上、賃貸建物について損害がまったくないということは考えられません。

そうすると、①の「賃貸人が、賃貸建物に損害がなく明渡しが終了したと認めた時」というのは事実上存在しないものと考えられます。

このように考えると、質問者の締結した賃貸借契約においては、事実上、契約終了時に保証金の20％相当額については返還を要しないことが確定しているものと考えて良いと思われます。

この結果、保証金の20％相当額は、所得税基本通達36－7(1)にいう「敷金等のうちに不動産等の貸付期間の経過に関係なく返還を要しないこととなっている部分の金額」に該当することになるので、賃貸借契約を締結した年分

の収入金額に計上すべきであるということになります。

4 返還することを要しない金額が、解約時の賃料の3か月分である場合

　ご質問のケースは、返還することを要しない金額が保証金の金額の20％相当額でしたが、この金額が契約終了時の賃借料の3か月分と定められている場合はどうでしょう。

　この場合、「契約終了時の賃借料の3か月分」というのは、返還を要しない金額が確定しているということができるかどうかが問題になります。

　確かに、事務室を賃貸人に引き渡した時点では、「契約終了時の賃借料」の金額は、必ずしも確定しているものとはいえません。

　しかしながら、賃借料というのは、賃貸借契約において定められており、当事者の合意がない限りは、通常、契約終了に至るまで、その金額は変わりません。したがって、当事者が賃貸借契約において約定した賃借料の3か月分については、返還を要しないことが確定した金額として取り扱うべきものと思われます。

2-4　契約終了時に定額の解約料を賃借人が賃貸人に支払うこととされている場合

質　問

　私は、不動産業者の仲介で、事務室の賃貸借契約を締結し、事務室の賃貸を始めました。

　この賃貸借契約の契約書には、次のような記載があります。

① 　賃貸人は、賃貸建物の明渡しが終了した時は、契約締結に際し受領した保証金全額を賃借人に返却するものとする。

② 　賃借人の都合により賃貸借契約を解除する場合又は賃貸借契約を終了する場合、賃借人は賃貸人に解約料として契約終了時の賃借料の3か月分を支払うものとする。

このような場合、保証金を預かった時に課税関係は発生しますか。

回答

預かった保証金のうち、賃借料の3か月分は、賃貸借契約を締結した年分の不動産所得の収入金額になると思われます。

解説

1 保証金、敷金として受領した金銭のうち収入金額になるもの

敷金や保証金という名称で賃借人から賃貸人に支払われる金銭等（敷金等）の中には、当初から、その全部又は一部について賃貸人が賃借人に返還することを要しないこととする約定が契約によって取り決められているものがあります。

このような金銭の支払いは、通常の原則に従い、返還を要しないことが確定した時に返還を要しないことが確定した金額が収入金額に計上すべき金額となります。

2 所得税基本通達36－7の定め

所得税基本通達36－7は、「不動産の貸付けをしたことに伴い敷金、保証金等の名目により収受する金銭等の額」のうち、収入金額に計上すべきものを、これを計上すべき日とともに、次のとおりに定めています。

① 敷金等のうちの不動産等の貸付期間の経過に関係なく返還を要しないこととなっている部分の金額	所得税基本通達36－6に定める日
② 敷金等のうちに不動産等の貸付期間の経過に応じて返還を要しないこととなる部分の金額がある場合における当該返還を要しないこととなる部分の金額	当該貸付けに係る契約に定められたところにより当該返還を要しなくなった日
③ 敷金等のうちに不動産等の貸付期間が終了しなければ返還を要しないことが確定しない部分の金額がある場合において、その終了により返還を要しないことが確定した金額	当該不動産等の貸付けが終了した日

3 質問のケース

　ご質問のケースでは、保証金（不動産の貸付けをしたことに伴い敷金、保証金等の名目により収受する金銭）は、全額賃借人に返還するものとされ（質問の①）、これとは別に契約終了時に契約終了時の賃借料の3か月分を解約料として賃借人は賃貸人に支払うことになっています（質問の②）。

　所得税基本通達36－7は、「不動産の貸付けをしたことに伴い敷金、保証金等の名目により収受する金銭等の額」について定めたものであり、ご質問の②の賃借料の3か月分の解約料は、「不動産の貸付けをしたことに伴い敷金、保証金等の名目により収受する金銭等の額」ではないので、同通達の定めの範囲外であり、契約終了の事実が発生した時の収入金額とすべきものであると考えられなくもありません。

　しかしながら、ご質問の①の定めと②の定めを併せてみると、保証金の返還義務と解約料とされる金銭の支払義務は賃貸借契約の終了と同時に発生することになるので、結局、契約終了時に保証金から解約料とされる金員を控除した金額を賃貸人から賃借人に支払うという合意に他なりません。

　契約内容というのは、契約当事者の合意した内容によって決まるのであって、通常は、その内容が契約書という書面に表現されますが、あくまでも、契約内容というのは、契約当事者の合意した内容になります。

　そうすると、ご質問のケースの契約内容は、契約終了時に保証金から解約料とされる金銭を控除した金銭を賃貸人が賃借人に支払うというものであると解すべきものと思われます。

　そのように考えると、保証金のうち解約料として定められた金銭は、賃貸借契約締結時にすでに、将来において返還をすることがないことが確定していることになるので、「不動産等の貸付期間の経過に関係なく返還を要しないこととなっている部分の金額」（所基通36－7(1)）に該当するので、所得税基本通達36－6に定める日すなわち不動産の引渡しの日あるいは契約の効力発生の日に収入金額に計上すべきことになります。

　似たようなケースとして、賃貸借契約終了時に、賃借人が賃貸不動産の原状回復義務に代えて、原状回復に要した費用の実費相当額を賃貸人に支払う場合があります。

このようなケースでは、賃借人が自ら原状回復義務を履行する場合には、そのような支払いが発生することはなく、その場合の原状回復費用は、賃貸借契約終了に際して、賃借人と賃貸人の間で、賃借人が原状回復義務を履行する代わりに、賃借人が賃貸人に原状回復の費用を支払うという合意が成立したことにより発生した費用なので、ご質問のケースとは当然、異なった処理をすべきことになります。

ご質問のケースは、解約料が契約終了時の賃借料を基準に算定されていますが、保証金の何％というように、保証金の金額を基準に算定されている場合でも同様の処理をすべきことになると考えられます。

2-5 数年分の賃貸料を一括して受領した場合

質問

私は、不動産所得がありますが、賃貸借契約の中に、5年分の賃料を一括して支払いを受けるというものがあります。

この場合の不動産所得の計算はどのようにしたらよいですか。

回答

原則として、5年分の賃料を一括して、その支払いを受けるべき日の不動産所得の収入金額に計上すべきことになります。

解説

1 不動産所得の収入計上時期

不動産所得の総収入金額の収入すべき時期（収益計上時期）については所得税基本通達36-5(1)が次のように定めています。

契約又は慣習により支払日が定められている場合	その定められた支払日
支払日が定められていない場合	その支払いを受けた日
請求があったときに支払うべきものとされている場合	その請求の日

したがって、数年分の賃貸料を一括して受領した場合には、その賃貸借契約等に基づき、その収受すべき年分の総収入金額として、一括して計上することになります。

法人税基本通達2－1－29は、法人が賃貸借契約に基づいて支払いを受ける賃貸料は、前受収益に係る額を除き、その契約又は慣習によりその支払いを受けるべき日の属する事業年度の益金の額に算入すると定めていますので、所得税法と法人税法では、不動産の賃貸料の収入計上時期は異なっています。

2 翌年以後の必要経費の計上

数年分の賃貸料を一括して受領し、一括して収入計上した場合には、賃貸料でその年分以後の貸付期間にわたるものに係る必要経費については、その総収入金額に算入された年において生じた当該貸付けの業務に係る費用又は損失の金額とその年の翌年以後当該賃貸料に係る貸付期間が終了するまでの各年において通常生ずると見込まれる当該業務に係る費用の見積額との合計額をその総収入金額に算入された年分の必要経費に算入することができます。

この場合において、翌年以後において実際に生じた費用又は損失の金額が見積額と異なることとなったときは、その差額をその異なることとなった日の属する年分の必要経費又は総収入金額に算入します（所基通37－3）。

3 昭和48年11月6日付直所2－78「不動産等の賃貸料にかかる不動産所得の収入金額の計上時期について」の定め

昭和48年11月6日付直所2－78「不動産等の賃貸料にかかる不動産所得の収入金額の計上時期について」は、所定の要件を満たした場合には、その年中の貸付期間に対応する部分の金額をその年分の総収入金額に算入する方法により所得金額を計算することを認めています。

4 臨時所得

所得税法2条1項24号は、役務の提供を約することにより一時に取得する契約金に係る所得その他の所得で臨時に発生するもののうち政令で定めるものを「臨時所得」として定めています。

所得税法施行令8条は、臨時所得を定めていますが、同条2号は、不動産、不動産の上に存する権利、船舶、航空機、採石権、鉱業権、漁業権又は工業所有権その他の技術に関する権利若しくは特別の技術による生産方式若しくはこれらに準ずるものを有する者が3年以上の期間、他人にこれらの資産を使用させることを約することにより一時に受ける、権利金、頭金その他の対価で、その金額が当該契約によるこれらの資産の使用料の年額の2倍に相当する金額以上であるものに係る所得を定めています。

　したがって、5年分の賃料を一括して受領した場合には、それは、臨時所得に該当することになります。

5　臨時所得の平均課税

　所得税法90条1項は平均課税の要件を次のように定めています。

臨時所得だけがある場合	その年分の臨時所得の金額が、その年分の総所得金額（所法22②）の20％以上であること
変動所得だけがある場合	その年分の変動所得の金額（前年以前2年以内に変動所得があるときは、前年以前2年以内の変動所得の金額（注）の合計額の2分の1を超える場合に限る。）が、その年分の総所得金額の20％以上であること
変動所得と臨時所得がある場合	その年分の変動所得の金額と臨時所得の金額との合計額（その年分の変動所得の金額が前年以前2年以内の変動所得の金額の合計額の2分の1以下である場合には、その年分の臨時所得の金額）が、その年分の総所得金額の20％以上であること

（注）前年以前2年以内の変動所得の金額は、前年以前2年以内において平均課税の適用を受けたものに限られません。

6　平均課税の方法による税額計算

　所得税法90条1項は、平均課税の方法による税額は、次に掲げる金額の合計額とすると規定しています。

① その年分の課税総所得金額（所法89②）に相当する金額から平均課税対象金額（注）の5分の4に相当する金額を控除した金額（課税総所得金額が平均課税対象金額以下である場合には課税総所得金額の5分の1に相当する金額、調整所得金額）をその年分の課税総所得金額とみなして所得税法89条《税率》1項の規定を適用して計算した税額

② その年分の課税総所得金額に相当する金額から調整所得金額を控除した金額に①の金額の調整所得金額に対する割合を乗じて計算した金額

(注) 平均課税対象金額とは、変動所得の金額（前年以前2年以内の変動所得の金額がある場合には、その年分の変動所得の金額が前年以前2年以内の変動所得の合計額の2分の1を超える場合のそのを超える部分の金額）と臨時所得の金額の合計額をいいます（所法90③）。

7 平均課税の適用手続

平均課税は、確定申告書、修正申告書又は更正の請求書に平均課税の適用を受ける旨を記載し、平均課税の税額計算に関する明細を記載した書類を添付した場合に限り適用されます（所法90④）。

2-6 借地権を設定し権利金を受領した場合

質問

私は自己所有の土地の賃貸借契約を締結しました。

賃借人はその土地に建物を建設するという条件で、賃貸期間40年、権利金500万円、地代年額240万円です。この土地の見込み時価は2,000万円です。

この場合の所得税の課税関係はどうなりますか。

回答

譲渡所得となることはなく、臨時所得として課税されます。

解説

1 譲渡所得となる土地についての賃借権等の設定

　所得税法33条1項は、譲渡所得を、資産の譲渡による所得をいうと定めていますが、「資産の譲渡」には、建物又は構築物の所有を目的とする地上権又は賃借権の設定その他契約により他人に土地を長期間使用させる行為で政令で定めるものを含むものとしています。

　所得税法施行令79条1項は、所得税法33条1項に規定する政令で定める行為は、建物若しくは構築物の所有を目的とする地上権若しくは賃借権（借地権）又は地役権の設定のうち、建物若しくは構築物の全部の所有を目的とする借地権又は地役権の設定である場合（所令79①一）には、その設定の対価として支払いを受ける金額がその土地の価額の10分の5に相当する金額を超えるものとする旨定めています。

　また、所得税法施行令79条3項は、同条1項の規定の適用については、借地権又は地役権の設定の対価として支払いを受ける金額が当該設定により支払いを受ける地代の年額の20倍に相当する金額以下である場合には、当該設定は、同項の行為に該当しないものと推定すると定めています。

資産の譲渡に該当するもの	借地権の設定の対価として支払いを受ける金額がその土地の価額の10分の5に相当する金額を超えるもの
資産の譲渡に該当しないと推定されるもの	借地権又は地上権の設定の対価として支払いを受ける金額が当該設定により支払いを受ける地代の年額の20倍に相当する金額以下である場合

　ご質問のケースでは、権利金の金額500万円は、地代の年額240万円の20倍以下なので、所得税法施行令79条1項の行為に該当しないものと推定されることになり、この権利金500万円は譲渡所得には該当しないということになります。

2 臨時所得の平均課税

　所得税法2条1項24号は、「臨時所得」を役務の提供を約することにより一時に取得する契約金に係る所得その他の所得で臨時に発生するもののうち政

令で定めるものをいうと定め、同法90条は、臨時所得の税額計算の方法（平均課税）を定めています。

3　臨時所得とは

所得税法施行令8条は、「臨時所得」を次の所得その他これらに類する所得とする旨定めています。

(1) 職業野球の選手その他一定の者に専属して役務の提供をする者が、3年以上の期間、当該一定の者のために役務を提供し、又はそれ以外の者のために役務を提供しないことを約することにより一時に受ける契約金で、その金額がその契約による役務の提供に対する報酬の年額の2倍に相当する金額以上であるものに係る所得（1号）
(2) 不動産、不動産の上に存する権利、船舶、航空機、採石権、鉱業権、漁業権又は工業所有権その他の技術に関する権利若しくは特別の技術による生産方式若しくはこれらに準ずるものを有する者が、3年以上の期間、他人にこれらの資産を使用させること（地上権、租鉱権その他の当該資産に係る権利を設定することを含む。）を約することにより一時に受ける権利金、頭金その他の対価で、その金額が当該契約によるこれらの資産の使用料の年額の2倍に相当する金額以上あるものに係る所得（譲渡所得に該当するものを除く。）（2号）
(3) 一定の場所における業務の全部又は一部を休止し、転換し又は廃止することとなった者が、当該休止、転換又は廃止により当該業務に係る3年以上の期間の不動産所得、事業所得又は雑所得の補償として受ける補償金に係る所得（3号）
(4) (3)に掲げるもののほか、業務の用に供する資産の全部又は一部につき鉱害その他の災害により被害を受けた者が、当該被害を受けたことにより当該業務に係る3年以上の期間の不動産所得、事業所得又は雑所得の補償として受ける補償金に係る所得（4号）

また、所得税基本通達2-37は、次に掲げるもので、その金額の計算の基礎とされた期間が3年以上であるものに係る所得は、臨時所得に該当すると定めています。

(1) 不動産の貸付けに係る賃貸料で、その年中の総収入金額に算入されるべきもの
(2) 不動産を使用させることにより、賃借人又は転借人（前借人を含む。）から受ける名義書換料及び承諾料その他これらに類するもので、その賃貸人が受

ける賃貸料の年額の2倍以上のもの
(3) 所得税法施行令8条2号に規定する、不動産、不動産の上に存する権利、船舶、航空機、採石権、鉱業権、漁業権又は工業所有権その他の技術に関する権利若しくは特別の技術による生産方式若しくはこれらに準ずるものに係る損害賠償金その他これに類するもので、その金額の計算の基礎とされた期間が3年以上であるもの（譲渡所得に該当するものを除く。）
(4) 金銭債権の債務者から受ける債務不履行に基づく損害賠償金及び通則法58条1項《還付加算金》又は地方税法17条の4第1項《還付加算金》に規定する還付加算金で、その金額の計算の基礎とされた期間が3年以上であるもの

　ご質問のケースでは、契約期間が40年と3年以上であり、権利金の金額500万円は、地代の年額240万円の2倍以上なので、この権利金500万円は臨時所得に該当するということになります。

2-7　借地権の放棄を受けた場合

質問

　私は所有土地を賃貸し、賃借人はそこに店舗を建築し飲食店を経営していました。この賃借人が、火事を出し、近隣に類焼してしまいました。この賃借人は、私に対して、借地権を放棄して転居してしまいました。
　この場合に私に課税関係が発生しますか。

回答

あなたに課税関係は発生しません。

解説

1　譲渡所得の基因となる資産

　所得税法33条1項は、譲渡所得とは、資産の譲渡（建物又は構築物の所有を目的とする地上権又は賃借権の設定その他契約により他人に土地を長期間使用させる行為で政令で定めるものを含む。）による所得で次のもの以外のものをいうと定めています。

> ① たな卸資産（これに準ずる資産として政令で定めるものを含む。）の譲渡その他営利を目的として継続的に行われる資産の譲渡による所得（所法33②一）
> ② ①のほか、山林の伐採又は譲渡による所得（所法33②二）

 そして、所得税基本通達33－1は、「譲渡所得の基因となる資産」とは、所得税法33条2項各号に規定する資産及び金銭債権以外の一切の資産をいい、当該資産には、借家権又は行政官庁の許可、認可、割当て等により発生した事実上の権利も含まれると定めています。
 したがって、借地権も「譲渡所得の基因となる資産」ということになります。

2 所得税法59条、同法33条の定め

 所得税法59条及び同法33条は、それぞれ次のように規定しています。

> 〔所得税法59条1項2号（所得税法施行令69条）〕
> 法人に対する時価の2分の1未満の対価による低額譲渡は、その事由が生じた時における価額に相当する金額により資産の譲渡があったものとみなす。

> 〔所得税法33条（所得税法施行令79条）〕
> 建物若しくは構築物の所有を目的とする地上権若しくは賃借権又は地役権の設定の対価として支払を受ける権利金等の金額が、その土地の価額の2分の1に相当する金額を超える場合には、資産の譲渡とみなしてその設定の対価に係る所得は譲渡所得として課税する。

 所得税法33条の規定内容を経済的観点からみると、その土地の上土部分の譲渡又はその土地の所有権を構成する土地の利用権すなわち借地権等の譲渡であるということになります。
 そうすると、建物又は構築物の所有を目的とする地上権若しくは賃借権又は特定の地役権の設定があった場合において、その設定の対価が無償又は著しく低い場合には、所得税法59条が適用されるのではないかということが問題になります。
 このように解しないと、地上権若しくは賃借権又は地上権の設定によりその土地のキャピタル・ゲインについて個人に対する課税漏れが生じて制度上の整合性を欠くことになるからです。

この点について、所得税基本通達59－5は、「借地権等の設定等」は譲渡所得の基因となる資産の移転には含まれないものとすることを明らかにしています。

3　所得税基本通達59－5の定め

　所得税基本通達59－5は、所得税法59条1項《贈与等の場合の譲渡所得等の特例》に規定する「譲渡所得の基因となる資産の移転」には、借地権等の設定は含まれないが、借地の返還は、その返還が次に掲げるような理由に基づくものである場合を除き、これに含まれると定めています。

> ①　借地権等の設定に係る契約書において、将来借地を無償で返還することが定められていること。
> ②　当該土地の使用の目的が、単に物品置場、駐車場等として土地を更地のまま使用し、又は仮営業所、仮店舗等の簡易な建物の敷地として使用していたものであること。
> ③　借地上の建物が著しく老朽化したことその他これに類する事由により、借地権が消滅し、又はこれを存続させることが困難であると認められる事情が生じたこと。

4　借地権の返還についての取扱い

　所得税基本通達59－5は、同通達の(1)から(3)に掲げられた事由による借地権の返還は、「譲渡所得に基因となる資産の移転」には含まれないと規定しており、ご質問のケースは同通達(3)（上記3の③）に掲げられた事由に該当するものと考えられます。
　したがって、ご質問のケースでは、譲渡所得の基因となる資産の移転はないものと取り扱われるので、課税関係は発生しないものと考えられます。

2-8 借地権の更新料をもらった場合

質問

私は所有土地を賃貸していますが、賃借人との土地の賃貸借契約を更新し、借地人から更新料をもらいました。

この更新料は、どのように課税されるのでしょうか。

回答

更新料は譲渡所得又は不動産所得の収入金額になります。

解説

1 所得税基本通達26－6の定め

所得税基本通達26－6は、借地権、地役権等の存続期間の更新の対価として支払いを受けるいわゆる更新料に係る所得及び借地権者等の変更に伴い支払いを受けるいわゆる名義書換料に係る所得は、その実質が契約の更改（民法513）に係るものであり、かつ、所得税法施行令79条《資産の譲渡とみなされる行為》の規定の適用があるものを除き、不動産所得に該当すると定めています。

まず、同通達は、賃貸借契約の契約期間の更新及び借地権者が他人に借地権を譲渡したことによる名義変更には、所得税法施行令79条の適用はないことを規定しています。

しかしながら、「契約の更新」といっても、契約期間以外の借地条件の変更が契約期間の更新に伴って行われる場合には、単なる従前の借地権の契約期間の更新ではなく、従前とは異なる内容の借地権、すなわち、新たな借地権の設定と見るべきものもあります。

このような場合には、当該更新料には所得税法施行令79条が適用になり、当該収入金額は譲渡所得の収入金額になります。

どのような場合に新たな借地権の設定と見るべきかは、一概に言えませんが、例えば、木造の建物を取り壊して、鉄筋コンクリート造のビルに建て替え、新たに借地契約を結ぶのと同程度の金銭が更新料として授受されるよう

な場合には、所得税法施行令79条の適用があるものと思われます。

　不動産所得の収入金額となる場合においては、臨時所得（所法2①24、所令8二、所基通2－33）に該当する場合には、平均課税（所法90）の適用を受けることができます。

所得税法施行令79条の適用がある場合	譲渡所得	通常の譲渡所得の所得計算	
所得税法施行令79条の適用がない場合	不動産所得	臨時所得に該当	平均課税
		臨時所得に該当しない	通常の所得計算

2 更新料が分割して支払われる場合

　実際に更新料が支払われる場合には、必ずしも、契約更新時に一時金で支払われるとは限らず、更新料が分割して支払われる場合もあります。

　一方の極には、契約更新時に一時金で支払う場合があり、他方の極には、契約更新時に、単に賃料を値上げし、契約更新のための金銭の授受は行わないという場合があります。

　実際には、この中間に様々な形態の支払い方が考えられます。

　一方の極である、契約更新時に、単に賃料を値上げし、契約更新のための金銭の授受は行わないという場合は、もはや、その値上げ分は更新料（の分割払い）ではなく、賃借料そのものとみるべきものと思われます。

　他方、賃貸借の契約期間よりも短い期間について、賃料に上乗せして支払われる金銭については、特段の事情がない限り、契約当事者がそれをどのように呼ぶとしても、更新料の分割払いと考えるべきものと思われます。

　契約更新後に分割して支払われる金銭が更新料である場合には、契約更新を原因として発生するものなので、契約更新時に収入に計上すべきであるということになります（所基通36－6）。

　そして、更新料に該当する場合には、上記1で説明したとおり、その内容によって所得税法施行令79条が適用になる場合には「譲渡所得」の収入金額、適用にならない場合には「不動産所得」の収入金額に該当することになります。

3 更新料の支払いに代えて借地の一部の返還を受けた場合

　更新料は、金銭で支払われるのが一般的であると思われますが、場合によっては、借地人の経済的事情等から、貸地の一部を賃貸人に返還することによって、借地のうちの返還しない部分の更新料の支払いに代えるということがあります。

　所得税法における所得計算の要素としての収入金額には金銭以外の物又は権利その他経済的な利益が含まれるものと考えられています（所法36①）。

　そして、金銭以外の物又は権利その他の経済的な利益の価額は、当該物若しくは権利を取得し、又は当該利益を享受する時における価額とする旨規定されています（所法36②）。

　そうすると、土地の賃貸借契約の更新に当たり、更新料の支払いに代えて、借地人が借地の一部を賃貸人に返還したという場合には、返還した借地の借地権相当額が、賃貸人にとっては、引き続き賃貸する土地に係る賃貸借契約の更新料に該当することになります。

　この場合に、更新料として賃貸人が収入金額とすべき金額は、返還を受けた部分の土地の借地権の時価相当額になります。

2-9　賃借人と係争になり家賃の受領を拒否している場合

質問

　私は自己所有のマンションを賃貸しています。賃貸借契約の更新に当たって、従前の7万円の家賃を8万円に値上げする旨賃借人に申し入れたところ、賃借人が申入れを拒否したので、私も家賃の受領を拒否しています。そのため、賃借人は、従前の家賃に5,000円を上積みした7万5,000円を供託しているようです。この供託された家賃はどのように取り扱ったらよいでしょうか。

回答

　支払いに代えて供託された家賃は、支払日として定められている日に不動産所得の収入金額として計上します。

解説

1 借地借家法の定め

借地借家法は、建物の賃貸借について、次のように規定しています。

> 26条1項
> 　建物の賃貸借について期間の定めがある場合において、当事者が期間の満了の1年前から6月前までの間に相手方に対して更新をしない旨の通知又は条件を変更しなければ更新をしない旨の通知をしなかったときは、従前の契約と同一の条件で契約を更新したものとみなす。
>
> 32条1項
> 　建物の借賃が、土地若しくは建物に対する租税その他の負担の増減により、土地若しくは建物の価格の上昇若しくは低下その他の経済事情の変動により、又は近傍同種の建物の借賃に比較して不相当となったときは、契約の条件にかかわらず、当事者は、将来に向かって建物の借賃の額の増減を請求することができる。
>
> 32条2項
> 　建物の借賃の増額について当事者間に協議が調わないときは、その請求を受けた者は、増額を正当とする裁判が確定するまでは相当と認める額の建物の借賃を支払うことをもって足りる。ただし、その裁判が確定した場合において、既に支払った額に不足があるときは、その不足額に年1割の割合による支払期後の利息を付してこれを支払わなければならない。

2 賃貸借契約の解除

　建物の賃貸借は、賃貸借契約の一種で、借地借家法は、賃貸借に係る法律関係を規律する民法の建物や土地の賃貸借に係る特別法です。

　したがって、当然のことながら、借地借家法に特別の定めがない事項については、民法の定めに従うことになります。

　民法601条は、貸主は物の使用及び収益を相手方にさせる義務を負い、借主は貸主にその賃料を支払う義務を負うこととしています。

　民法541条は、当事者の一方がその債務を履行しない場合において、相手方が相当の期間を定めてその履行を催告し、その期間内に履行がないときは、相手方は、契約を解除することができると規定しています。

3 不動産賃貸借契約に係る係争がある場合の取扱い

不動産賃貸借契約に係る係争は、次の3つに分類することができます。

① 当事者間で賃貸借契約の存在及び賃料の額に争いがないことを前提に、賃料が支払うべき日に支払われないので、その支払いを求める争い
② 借主の債務不履行（民法541条）を理由に、貸主が契約を解除し、賃貸借契約は存在しないとする争い
③ 貸主の賃料増額（値上げ）の請求を借主が争う係争（借地借家法32条2項）

(1) ①の単に賃料の支払いが遅延しており、その支払いを求める係争がある場合

　契約又は慣習により定められている日に、その争いのない賃料の金額を収入金額に計上することになります（所基通36-5(1)）。

(2) ②の貸主が、借主の債務不履行を理由に契約を解除し、契約は存在しないと主張している場合

　賃貸借契約の終了や賃借人の債務不履行による契約の解除等を理由に、賃貸人から建物の明渡し請求があったため、当事者間で賃貸借契約の存否が争われている場合には、賃借人から賃貸料の提供があっても、賃貸人は、賃貸借契約の不存在を主張しているのですからその受領を拒否することになります。

　判決や和解で賃貸人の契約は不存在との主張が容れられず、事後的に賃貸人が受領することになる過去の賃貸料相当額は、民事法上は、本来過去の支払期において支払いを受けるべきものであったとされますが、判決や和解等が確定するまでは、その現実の可能性を客観的に認識することは困難です。

　そこで、このようなものについては、判決や和解等が確定した日に収入を計上すべきことになります（所基通36-5(2)）。

　賃借料として供託されていたもののほか、供託されなかったもの及び遅延利息その他の損害賠償金についても同様に取扱われます。

　なお、当該賃借料相当額の計算の基礎とされた期間が3年以上である場合には、当該賃貸料相当額に係る所得は、臨時所得に該当することになり

ます（所基通36－5（注1））。

(3) ③の貸主の賃料増額（値上げ）の請求を借主が争う係争（借地借家法32②）の場合

　家賃の増額請求に係る係争の場合は、従前の賃借料や賃借人が相当と認める金額を支払えば（供託を含む。）、賃借人は、債務不履行にはならず、また、賃貸人がこれを受領しても、借地借家法32条2項の規定に基づくものであり、係争の結果に影響を与えるものではありません。

　したがって、この場合には、賃貸料の受領を賃貸人が拒否したために賃借人が賃貸料の弁済に代えて供託した金額については、契約又は慣習により定められた支払日に当該金額を収入金額に計上することになります（所基通36－5(2)）。

　そして、結果的に賃貸人の主張が容れられ、判決や和解によって、差額の支払いを受けることとなった場合は、その差額については、判決や和解が確定した日に計上することになります。

2-10 立退料と家賃の相殺

質問

　私は貸店舗を所有しておりますが、その賃借人に立退きを申し入れました。
　賃借人からの立退料の要求が多額で、一括で支払う見込みが立たないため、交渉の結果、3年間の家賃をもらわない代わりに、3年後に立退料の支払いなしで立ち退いてもらうことで話がまとまり、合意の書面を作りました。
　この場合に3年間のこの店舗からの家賃収入はないものとして処理して良いですか。

回答

　立退料に充当した家賃相当額は、各年分の不動産所得の総収入金額に算入し、立退料は3年後に立退いてもらうときに一括して必要経費に算入することになります。

解説

1 建物の賃貸借と使用貸借

　物を他人に使用させる形態として、無償で貸し付ける場合と賃料の支払いを受けて貸し付ける場合があります。前者を使用貸借（民法593）、後者を賃貸借（民法601）といいます。

　無償の貸借というのは、貸主の厚意・恩恵の働く範囲、すなわち、親族間とか友人間・知人間など特別の関係のある者の間の貸借に限られ、それ以外の貸借は、賃料という対価の支払いを伴う賃貸借です。

　このような理解の上に、ご質問の場合、3年間賃料をもらわないという約定は、貸主の厚意や恩恵に基づいて無償で使用させるというものではなく、また、立退料の支払いなしに立ち退いてもらうという約束がない場合には、3年間賃料の支払いを受けずに店舗を貸すという約束もしないという関係にあるので、結局、店舗の賃貸借に係る賃料の支払いを賃借人の立退きまで猶予し、賃借人が立退く際に賃貸人が賃借人に支払うことを約束した立退料と同額で相殺するという取引と理解すべきものと考えられます。

2 質問のケースの仕訳

　ご質問のケースでは、次のような仕訳になるものと思われます。

1年目	未収家賃	×××	賃料収入	×××
2年目	未収家賃	×××	賃料収入	×××
3年目	未収家賃	×××	賃料収入	×××
立退き時	支払立退料	×××	未収家賃	×××

　また、3年後に支払うことになっている立退料を3年間に分割して、賃料収入を充当して支払っている（前払金）とみることもできると思われます。

　このように見ると仕訳は次のようになるものと思われます。

1年目	前払金	×××	賃料収入	×××
2年目	前払金	×××	賃料収入	×××
3年目	前払金	×××	賃料収入	×××
立退き時	支払立退料	×××	前払金	×××

3 立退料の取扱い

(1) **建物の賃借人に対して支払った立退料**

建物の賃借人に支払った立退料の取扱いは次のようになっています。

建物の譲渡に際して、借家人に立ち退いてもらうために支払う立退料	その建物の譲渡に要した費用として、譲渡所得の金額の計算上、控除されます（所基通33－7(2)）。
建物を取り壊してその敷地を譲渡する目的で、その建物の借家人を立ち退かせるために支払う立退料	その敷地の譲渡に要した費用として、譲渡所得の金額の計算上、控除されます（所基通33－7(2)）。
土地、建物等の取得に際して、その土地、建物等の使用者を立ち退かせるために支払う立退料	取得した土地、建物等の取得費又は取得価額に算入されます（所基通38－11、49－4）。
上記以外の立退料で、不動産所得の基因となっていた資産の賃借人を立ち退かせるために支払う立退料	不動産所得の金額の計算上、必要経費に算入されます（所基通37－23）。

(2) **土地の賃借人に対して支払った立退料**

借地権を設定した時の権利金は、不動産所得の収入金額となりますが、借地権の返還を受ける際に支払う立退料は、必要経費に算入されません。

借地権の設定は原則として、譲渡所得の基因となる資産の移転とは扱わないこととされていますが（所基通59－5）、借地権の返還は、所得税基本通達59－5(1)～(3)の場合を除いて、「譲渡所得の基因となる資産の移転」として取り扱うこととされています。

土地の賃貸借においては、旧借地法、借地借家法により賃借人が保護され、通常、借地権が設定される際に、その対価として権利金等が授受されています。

この場合の土地所有者は、底地部分だけの所有者となり、完全な土地所有者としての権利を有していません。

借地人に立退料を支払って土地の返還を受けることは、上地部分を買い戻して完全な所有者としての権利を回復する行為です。

したがって、土地の賃借人に対する立退料は、借地権の買い戻しの対価として資産計上すべきこととされ、不動産所得の金額の計算上、必要

経費に算入することはできません。

2-11 不動産業者が販売目的の不動産を一時的に貸し付けた場合の所得

質問

私は不動産の売買を業としていますが、販売することを目的に取得した土地を近くで建設工事を行っている建築業者から、材料置場や工事車両の駐車場として短期間貸してほしいと頼まれ、これに応じ、1日5,000円の賃貸料をもらいました。

土地を貸し付けた所得に該当するので、不動産所得になると考えてよいですか。

回答

その賃貸料は不動産所得ではなく、事業所得に該当します。

解説

1 不動産所得と事業所得

所得税法26条1項は、不動産、不動産の上に存する権利、船舶、航空機（不動産等）の貸付けによる所得を不動産所得と規定していますが、事業所得又は譲渡所得に該当するものは、不動産所得に該当しないと定めています。

一方、所得税法施行令63条は、事業所得を生ずべき事業を次に掲げる事業と定めていますが、不動産の貸付業又は船舶若しくは航空機の貸付業に該当するものは、事業所得に該当しないと規定しています。

① 農業、② 林業及び狩猟業、③ 漁業及び水産養殖業、④ 鉱業（土石採取業を含む。）、⑤ 建設業、⑥ 製造業、⑦ 卸売業及び小売業（飲食店業及び料理店業を含む。）、⑧ 金融業及び保険業、⑨ 不動産業、⑩ 運輸通信業（倉庫業を含む。）、⑪ 医療保健業、著述業その他のサービス業、⑫ ①から⑪までのもののほか、対価を得て継続的に行う事業

2 所得税基本通達26－7の定め

(1) 所得区分

　所得税基本通達26－7は、不動産業者が販売の目的で取得した土地、建物等の不動産を一時的に貸し付けた場合における当該貸付けによる所得は、不動産業から生ずる事業所得に該当するものと定めています。

　不動産業者が商品として所有している土地や建物を材料置き場や駐車場などとして一時的に賃貸する行為は、不動産業に付随した行為であって、不動産の貸付業に該当しないので事業所得に該当するということになります。所得税法26条1項は、事業所得に該当するものは不動産所得に該当しないと規定しているので、結局、このような所得は不動産所得ではなく事業所得に該当することになります。

(2) 減価償却費

　また、所得税基本通達26－7は、併せて、このような場合において、その貸し付けた不動産が建物等使用又は時の経過により減価する資産であるときは、当該資産につき減価償却資産に準じて計算した償却費の額に相当する金額を当該事業所得の金額の計算上必要経費に算入することができる旨規定しています。

　これらの資産は、あくまでも棚卸資産であるため、減価償却資産とはいえませんが、建物のように減価するものである場合には、収益と対応させるという意味で減価償却費相当の必要経費算入を認めることとしたものです。

3 寄宿舎等の貸付けによる所得

　事業主が使用人に寄宿舎（従業員宿舎）を利用させることにより受ける使用料は、「不動産の貸付けによる所得」ですが、事業主が使用人に寄宿舎等の住居を利用させる行為は、従業員の福利厚生の一環として行われるのが通常であり、その収入及び支出は事業主の営む事業の損益に帰属させるべきものであるので、当該事業から生ずる所得に該当することとされています（所基通26－8）。

2-12 工事用車両の通行を承諾した謝礼金

質問

私は工場を所有して、製造業を営んでいます。

今般、工場の隣接地が宅地造成されることになり、隣接地の所有者から私所有の工場敷地内にある道路を宅地造成のための工事車両の通行に使用させてほしいとの申入れがありました。

私は、この申入れを承諾し、隣接地の所有者から100万円を受領しました。この100万円は一時所得として申告すればよいですか。

回答

一時所得ではなく不動産所得に該当します。

解説

1 不動産所得と一時所得

所得税法26条1項は、不動産、不動産の上に存する権利、船舶、航空機（不動産等）の貸付けによる所得を不動産所得と規定しています。

所得税法34条1項は、一時所得を、利子所得、配当所得、不動産所得、事業所得、給与所得、退職所得、山林所得及び譲渡所得以外の所得のうち、営利を目的とする継続的行為から生じた所得以外の一時の所得で労務その他の役務又は資産の譲渡の対価としての性質を有しないものと規定しています。

したがって、利子所得、配当所得、不動産所得、事業所得、給与所得、退職所得、山林所得及び譲渡所得に該当する所得については、一時所得に該当する余地はありません。

2 自己の所有地を通行させる行為

民法206条は、所有者は、法令の制限内において、自由にその所有物の使用、収益及び処分をする権利を有すると規定しています。したがって、土地の所有者以外の者が当該土地を使用する場合には何らかの使用権原を持って

いなければなりません。

　民法210条は、他の土地に囲まれて公道に通じない土地の所有者は、公道に至るため、その土地を囲んでいる他の土地を通行することができると規定していますが、同法212条は、同法210条の規定による通行権を有する者は、その通行する他の土地の損害に対して償金を支払わなければならないと規定しています。

　民法210条の適用がある場合もない場合も、他人の所有地を使用する場合には、その使用権原を取得しなければなりません。

　その使用権原は、民法210条の場合もあり、同条の適用がない場合には、土地の賃貸借契約であったり、あるいは、地役権（民法280）の設定であったりします。

　そうすると、土地の所有者が、自己の所有地を使用する権原を他人に与え、金銭を受領した時は、当該土地を使用させる対価を受領したということになります。

　民法86条は土地及びその定着物を不動産とするとし、所得税法26条1項は、不動産、不動産の上に存する権利、船舶、航空機（不動産等）の貸付けによる所得を不動産所得としています。

　したがって、ご質問のケースは、不動産の貸付けによる所得として、一時所得ではなく不動産所得になります。

　なお、使用させる期間が3年以上であるときは、所定の要件（所令8二）に該当する場合には臨時所得として平均課税の適用を受けることができます。

2-13　上空の使用料をもらった場合

質問

　私は、私の所有する土地の上に電力会社の送電線を通すということで、電力会社と「送電線路架設保持に関する契約」を結びました。

　この契約では、上空使用料は、毎会計年度の1年分として当該会計年度の3月31日までに支払うこととされています。

この契約に基づいて、私は3年分の使用料（上空使用料）を一括して受領しました。

この使用料はどのように処理したら良いですか。

回答

各年の使用料の金額を、不動産所得の収入金額として毎年3月31日に収入金額に計上します。

解説

1 土地の上空を使用する権利

民法206条は、所有者は法令の範囲内において、自由にその所有物の使用、収益及び処分をする権利を有すると規定し、同法207条は、土地の所有権は、法令の制限内において、その土地の上下に及ぶと規定しています。

したがって、土地の上空を使用するためには、土地の所有者からその使用権原を取得することが必要になります。

普通の人が日常使わないような上空や地中であっても、当該土地の所有者がこれを使用する権利を持っているので、上空や地中を使用したいと考える者も、その土地の所有者からこれを使用する権原を取得する必要があります。

あなたが電力会社と結んだ契約も、土地の所有者であるあなたが、その土地の上空を使用する権原を電力会社に取得させる契約です。

2 土地の上空を使用させる権利を設定したことにより受領した使用料の所得区分

不動産所得は、不動産、不動産の上に存する権利、船舶、航空機（不動産等）の貸付けによる所得（所法26①）をいうものとされていますので、土地の上空を使用させることの対価は、土地の上空の空間が不動産に該当すれば、不動産所得に該当することになります。

民法206条は、所有者は法令の範囲内において、自由にその所有物の使用、収益及び処分をする権利を有すると規定し、同法207条は、土地の所有権は、法令の制限内において、その土地の上下に及ぶと規定していますので、不動

産所得には、地表の貸付けに限らず、上空の特定の空間や地下の特定の空間を貸し付ける行為も不動産である土地（の一部）の貸付けに該当し、これらの貸付けによる所得も不動産所得に該当することになります。

3 収入金額を計上すべき時期

不動産所得の総収入金額の収入すべき時期（収益計上時期）について、所得税基本通達36－5(1)が次のように定めています。

契約又は慣習により支払日が定められている場合	その定められた支払日
支払日が定められていない場合	その支払いを受けた日
請求があったときに支払うべきものとされている場合	その請求の日

なお、昭和48年11月6日付直所2－78「不動産等の賃貸料にかかる不動産所得の収入金額の計上時期について」は、(1)不動産等の貸付けを事業的規模で行っている場合と、(2)不動産等の貸付けが事業的規模に至らない場合に区分して、所定の条件の下に、その年中の貸付期間に対応する部分の金額を収入金額に計上することを認めています。

ご質問のケースでは、毎年3月31日までに毎会計年度を1年分として使用料が支払われることになっており、原則として、3月31日が所得税基本通達36－5(1)に定める「その定められた日」に該当することになるので、その日が収入すべき日になります。

このような契約上の取り決めがあるものが、事実上3年分の使用料が一括して支払われた場合であっても、契約上の支払日の定めが変更されていない限りは、各年分の使用料の金額を各年分の収入金額にすることになります。

4 譲渡所得とされる場合

所得税法33条1項は、建物又は構築物の所有を目的とする地上権又は賃借権の設定その他契約により他人に土地を長期間使用させる行為で政令で定めるものは資産の譲渡に含むものと規定しています。

所得税法施行令79条1項は、地下若しくは空間について上下の範囲を定めた借地権（地上権若しく賃借権、所令79①）若しくは地役権の設定である場合

には（所令79①一）、その土地の価額の2分の1に相当する金額の2分の1に相当する金額すなわち4分の1に相当する金額を超えるこれらの設定の対価は、譲渡所得となる旨規定しています。

2-14 建築工事の工期遅延違約金をもらった場合

質問

私は、賃貸マンションの新築工事を建築業者に請け負わせました。

建築業者との建築工事請負契約書には、引渡期限が定めてあり、併せて、これに遅れた場合の違約金が定めてあります。

建築業者の工事が引渡し期限に間に合わなかったため、私は、契約書に定めたとおりの違約金の支払いを受けました。

この処理はどのようにしたらよいでしょうか。

回答

違約金を工事請負代金から控除し、控除した残額を建築したマンションの取得価額とすることになります。

解説

1 民法の定め

民法415条は、債務者がその債務の本旨に従った履行をしないときは、債権者は、これによって生じた損害の賠償を請求することができると規定し、当事者は、債務の不履行について損害賠償の額を予定することができ（民法420①）違約金は、賠償金の予定と推定されます（民法420③）。

ご質問のケースは、民法415条、420条に定める場合です。

2 損害賠償金に係る課税

(1) 非課税となる損害賠償金

① 所得税法施行令30条1項1号に規定するもの

身体の傷害に基因して支払いを受けるもの、心身に加えられた損害につき支払いを受ける慰謝料その他の損害賠償金は非課税になります。この損害賠償金には、その損害に基因して勤務又は業務に従事することができなかったことによる給与又は収益の補償として受けるものも含まれます。

これらの金額のうちに、損害を受けた者の各種所得の金額の計算上必要経費に算入される金額を補塡するための金額が含まれる場合には、それらの金額を控除した残額が非課税となる金額です。

② 所得税法施行令30条1項2号に規定するもの

不法行為その他突発的な事故により資産に加えられた損害につき支払いを受ける損害賠償金は、非課税になります。

これらのうちに所得税法施行令94条《事業所得の収入金額とされる保険金等》の規定に該当するものがある場合は除かれます。

(2) **収入金額とされる損害賠償金**

不動産所得、事業所得、山林所得又は雑所得を生ずべき業務を行う居住者が受けるたな卸資産、山林、工業所有権等の権利又は著作権等について損失を受けたことにより取得する保険金、損害賠償金、見舞金等の収入で、その業務に係る収入金額に代わる性質を有するものは、これらの所得に係る収入金額とされます（所令94①一）。

(3) **損害を受けた者の必要経費に算入される金額の補塡金**

損害を受けた者の各種所得の金額の計算上必要経費に算入される金額を補塡するための金額は非課税とはならず、各種所得の収入金額となります（所令30本文カッコ書き）。

(4) **資産損失の金額を補塡する損害賠償金**

所得税法51条1項、3項、4項は、資産損失の金額を、保険金、損害賠償金その他これに類するものにより補塡される部分の金額を控除したものと定めています。

3 工期遅延違約金の取扱い

ご質問の工期遅延違約金は、損害賠償金ですが、上記2のいずれにも該当

しないと考えられます。

この工期遅延の違約金は、工事の遅延を原因として工事代金が契約により減額されたものとして、値引きとして取り扱うべきものと考えられます。

所得税法施行令126条1項1号は、購入した減価償却資産の取得価額は次のものの合計額と規定しています。

> 当該資産の購入の代価（引取運賃、荷役費、運送保険料、購入手数料、関税その他当該資産の購入のために要した費用がある場合には、その費用の額を加算した金額）
> 当該資産を業務の用に供するために直接要した費用の額

したがって、受領した違約金については、工事請負代金からこの金額を控除し、その残額を資産の購入の代価として減価償却資産の取得価額を計算することになります。

2-15 事業の用に供した後に値引きがあった場合

質問

私は、昨年賃貸マンションを建築し賃貸を始めましたが、今年になって、マンションの一部に仕様と異なる部分があることが明らかになり、建築業者と交渉の結果、工事代金の一部を値引きするということで話がまとまりました。

この値引き分の処理はどのようにしたらよいでしょうか。

回答

値引き分は、値引きがあった年分の不動産所得の総収入金額に算入しますが、値引きがあった年分で賃貸マンションの帳簿価額を減額することも認められています。

解説

1 減価償却資産の取得価額

所得税法施行令126条1項1号は、購入した減価償却資産の取得価額は次の

ものの合計額と規定しています。

> 当該資産の購入の代価（引取運賃、荷役費、運送保険料、購入手数料、関税その他当該資産の購入のために要した費用がある場合には、その費用の額を加算した金額）
> 当該資産を業務の用に供するために直接要した費用の額

　購入した減価償却資産について値引きがあった場合、購入した年と同一年における値引きであれば、値引き後の当該資産の購入価額が、当該資産の購入の代価となりますが、購入した年より後の年において値引きが発生した場合に、その値引き分の処理をどのようにするかということが問題になります。

2　所得税基本通達49－12の2の定め

　減価償却資産を事業の用に供した後に、値引き、割戻し又は割引（値引き等）があった場合には、その値引き等の額をその値引き等があった日の属する年の不動産所得の収入金額に算入するのが原則ですが（所法36）、次の算式により計算した金額の範囲内で、その値引き等のあった日の属する年の1月1日における当該減価償却資産の取得価額及び未償却残額を減額することができることとされています（所基通49－12の2）。

　この場合において、値引き等の額から取得価額等を減額した額を控除した残額を、値引き等のあった日の属する年分の収入金額に算入します。

　値引き等があった場合には、値引き等の金額を収入金額とするのではなく、その減価償却資産の取得価額や未償却残額を修正するという処理を認めるということです。

算式

$$\text{値引き等の額} \times \frac{\text{当該減価償却資産のその年1月1日における未償却残高}}{\text{当該減価償却資産のその年1月1日における取得価額}}$$

計算例

　減価償却資産の取得価額……2,000,000円
　値引きを受けた年の1月1日における未償却残高……1,640,000円

値引き等を受けた額……100,000円

この場合の計算は次のようになります。

$$100,000 \times \frac{1,640,000}{2,000,000} = 82,000$$

2,000,000円 − 82,000円 = 1,918,000円……減価償却資産の取得価額

1,640,000円 − 82,000円 = 1,558,000円……減価償却資産の値引き等を受けた年の１月１日における未償却残高

100,000 − 82,000 = 18,000円……値引き等を受けた年分の収入金額

2-16 過年分の制限超過利息の返還を受けた場合

質問

私は不動産賃貸業をしていますが、過去に運転資金の一部を貸金業者から借りたことがあり、その利息を支払っていました。その利息のうち利息制限法に規定する利息の制限額を超える部分（制限超過利息）について過払金返還の訴訟を提起したところ、判決により、制限超過利息は元本に充当され、なお過払いとなっている部分の金額が返還され、その返還までの利息の支払いを受けることになりました。

この場合の課税関係を教えてください。

回答

事業的規模のものと事業的規模に至らないものの場合で処理の仕方が異なります。

解説

1 制限超過利息の支払額が、既に必要経費に算入されている場合の適用法令

制限超過利息の支払額が、既に所得金額の計算上必要経費に算入されている場合は、①「不動産所得、事業所得、又は山林所得を生ずべき事業」の所

得の計算上必要経費に算入されている場合と、②「事業的規模に至らない不動産所得、山林所得又は雑所得を生ずべき業務」の所得の計算上必要経費に算入されている場合とで、その取扱いが異なります。

① 所得税法51条2項は、「不動産所得、事業所得又は山林所得を生ずべき事業」について、同法施行令141条で定める事由により生じた損失の金額は、その損失の生じた日の属する年分の必要経費に算入すると規定しています。

そして、同法施行令141条3号は、不動産所得の金額、事業所得の金額若しくは山林所得の金額の計算の基礎となった事実のうちに含まれていた無効な行為により生じた経済的成果がその行為の無効であることに基因して失われ、又はその事実のうちに含まれていた取り消すことのできる行為が取り消されたことを掲げています。

② 一方、所得税法64条は、「事業所得及び不動産所得、山林所得を生ずべき事業から生じた所得」以外の各種所得について、所得計算の基礎となる収入金額若しくは総収入金額の全部若しくは一部を回収できないこととなった場合又は政令で定める事由により当該収入金額若しくは総収入金額の全部若しくは一部を返還すべきこととなった場合には、政令で定めるところにより、当該各種所得の金額の合計額のうち、その回収することができないこととなった金額又は返還すべきこととなった金額に対応する部分の金額は、当該各種所得の金額の計算上、なかったものとみなす旨規定しています。

この規定に対応して、所得税法152条は、確定申告書を提出し、又は決定を受けた居住者は、当該申告書又は決定に係る年分の各種所得の金額につき同法64条に規定する事実その他これに準ずる所得税法施行令274条に規定する事実が生じたことにより、国税通則法23条1項各号の事由が生じたときは、当該事実が生じた日の翌日から2月以内に、同法23条1項の規定による更正の請求をすることができるとしています。

そして、所得税法施行令274条は、所得税法152条に規定する政令で定める事実として、①確定申告書を提出し、又は決定を受けた居住者の当該申告書又は決定に係る年分の各種所得の金額の計算の基礎となった事実のうちに含まれていた無効な行為により生じた経済的成果がその行為の無効で

あることに基因して失われたこと、②①に掲げる者の当該年分の各種所得の金額の計算の基礎となった事実のうちに含まれていた取り消すことのできる行為が取り消されたこと、を定めています。

2 「不動産所得、事業所得、又は山林所得を生ずべき事業」の所得の計算上必要経費に算入されている場合

「不動産所得、事業所得、又は山林所得を生ずべき事業」の所得の計算上必要経費に算入されている場合には、制限超過利息の合計額（借入金の元本の返済に充当された部分の金額と支払う債務が存在しないのに支払ったものとして返還を受けた部分の金額の合計額）が、判決が確定した日の属する年分の当該所得の収入金額に算入すべき金額になります。

過去において、支払利息として必要経費に算入した金額の合計額のうち、必要経費にならない金額の合計額が制限超過利息の金額になるからです。

過払金の返還に伴い、返還された過払金を元本として過払金の支払日までの遅延利息が支払われます。

この遅延利息は、本来支払う義務がないにもかかわらず支払われた制限超過利息の返還が遅延したことに対して支払われるものですので、その支払いを受けた日の属する年分の総収入金額に算入することになります。

3 「事業的規模に至らない不動産所得、山林所得又は雑所得を生ずべき業務」の所得の計算上必要経費に算入されている場合

「事業的規模に至らない不動産所得、山林所得又は雑所得を生ずべき業務」の所得の計算上必要経費に算入している場合には、制限超過利息を支払った事実は、本来支払う義務がないにもかかわらず支払ったものであり利息の支払いとしては無効なものなので、所得の計算上必要経費に算入した年分の必要経費にはなりません。

この既に支払われた制限超過利息が、制限超過利息の返還請求訴訟の結果、返還されたわけですから、制限超過利息が支払われていない状態に復することになります。

このことは、前記の所得税法施行令274条の定めている要件に該当すること

になります。

　したがって、この場合には、支払った制限超過利息を必要経費に算入して所得の計算をした年分の当該所得の金額を修正することになります。

　必要経費に算入すべきでない利息を必要経費に算入して所得金額を算出していたわけですから、修正申告をすることになります。

　返還金に付された利息については、前記2の場合と同様にその支払いを受けた日の属する年分の総収入金額に算入することになります。

4　まとめ

　同じ制限超過利息の返還であっても、事業的規模か否かによって、所得税法上の取扱いが異なります。

2-17　固定資産に受けた損害の賠償金をもらった場合

質　問

　私は、貸店舗を持って不動産所得があります。貸店舗の近隣の火災で、貸店舗が全焼し、火災保険の保険金をもらいました。この保険金の処理はどのようにしたらよいですか。

回　答

　資産の損害に基因して受ける損害保険契約に基づく保険金は非課税ですが、資産損失の必要経費算入額を計算する際には控除することになります。

解　説

1　損害保険金等の非課税

　所得税法9条1項17号は、保険金や損害賠償金をもらった場合の非課税を規定していますが、具体的には、同法施行令30条は非課税となるものを次のとおり定めています。

① 損害保険契約に基づく保険金、生命保険契約に基づく給付金及び損害保険契約又は生命保険契約に類する共済に係る契約に基づく共済金で、身体の傷害に基因して支払いを受けるもの並びに心身に加えられた損害につき支払いを受ける慰謝料その他の損害賠償金（その損害に基因して勤務又は業務に従事することができなかったことによる給与又は収益の補償として受けるものを含みます。）（1号）

② 損害保険契約に基づく保険金及び損害保険契約に類する共済に係る契約に基づく共済金で資産の損害に基因して支払いを受けるもの並びに不法行為その他突発的な事故により資産に加えられた損害につき支払いを受ける損害賠償金（2号）

③ 心身又は資産に加えられた損害につき支払いを受ける相当の見舞金（3号）

所得税法施行令30条は、次のものは、非課税とはならないとしています。

各種所得の金額の計算上必要経費に算入される金額を補填するための金額（柱書）

所得税法施行令94条《事業所得の収入金額とされる保険金等》の規定に該当するものその他役務の対価たる性質を有するもの（2号、3号）

2 資産損失の必要経費算入額の計算

(1) 不動産所得が事業的規模である場合

　　所得税法51条1項は、事業的規模の不動産所得の事業の用に供されている固定資産その他これに準ずる資産で政令で定めるものについて、取壊し、除却、滅失その他の事由により生じた損失の金額は、その損失の生じた日の属する年分の不動産所得の金額の計算上必要経費に算入すると規定しています。

　　この場合に、保険金、損害賠償金その他これらに類するものにより補填されるものがある場合には、その補填される部分の金額は、損失の金額にはなりません。

(2) 不動産所得が事業的規模に至らない場合

　　所得税法51条4項は、事業的規模に至らない規模（業務的規模）の不動産所得の業務の用に供され又は不動産所得の基因となる資産の損失の金額は、その損失の生じた日の属する年分の不動産所得の金額（この項の規定を適用しないで計算した不動産所得の金額とされています。）を限度とし

て、当該年分の不動産所得の金額の計算上必要経費に算入すると規定しています。

この場合に、保険金、損害賠償金その他これらに類するものにより補塡される部分の金額は、損失の金額にはなりません。

3 もらった保険金の処理

もらった損害保険金は、上記1の②に該当し、非課税になります。

しかし、焼失した貸店舗について、資産損失（所法51①④）の必要経費算入額を計算する際は、損失の金額から控除しなければなりません。

したがって、保険金の額が損失の金額以上である場合には、損失の金額はないことになります。

損失の金額を上回る額の保険金をもらった場合に、その上回った部分の処理が問題になりますが、上記1で説明したとおり、非課税となります。

4 保険金の額が損失の額を上回る資産と下回る資産がある場合

複数の固定資産について資産損失が発生し、ある資産については損失の金額が保険金の金額を下回り、ある資産については損失の金額が保険金の金額を上回るという場合の計算方法が問題になります。

〔例〕

固定資産	損失の金額（①）	保険金の金額（②）	差引額（①−②）
A	100万円	130万円	△30万円
B	200万円	170万円	30万円

上記2で説明した資産損失の金額の計算は、個々の固定資産に係る資産損失の金額の計算方法なので、資産損失の発生した固定資産が複数ある場合であっても、これらをまとめて損失の金額や保険金の額を計算することはしません。

固定資産	損失の金額（①）	保険金の金額（②）	差引額（①−②）	非課税金額
A	100万円	130万円	△30万円	30万円
B	200万円	170万円	30万円	0

上記の例では、資産損失の必要経費算入額は200万円から170万円を控除した30万円、非課税となる金額は130万円から100万円を控除した30万円ということになります。

5 保険金等の見込計算

資産損失の金額の必要経費算入額を計算する際には、保険金の額を控除することとされていますが、実務的には、確定申告期限までに、保険金の額が確定していない場合があります。

この場合には、保険金の額の見積額に基づいて資産損失の必要経費算入額を計算し、後日、見積額と確定額の差額が生じた時は、遡及して所得金額を修正申告や更正の請求により訂正することとされています（所基通51－7）。

2-18 過去の年分の固定資産税等が遡及して還付された場合

質問

私は、アパートの賃貸をして不動産所得があります。本年になって、アパートの固定資産税と都市計画税（固定資産税等）に課税の誤りがあったとして、過去3年間の固定資産税等が過誤納金として、市役所から還付されました。

この取扱いはどのようにしたらよいですか。

回答

事業的規模である場合	還付された年分の不動産所得の収入金額とします。
事業的規模に至らない場合	還付された固定資産税等を必要経費に算入していた各年分について修正申告をすることになります。

解説

1 必要経費に算入する租税

所得税基本通達37－6は、所得税法37条1項の規定によりその年分の各種

所得の金額の計算上必要経費に算入する国税及び地方税は、その年12月31日までに申告等により納付すべきことが具体的に確定したものとすると定めています。

そして、同通達(3)は、賦課課税方式による租税のうち納期が分割して定められている税額については、各納期の税額をそれぞれ納期の開始の日又は実際に納付した日の属する年分の必要経費に算入することができると定めています。

2 不動産所得が事業的規模である場合

所得税法51条2項は、不動産所得を生ずべき事業について、その事業の遂行上生じた売掛金、貸付金、前渡金その他これらに準ずる債権の貸倒れその他政令で定める事由により生じた損失の金額は、その者のその損失の生じた日の属する年分の不動産所得の金額の計算上、必要経費に算入すると規定しています。

そして、所得税法施行令141条は、所得税法51条2項に規定する政令で定める事由は、次に掲げる事由で、不動産所得、事業所得又は山林所得を生ずべき事業の遂行上生じたものとすると定めています。

> ① 販売した商品の返戻又は値引き（これらに類する行為を含む。）により収入金額が減少することとなったこと（1号）。
> ② 保証債務の履行に伴う求償権の全部又は一部を行使することができないこととなったこと（2号）。
> ③ 不動産所得の金額、事業所得の金額若しくは山林所得の金額の計算の基礎となった事実のうちに含まれていた無効な行為により生じた経済的成果がその行為の無効であることに基因して失われ、又はその事実のうちに含まれていた取り消すことのできる行為が取り消されたこと（3号）。

不動産所得、事業所得又は山林所得を生ずべき事業を営む場合には、事業が継続されることを前提に、継続的に生じた多種多様な収入金額、必要経費については、当該年分に生じる収入金額と必要経費とを対応させて所得金額を計算することになります。

その結果、過去の年分に必要経費に算入されたものの返還等があった場合にも、当該必要経費に算入された過去の年分の所得金額を遡及的に訂正する

のではなく、返還等があった年分の収入金額として取り扱うことになります。

したがって、不動産所得が事業的規模の場合には、遡及して還付された過去の年分の固定資産税等は、還付された年分の不動産所得の収入金額となります。

3 不動産所得が事業的規模に至らない場合

所得税法51条1項及び2項は、不動産所得が事業的規模である場合の規定ですが、不動産所得の規模が事業的規模に至らない場合については、同法64条が規定しています。

同条は、事業所得及び事業的規模の不動産所得、山林所得以外の収入金額若しくは総収入金額の全部若しくは一部を回収することができないこととなった場合又は政令（所令180）で定める事由により当該収入金額若しくは総収入金額の全部若しくは一部を返還すべきこととなった場合には、政令で定めるところにより、当該各種所得金額の合計額のうち、その回収することができないこととなった金額又は返還すべきこととなった金額に対応する部分の金額は、当該各種所得金額の計算上、なかったものとみなすと規定しています。

そして、所得税法152条は、同法64条に規定する事実その他これに準ずる政令（所令274）で定める事実が生じたことにより、国税通則法23条1項各号《更正の請求》の事由が生じたときは、当該事実が生じた日の翌日から2月以内に限り、税務署長に対し、同法23条1項の規定による更正の請求をすることができると規定しています。

このように、不動産所得、事業所得又は山林所得を生ずべき事業を営む場合以外の場合には、所得の金額の計算の基礎となった事実のうちに含まれていた無効な行為により生じた経済的成果がその行為の無効であることに基因して失われ、又はその事実のうちに含まれていた取り消すことのできる行為が取り消されたときは、過去の各年分の所得金額を再計算することとされています。

したがって、不動産所得が事業的規模に至らない場合には、遡及して還付された過去の年分の固定資産税等は、還付された年分の不動産所得の収入金額となるのではなく、当該固定資産税等を必要経費に算入して所得金額を計算

した各年分の不動産所得の金額を再計算して修正申告をすることになります。

なお、還付の際に還付加算金が支払われた場合（地法17の4）には、支払いを受けた年分の雑所得の収入金額となります（所基通35－1⑷）。

2-19 還付された消費税の収入計上時期

質問

私は貸店舗を持ち、不動産所得があり、消費税等については税込経理方式を適用しています。

本年は、消費税等の額を計算すると還付になる見込みです。この還付税額の処理はどのようにするのですか。

回答

還付された消費税等は、消費税等の申告書を提出した年の収入に計上します。

解説

1 平成元年直所3－8「2」の定め

平成元年直所3－8「消費税法等の施行に伴う所得税の取扱いについて」は、その2において、所得税の課税所得金額の計算に当たり、消費税法2条1項3号《定義》に規定する個人事業者が行う取引に係る消費税等の経理処理について、次のとおり定めています。

> ① 税抜経理方式又は税込経理方式のいずれの方式によることとしても差し支えないが、個人事業者の選択した方式は、当該個人事業者の行うすべての取引について適用するものとする（本文）。
> ② 不動産所得、事業所得、山林所得又は雑所得（事業所得等）を生ずべき業務のうち2以上の所得を生ずべき業務を行う場合には、当該所得の種類を異にする業務ごとに上記の取扱いをすることができる（注1）。
> ③ 譲渡所得の基因となる資産の譲渡で消費税が課されるものに係る経理処理については、当該資産をその用に供していた事業所得等を生ずべき業務と同一の方式によるものとする（注2）。

2 平成元年直所3－8「8」の定め

平成元年直所3－8は、その8において、税込経理を適用している場合の消費税等の総収入金額算入の時期について、次のとおり定めています。

> ① 所得税の課税所得金額の計算に当たり、税込経理方式を適用している個人事業者が還付を受ける消費税等は、納税申告書に記載された税額については当該納税申告書が提出された日の属する年の事業所得等の金額の計算上、総収入金額に算入する。
>
> ② 更正に係る税額については当該更正があった日の属する年の事業所得等の金額の計算上、総収入金額に算入する。
>
> ③ 個人事業者が申告期限未到来の当該納税申告書に記載すべき消費税額等の額を未収入金に計上したときの当該金額については、当該未収入金に計上した年の事業所得等の金額の計算上、総収入金額に算入することとして差し支えない。

3 平成元年直所3－8「7」の定め

平成元年直所3－8は、その7において、税込経理を適用している場合の消費税等の必要経費算入の時期について、次のとおり定めています。

> ① 納税申告書に記載された税額については、当該納税申告書が提出された日の属する年の事業所得等の金額の計算上、必要経費に算入する。
>
> ② 更正又は決定に係る税額については当該更正又は決定があった日の属する年の事業所得等の金額の計算上、必要経費に算入する。
>
> ③ 申告期限未到来の当該納税申告書に記載すべき消費税等の額を未払金に計上したときの当該金額については、当該未払金に計上した年の事業所得等の金額の計算上、必要経費に算入することとして差し支えない。

2-20　土地の賃料がない場合あるいは低額である場合

質問

私は昔世話になった知人から、私の土地を貸してくれと依頼されています。過去に非常に世話になった知人なので、非常に有利な条件で貸すつもりですが、何か注意することはありますか。

回　答

使用貸借の場合には、知人に贈与税は発生しませんが、地代の額が少額の場合には、借受人である知人に贈与税が発生する場合があります。

解　説

1　昭和48年直資2－189他2課合同「使用貸借に係る土地についての相続税及び贈与税の取扱いについて」の定め

　昭和48年直資2－189他2課合同は、個人間の土地の貸借についての取扱いを定めたものです。

　同通達の1は、建物又は構築物（建物等）の所有を目的として使用貸借（民法593）による土地の借受けがあった場合においては、借地権（建物等の所有を目的とする地上権又は賃借権）の設定に際し、その設定の対価として通常権利金その他の一時金（権利金）を支払う取引上の慣行がある地域においても、当該土地の使用貸借に係る使用権の価額は、零として取り扱う旨定めています。

　この場合において土地の借受人と所有者の間に当該借受けに係る土地の公租公課に相当する金額以下の金額の授受があるにすぎないものは、これに該当するものとし、当該土地の借受けについて地代の授受がないものであっても、権利金その他地代に代わるべき経済的利益の授受があるものはこれに該当しないものとされています。

　この結果、個人間で土地が使用貸借で貸借されても、借主に贈与税がかかることはありません。

2　昭和60年直資2－58他1課合同「相当の地代を支払っている場合等の借地権等についての相続税及び贈与税の取扱いについて」の定め

　昭和60年直資2－58他1課合同は、借地権の設定された土地について権利金の支払いに代え「相当の地代」を支払うなどの特殊な場合の相続税及び贈与税の取扱いを定めたものです。

　同通達の1は、借地権（建物の所有を目的とする地上権又は賃借権）の設定に

際しその設定の対価として通常権利金その他の一時金（権利金）を支払う取引上の慣行のある地域において、当該権利金の支払いに代え、当該土地の自用地としての価額に対しておおむね年6％程度の地代（相当の地代）を支払っている場合は、借地権を有する者については当該借地権の設定による利益はないものとして取り扱うと定めています。

　この場合、「自用地としての価額」は、財産評価基本通達に定める自用地としての価額をいいます。

　ただし、通常支払われる権利金に満たない金額を権利金として支払っている場合又は借地権の設定に伴い通常の場合の金銭の貸付けの条件に比して特に有利な条件による金銭の貸付けその他特別の経済的な利益（特別の経済的利益）を与えている場合は、当該土地の自用地としての価額から実際に支払っている権利金の額及び供与した特別の経済的利益の額を控除した金額を相当の地代の計算の基礎となる当該土地の自用地の価額とします。

　同通達の2は、借地権の設定に際しその設定の対価として通常の権利金を支払う取引上の慣行のある地域において、借地権者は、当該借地権の設定により支払う地代の額が「相当の地代」の額に満たない場合、借地権者は当該借地権の設定時において、次の算式により計算した金額から実際に支払っている権利金の額及び供与した特別の経済的利益の額を控除した金額に相当する利益を土地の所有者から贈与により取得したものとして取り扱うと定めています。

算　式

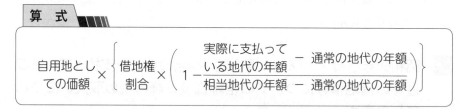

　「通常の地代の年額」は、実務上、相当の地代の年額の算定の基礎となった相続税評価額から借地権価額を控除した金額の6％相当額により計算されています。

　これは、借地権の設定に当たり、借地人が受ける経済的利益を借地人が支

払うべき地代の額から計算しようというものです。

すなわち、土地の価額に対応する相当の地代額から貸宅地に対応する通常の地代額を控除することにより借地権価額に対応する理論上の地代を算定し、この差額のうち、実際に借地権者が負担していない地代相当額に対応する借地権について贈与を受けたものとして計算するというものです。

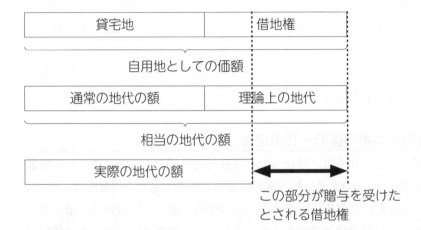

2-21 保証金を預かった場合の経済的利益

質問

私は、私所有の土地を賃貸するに当たり、賃借人から保証金を預かりました。このことにより、私に何か課税関係が発生しますか。

回答

所得税基本通達33－15に定める保証金等であれば、課税関係は発生しませんが、経済的利益に課税関係が発生する場合もあります。

解説

1 保証金の性質

不動産の賃貸借をする際に、賃借人から賃貸人に、敷金とか保証金等（保

証金等）の名目で金銭が預託されることがあります。

　この場合の保証金等は、賃貸借契約に伴って賃貸人・賃借人間で発生する賃料支払義務や退去の際の原状回復義務の履行を担保するためのものであるのが一般的です。

　しかしながら、実際の取引では、多額な保証金等を授受し、その代わりに、賃料を低額に取り決めている事例もあります。このような場合は、多額の保証金等の預託を受け、一定期間、その金銭を利用するという地位を得ることによって、経済的な利益を受けていると考えられます。

　このように、保証金等として金銭を受け入れている場合にも2通りの類型があるように思われます。

2　所得税基本通達33－15の定め

　所得税法施行令79条は、建物若しくは構築物の所有を目的とする地上権若しくは賃借権（借地権）又は地役権の設定の対価のうちで、譲渡所得（所法33①）とされるものを定めていますが、同令80条1項は、同令79条1項に規定する借地権又は地役権の設定をしたことに伴い、通常の場合の金銭の貸付けの条件に比し特に有利な条件による金銭の貸付けその他特別の経済的な利益を受ける場合には、当該金銭の貸付けにより通常の条件で金銭の貸付けを受けた場合に比して受ける利益その他当該特別の経済的な利益の額を同令79条1項又は2項に規定する対価の額に加算した金額をもってこれらの規定に規定する支払いを受ける金額とみなして、これらの規定を適用する、と定めています。

　所得税基本通達33－15は、借地権の設定等に当たり保証金、敷金等の名義による金銭を受け入れた場合においても、その受け入れた金額がその土地の存する地域において通常収受される程度の保証金等の額（その額が明らかでないときは、当該借地権の設定等に係る契約による地代のおおむね3月分相当額とする。）以下であるときは、当該受け入れた金額は、所得税法施行令80条1項に規定する「特に有利な条件による金銭の貸付け」には、該当しないものとすると定めています。

　この通達の定める保証金、敷金等を受け入れた場合には、そのことによっ

て、これを受け入れた賃貸人に課税されるべき経済的利益は生じないと考えてよいと思われます。

3 平成6年1月26日国税庁所得税課情報548号の取扱い

平成6年1月26日国税庁所得税課情報548号は、賃貸人が預託を受けた保証金の経済的利益に係る所得税の取扱いを次のとおり定めています。

(1) 受領した保証金が貸主の各種所得の基因となる業務（不動産所得、事業所得、山林所得及び雑所得を生ずべき業務をいう。）に係る資金として運用されている場合又はその業務用資産の取得資金に充てられている場合

借地人から貸主に預託された保証金に適正な利率を乗じて計算した利息相当額（低い金利で預託されている場合には、適正な利率と実際の利率の差額により計算した経済的利益の額）を、その保証金を返還するまでの各年分の各種所得の金額の計算上、収入金額に計上すると同時に、同額をその業務に係る各種所得の金額の計算上必要経費に算入することとされています。

この場合には、各種所得の収入金額に計上した金額と運用した業務に係る各種所得の必要経費に計上した額は同額になるので、課税される所得金額は発生しません。

(2) 受領した保証金が預貯金、公社債、指定金銭信託、貸付信託等の金融資産に運用されている場合

これらの金融資産に係る利子収入等は、保証金の経済的利益に見合うものでありますが、これらを運用した結果得られる利子については、すでに所得税等が源泉徴収されているので、保証金の経済的利益に係る所得の計算は不要とされています。

(3) (1)及び(2)以外の場合（例えば預託された保証金を居宅の新築、遊興費などに充てた場合）

預託された保証金に適正な利率を乗じて計算された利息相当額（低い金利で預託されている場合には、適正な利率と実際の利率の差額により計算した経済的利益の額）を、その保証金を返還するまでの各年分の不動産所得の計算上、収入金額に計上します。この場合には、業務のための費用ではないので必要経費に計上する金額はありません。

したがって、課税される所得金額が発生するのは上記の(3)の場合だけです。

また、「適正な利率」は、実務上、定期預金の平均年利率を用いることとされており、個人課税課情報で毎年公表されています。

2-22 土砂の捨て場として農地を使用させて受け取った補償金

質問

私は、ある建設会社からの依頼で、建設工事に伴って生じる土砂を私の所有する農地に捨てさせることにしました。

農地が土砂の捨て場として使用されたことにより農地が原野となり、農地としての価値が低下するのでこのことに対する補償金を受け取りました。

この補償金の課税関係はどうなりますか。

回答

その補償金は、不動産所得又は雑所得になります。

解説

1 非課税となる損害賠償金

所得税法9条1項17号は、保険金や損害賠償金をもらった場合の非課税を規定していますが、具体的には、同法施行令30条が非課税となるものを次のとおり定めています。

> ① 損害保険契約に基づく保険金、生命保険契約に基づく給付金及び損害保険契約又は生命保険契約に類する共済に係る契約に基づく共済金で、身体の傷害に基因して支払いを受けるもの並びに心身に加えられた損害につき支払いを受ける慰謝料その他の損害賠償金(その損害に基因して勤務又は業務に従事することができなかったことによる給与又は収益の補償として受けるものを含む。)(1号)
> ② 損害保険契約に基づく保険金及び損害保険契約に類する共済に係る契約に基づく共済金で資産の損害に基因して支払いを受けるもの並びに不法行為そ

の他突発的な事故により資産に加えられた損害につき支払いを受ける損害賠償金（2号）

③ 心身又は資産に加えられた損害につき支払いを受ける相当の見舞金（3号）

　所得税法施行令30条2号は非課税となる損害賠償金を規定していますが、その原因は、「不法行為その他突発的な事故」に限定されています。

　ご質問のケースでは、確かに、農地が土砂の捨て場として使用されたことにより原野となり価値が低下したことは間違いありませんが、その原因は、あなたと建設会社が農地を土砂の捨て場として使用させるという契約をしたことにあり、これは、「不法行為その他突発的な事故」には該当しません。

　したがって、ご質問のケースに所得税法施行令30条2号の適用はありません。

2　所得税法施行令95条の定め

　所得税法施行令95条は、契約に基づき譲渡所得の基因となるべき資産が消滅をしたことに伴い、その消滅につき一時に受ける補償金その他これに類するものの額は、譲渡所得に係る収入金額とすると規定しています。

　この規定は、借地権の設定その他当該資産について物権を設定し又は債権が成立することにより価値が減少した場合には適用がありません。

　ご質問のケースは、あなたと建設会社が農地を土砂の捨て場として使用させるという契約をしたことにより、農地の価値が減少したわけですから、同令95条の適用もないことになります。

3　質問のケースの場合

　当事者の結んだ契約が、農地に土砂を捨てるということを認めた上で土地を使用させるという内容のものである場合には、ご質問の補償金は農地の使用の対価として不動産所得の収入金額となり、土地を使用させるのではなく、単に土砂を引き取ることに対して対価を支払うというものである場合には雑所得の収入金額となります。

2-23 砂利を採取させたことによる所得

質問

私は、砂利採取業者から、私の所有する農地を砂利採取のため1年間貸してほしい旨の依頼があり、賃貸料50万円、稲作補償金30万円をもらいました。

これらの課税上の処理はどのようにしたらよいでしょうか。

地中の砂利を掘削した後は、砂利の採取業者がその穴を埋め戻し、従前の農地として利用できるように原状回復をするという契約になっています。

回答

賃貸料50万円は譲渡所得の収入金額となり、稲作補償金30万円は農業に係る事業所得の収入金額となります。

解説

1 所得税基本通達33－6の5の定め

土地の所有権は、その土地の地上、地下に及ぶものと解されていることから、土地の所有者がその土地の地表又は地中の土石等を譲渡した場合の所得区分については意見が分かれるところですが、所得税基本通達33－6の5は、土地の所有者が、その土地の地表又は地中の土石、砂利（土石等）を譲渡（営利を目的として継続的に行われるものを除く。）したことによる所得は、譲渡所得に該当すると定めています。

ただし、その土石等の譲渡が棚卸資産の譲渡その他営利を目的として継続的に行われるものである場合には、事業所得又は雑所得になります。

2 所得税法施行令94条1項の定め

所得税法施行令94条1項は、不動産所得、事業所得、山林所得又は雑所得を生ずべき業務を行なう居住者が受ける次に掲げるもので、その業務の遂行により生ずべきこれらの所得に係る収入金額に代わる性質を有するものは、これらの所得に係る収入金額とすると規定しています。

① 当該業務に係るたな卸資産、山林、工業所有権その他の技術に関する権利、特別の技術による生産方式若しくはこれらに準ずるもの又は著作権につき損失を受けたことにより取得する保険金、損害賠償金、見舞金その他これらに類するもの（1号）

② 当該業務の全部又は一部の休止、転換又は廃止その他の事由により当該業務の収益の補償として取得する補償金その他これに類するもの（2号）

3 賃貸料及び稲作補償金の所得区分

　ご質問のケースの賃貸料50万円は、砂利の採取業者に対して地中に埋蔵されている砂利を譲渡した対価として支払いを受けたものとして譲渡所得になるものと思われます。

　また、稲作補償金30万円は、所得税法施行令94条1項2号に規定する「当該業務の全部又は一部の休止により当該業務の収益の補償として取得する補償金」に該当するので、農業に係る事業所得の収入金額になります。

2-24 ゴルフ練習場施設を一括して賃貸している場合

質問

　私は、ゴルフ練習場施設を附属する器具類と一括して賃貸して賃料を受け取っています。

　この所得は何所得になりますか。

回答

　その所得は、不動産所得になります。

解説

1 不動産所得と事業所得

　所得税法26条1項は、不動産、不動産の上に存する権利、船舶、航空機（不動産等）の貸付けによる所得を不動産所得と規定していますが、事業所得又

は譲渡所得に該当するものは、不動産所得に該当しないと定めています。

一方、所得税法施行令63条は、事業所得を生ずべき事業を次に掲げる事業と定めていますが、不動産の貸付業又は船舶若しくは航空機の貸付業に該当するものは、事業所得に該当しないと規定しています。

> ① 農業、② 林業及び狩猟業、③ 漁業及び水産養殖業、④ 鉱業（土石採取業を含む。）、⑤ 建設業、⑥ 製造業、⑦ 卸売業及び小売業（飲食店業及び料理店業を含む。）、⑧ 金融業及び保険業、⑨ 不動産業、⑩ 運輸通信業（倉庫業を含む。）、⑪ 医療保健業、著述業その他のサービス業、⑫ ①から⑪までのもののほか、対価を得て継続的に行う事業

所得税法26条1項は、不動産等の貸付けによる所得であっても事業所得に該当するものは不動産所得にはならないとし、同法施行令63条は、不動産の貸付業又は船舶若しくは航空機の貸付業は事業所得を生ずべき事業にならないとしています。

2 所得区分

民法86条は土地及びその定着物を不動産とするとし、所得税法26条1項は、不動産、不動産の上に存する権利、船舶、航空機（不動産等）の貸付けによる所得を不動産所得としています。

ゴルフ練習場の施設は、通常、土地、建物、その他構築物からなっているので、その貸付けによる所得は不動産所得に該当します。

不動産であるこれらの施設の貸付けに付随して、附属の諸器具、備品、その他の動産も併せて貸し付けているケースも多いと思われますが、これらの貸付けが不動産の貸付けに付随したものであり、動産の賃料を区分せず、不動産の賃料と一括して収受している場合には、その賃料の全部を不動産所得として差し支えないと考えられます。

2-25 太陽光発電による余剰電力の売却収入

質問

私は、賃貸アパートに太陽光発電設備を設置し、余剰電力の売却収入があります。
この売却収入の課税関係はどうなりますか。

回答

不動産所得の収入金額に計上しなければならない場合があります。

解説

1 余剰電力の買取り制度

余剰電力の買取りは、「電気事業者による再生可能エネルギー電気の調達に関する特別措置法」に基づき、太陽光発電による電気が太陽光発電設備が設置された施設等において消費された電気を上回る量の発電をした際、その上回る部分が当該施設等に接続されている配電線に逆流し、これを一般電気事業者である電力会社が一定期間買い取ることとされているものです。

2 賃貸アパートに設置した場合

賃貸アパートの共用部分で使用する電気料金は、不動産所得の金額の計算上、必要経費に算入されるものですが、太陽光発電設備により発電された電力を、賃貸アパートの共用部分で使用する場合、太陽光発電設備を設置することにより共用部分の電気料金は、発電された電力に対応する分だけ減少し、その分不動産所得の金額の計算上必要経費に算入される金額も減少することになります。

このように、太陽光発電設備による発電が不動産所得の金額を増減させるものであることから、その余剰電力の売却収入も不動産所得の収入金額に算入し、その所得金額を計算すべきものと思われます。

不動産賃貸業を営んでいる個人が、賃貸不動産に太陽光発電設備を設置し、

全量売電を行っている場合の売電収入は、上記のような不動産所得との関連性がないことから、それが、事業的規模で行われている場合には事業所得、事業的規模に至らない規模で行われている場合には雑所得に該当するものと思われます。

3 自宅兼店舗に設置した場合

　1階を店舗、2階を自宅とする建物に太陽光発電設備を設置し、発電した電力を自宅及び店舗で使用するほか、余剰電力を電力会社に売却しているような場合、当該設備により発電した電気は店舗と自宅の両方で使用され、その余剰部分を電力会社に売却するものであり、当該太陽光発電設備から発電される電力が事業所得を生ずべき業務の用に供されていることから、当該設備からもたらされる収入については、全て事業所得を生ずべき業務に付随する収入として事業所得の収入金額とすべきものと思われます。

　電気使用量メーターが1つしか設置されておらず、売却した電力量及び売却金額は毎月の検針票により確認することができるけれども、発電量のうち店舗における電力使用量と自宅における電力使用量を個別に把握できない場合における必要経費に算入する減価償却費の額は、まず、発電量のうち売却した電力量以外の割合を算出し、その割合を、更に、店舗と自宅における使用の実態に基づく使用率や使用面積割合等の合理的な基準により店舗分と自宅分に按分し、店舗の使用割合を算出し、その店舗分の割合と売却した電力量に係る割合の合計をもって当該資産の事業用割合として計算することになります。

4 自宅に設置した場合

　余剰電力の売却収入については、それを事業として行っている場合や、他に事業所得がありその付随業務として行っているような場合には事業所得に該当すると考えられますが、給与所得者が太陽光発電設備を家事用資産として使用し、その余剰電力を売却しているような場合には、雑所得に該当します。

　減価償却費の計算上、太陽光発電設備は、太陽電池モジュール、パワーコンディショナーなどが一体となって発電・送電等を行う自家発電設備である

ことから、一般に「機械及び装置」に分類されると考えられますので、その耐用年数は、減価償却資産の耐用年数等に関する省令別表第二の「55　前掲の機械及び装置以外のもの並びに前掲の区分によらないもの」の「その他の設備」の「主として金属製のもの」に該当し、17年となります。

また、必要経費に算入する減価償却費の額は、発電量のうちに売却した電力量の占める割合を業務用割合として計算した金額となります。

5　事業所得あるいは不動産所得と雑所得との相違点

以上のとおり、所得税においては、全量売電であるか否か、あるいは、太陽光発電設備を設置した建物が自宅なのか、賃貸物件なのか等によって売電収入は、雑所得、事業所得、不動産所得に分かれることになります。

そうすると、雑所得、事業所得、不動産所得の間で、所得税額の計算上どのような違いがあるかを考える必要があります。

第一に、所得税法51条の適用条文の違いがあります。同条1項は、不動産所得、事業所得を生ずべき事業の用に供されている固定資産等について、取壊し、除却、滅失により生じた損失の金額は、その者のその損害の生じた日の属する年分の当該所得の金額の計算上必要経費に算入する旨規定しています。

これに対して、同条4項は、不動産所得若しくは雑所得を生ずべき業務の用に供され又はこれらの所得の基因となる資産の損失の金額は、この項の規定を適用しないで計算した所得金額を限度として、所得金額の計算上必要経費に算入する旨規定しています。

「この項の規定を適用しないで計算した所得金額を限度として」ということは、この項が規定している損失を差し引くと所得金額が赤字になってしまう場合には、その赤字は認識せず、所得金額は0円とみなすということです。

万一、太陽光発電設備が災害等で使用不能になってしまったような場合には、所得税の計算上、違いが生じることになります。

次に、損益通算を定めた所得税法69条1項の規定の適用の有無に違いがあります。同条1項は、総所得金額（所法22②）退職所得金額、又は山林所得金額を計算する場合において、不動産所得の金額、事業所得の金額、山林所得の金額又は譲渡所得の金額の計算上生じた損失の金額があるときは、政令

で定める順序により、これを他の各種所得の金額から控除すると規定しています。同項の規定により損益通算の対象となるのは、不動産所得の金額、事業所得の金額、山林所得の金額、譲渡所得の金額に限られ、雑所得の金額は対象にはなりません。

2-26 未分割の相続財産から生ずる不動産所得

質問

私の父は賃貸マンションを経営していましたが、昨年死亡しました。相続人は、母親と私と弟の3人です。遺言はなく、現在遺産分割協議中です。
遺産分割確定前及び確定後の確定申告はどのようにしたらよいですか。

回答

遺産分割協議が終わるまでの間の不動産所得は、各相続人がその法定相続分に応じて申告し、遺産分割協議が整った後は、分割協議で決まった相続分によって申告します。

解説

1 相続についての民法の定め

(1) 民法898条は、相続人が数人あるときは、相続財産は、その共有に属すると規定しています。
(2) 同法900条は、相続人の相続分を定め、同法902条は、同法900条及び901条の規定にかかわらず、被相続人は、遺言で、共同相続人の相続分を定め、又はこれを第三者に委託することができると規定しています。
(3) 同法906条は、遺産の分割は、遺産に属する物又は権利の種類及び性質、各相続人の年齢、職業、心身の状態及び生活の状況その他一切の事情を考慮してこれをすると規定し、同法909条は、遺産の分割は、相続開始の時にさかのぼってその効力を生ずると規定しています。

2 未分割の相続財産から生ずる不動産所得の申告

　相続財産について遺産分割協議が整うまでの間は、その相続財産は、共同相続人の共有に属するものとされる（民法898）ので、その相続財産から生ずる所得は、各共同相続人にその相続分に応じて帰属することになります。

　したがって、未分割財産から生ずる不動産所得についても、遺産分割協議が整うまでの間は、各相続人にその相続分に応じて帰属することになります。

　この各相続人の相続分は、遺言で各相続人の相続分が定められている場合（民法902）には、その定められた相続分、定められていない場合には、法定相続分（民法900）ということになります。

　実際には、相続人のうちの特定の人が、未分割財産から生ずる不動産所得を管理している場合もありますが、あくまでも、そこから生じた所得は共同相続人にその相続分に応じて帰属するということになります。

3 分割協議が整った後の取扱い

　遺産分割協議が整い、遺産分割が確定すると、その効力は相続開始の時にさかのぼって生ずることになります（民法909）。その結果、相続財産は、遺産分割でこれを取得した者に相続開始の時にさかのぼって帰属することになります。

　そうすると、遺産分割協議が整うまでの間、相続分に応じて、各相続人に帰属していた不動産所得（相続財産そのものではなく、相続財産から生じた法定果実（民法88②）です。）の帰属も相続開始の時にさかのぼって変更になるのかが問題になります。

　最高裁平成17年9月8日判決は、未分割である相続財産から生じた不動産の賃料について、遺産分割は相続開始の時に遡ってその効力を生ずるものであるが、賃料債権は各共同相続人がその相続分に応じて分割単独債権として確定的に取得したものであるから、後にされた遺産分割の影響を受けないと判断しています。

　したがって、遺産分割の効果は、未分割であった間の不動産所得の帰属に影響を及ぼさないということになります。

　その結果、各共同相続人は、遺産分割協議の確定を理由として、未分割で

あった間の相続分に応じてした不動産所得の申告について更正の請求あるいは修正申告をすることはできないということになります。

実務的には、遺産分割協議をする際には、それまでに既に発生した不動産所得の金額及びその申告によって負担した所得税の額を考慮に入れて、遺産分割協議の内容を決定すべきであるということになります。

2-27 モータープールの所得

質問

私は、所有する土地でモータープールを経営する予定です。

モータープールには必要な設備を作り、管理者を置き、使用時間の長短、自動車の大きさに応じた料金設定にすることになっています。

また、このモータープールでは一部月極の契約も結ぶ予定です。

この所得は何所得になりますか。

回答

モータープールによる収入は、事業所得になります。

解説

1 不動産所得と事業所得等

所得税基本通達27-2は、いわゆる有料駐車場、有料自転車置場等については、自己の責任において他人の物を保管する場合の所得は事業所得又は雑所得に該当し、そうでない場合の所得は不動産所得に該当すると定めています。

有料駐車場といっても、大規模な収容能力があるものから、空き地を利用した数台の収容能力のものまであり、管理形態も時間貸のもの、単に場所を提供するだけのものというように千差万別で、その所得も一律に不動産所得とか事業所得ということはできません。

この通達は、施設の管理者を置き利用者の自動車の出入を管理している場合や不特定多数の客から時間の長短に応じて定めた料金を徴収しているなど

自己の責任において他人の物を保管するようなものは、物品預りとしての性質が強いところから、事業所得又は雑所得に該当するものとし、それ以外の単なる土地や建物の賃貸と見られるものは不動産所得に該当するものとして、その区分を明らかにしたものです。

具体的には、①管理者の有無、②自動車の出入の管理の有無、③周囲を塀やフェンスで囲っているか否か、④夜間に施錠しているか否か、等の要素によって判断することになります。

このような要素から判断して、自動車を預かっているものと判断することができれば、その料金が月単位で決められていても、不動産の賃貸による不動産所得ではなく、自動車の保管による事業所得あるいは雑所得に該当することになります。

2 所得税基本通達26－4の定め

所得税基本通達26－4は、アパートや下宿等の所得区分について、次のとおり定めています。

> ① アパート、貸間等のように食事を供さない場合の所得は、不動産所得とする。
> ② 下宿等のように食事を供する場合の所得は、事業所得又は雑所得とする。

家屋の一部を使用させたり貸し付けたりする形態としては、アパートのようなものからホテルのようなものまであり、これらがすべて「不動産等の貸付けによる所得」（所法26①）となるものではなく、ホテルの場合には、単に部屋を使用させるというのではなく、宿泊に伴うサービスの提供の対価として、不動産所得ではなく、事業所得となります。

このように、貸付けや使用の対価が不動産所得となるか否かの区別は、サービスの提供の度合いによることになります。

この通達は、アパート、下宿等の場合には、このサービスの違いを食事を提供するものか否かによって判定することとしたものです。

2-28 土地を無償で借り受けて駐車場経営をしている場合

質問

私は、生計を一にしていない父親の土地を父親の承諾を得た上で、月極駐車場として利用し、収入を得ています。

この所得は、私の所得として申告すればよいですか。

回答

駐車場から生ずる所得は不動産所得となり、あなたではなく、あなたの父親の所得となると考えられます。

解説

1 所得の帰属者の判定

所得の帰属の判定は、実務上、資産から生ずる所得と事業から生ずる所得とに区分して行われています。

この基準に基づいて判定する場合には、まず、駐車場から生ずる所得が事業所得・雑所得に該当するのか、あるいは不動産所得に該当するのかを判定することになります。

有料駐車場、有料自転車置場等の所得については、自己の責任において他人の物を保管する場合の所得は事業所得又は雑所得に該当し、そうでない場合の所得は不動産所得に該当するものとされています（所基通27-2）。

土地という不動産を賃貸している場合の所得は不動産所得、土地を用いて自動車や自転車を保管するという役務の提供をして稼得する所得は事業所得・雑所得ということになります。

2 所得税基本通達12-1の定め

所得税法12条は、資産又は事業から生ずる収益の法律上帰属するとみられる者が単なる名義人であって、その収益を享受せず、その者以外の者がその収益を享受する場合には、その収益は、これを享受する者に帰属するものと

して、この法律の規定を適用すると規定しています。

そして、所得税基本通達12－1は、所得税法12条の適用上、資産から生ずる収益を享受する者がだれであるかは、その収益の基因となる資産の真実の権利者がだれであるかにより判定すべきであるが、それが明らかでない場合には、その資産の名義者が真実の権利者であるものと推定すると定めています。

例えば、自らがその収益を処分する代わりに、他人に自由に消費させているような場合、それは処分の一形態として、その他人は、その分配にあずかっているに過ぎないとみるべきであり、あくまでも、当該資産の真実の権利者が収益を享受しているものと考えるということです。

3　駐車場経営をしている場合

(1) **青空駐車場のような単に土地のみの貸付けや「アスファルト敷」等の簡易な構築物を設置しての貸付けの場合**

　　賃借人との関係では、賃借人に土地を使用させる義務を負っているのは父親から無償で土地を借り受けているあなたです。

　　しかし、土地の利用権原を持っているのは、土地の所有者であるあなたの父親です。

　　したがって、あなたが土地の賃貸借契約の当事者となったとしても、その収益は土地の所有者であるあなたの父親に帰属するということになります。

　　この場合に、あなたがそこで生じた所得を消費した場合、その金額のうち、あなたの管理業務やあなたが設置した構築物の使用の対価を超える部分については、父親からあなたに経済的利益が移転したということになります。

(2) **質問者が建物や設備等を設置している場合**

　　建物や設備等を設置している場合には、単なる土地の賃貸借ではなく、自動車や自転車を預かって、保管していると見るべき場合が多いように思われます。

　　この場合には、土地を用いて保管等の役務提供をあなたが行っているものとして、あなたの事業所得・雑所得となります。

2-29 非居住者が国内の不動産を賃貸している場合

質問

私は、米国人で、昨年まで日本にある会社に勤務し日本国内に自宅を所有していましたが、昨年家族と共に米国に帰国し新しい会社に勤務を始め、今年になってその自宅を賃貸しています。

この賃貸収入の申告はどのようにしたらよいですか。

回答

非居住者の国内源泉所得として確定申告をする必要があります。

解説

1 居住者・非居住者の定義

居住者とは、国内に住所を有している者及び現在まで引き続いて1年以上居所を有する者をいい、非居住者とは居住者以外の個人をいいます（所法2①三、五）。

2 住所地についての推定規定

所得税法施行令14条1項は国内に居住することとなった個人が次のいずれかに該当する場合には、その者は、国内に住所を有する者と推定する旨規定しています。

① その者が国内において、継続して1年以上居住することを通常必要とする職業を有すること

② その者が日本の国籍を有し、かつ、その者が国内において生計を一にする配偶者その他の親族を有することその他国内におけるその者の職業及び資産の有無等の状況に照らし、その者が国内において継続して1年以上居住するものと推測するに足りる事実があること

所得税法施行令15条1項は国外に居住することとなった個人が次のいずれかに該当する場合には、その者は、国内に住所を有しない者と推定する旨規

定しています。

> ① その者が国外において、継続して1年以上居住することを通常必要とする職業を有すること
>
> ② その者が外国の国籍を有し、又は外国の法令によりその外国に永住する許可を受けており、かつ、その者が国内において生計を一にする配偶者その他の親族を有しないことその他国内におけるその者の職業及び資産の有無等の状況に照らし、その者が再び国内に帰り、主として国内に居住するものと推測するに足りる事実がないこと

　これらの規定を補完して、所得税基本通達3－3は、国内又は国外において事業を営み若しくは職業に従事するため国内又は国外に居住することとなった者は、その地における在留期間が契約等によりあらかじめ1年未満であることが明らかであると認められる場合を除き、それぞれ、所得税法施行令14条1項1号又は15条1項1号の規定に該当するものとすると定めています。

3　国内源泉所得

　所得税法161条は「国内源泉所得」を定めていますが、同条1項7号は、国内にある不動産、国内にある不動産の上に存する権利若しくは採石法の規定による採石権の貸付け、鉱業法の規定による租鉱権の設定又は居住者若しくは内国法人に対する船舶若しくは航空機の貸付けによる対価を掲げています。

4　非居住者に対する課税の方法

　所得税法164条1項2号は、恒久的施設（注）を有しない非居住者については、同法161条1項2号、3号、5号から7号まで及び17号に掲げる国内源泉所得を総合課税の方法で課税すると規定しています。
（注）恒久的施設とは次のものをいいます（所法2①八の四）。

> ① 非居住者又は外国法人の国内にある支店、工場その他事業を行う一定の場所で政令（所令1の2①、②）で定めるもの
>
> ② 非居住者又は外国法人の国内にある建設作業場（非居住者又は外国法人が国内において建設作業等（建設、据付け、組立てその他の作業又はその作業の指揮監督の役務の提供で1年を超えて行われるものをいいます。）を行う場所をいい、当該非居住者又は外国法人の国内における当該建設作業等を含みます。）

③ 非居住者又は外国法人が国内に置く自己のために契約を締結する権限のある者その他これに準ずる者で政令（所令1の2③）で定めるもの

5 賃貸料収入に対する所得税の源泉徴収

　所得税法212条1項は、非居住者に対し国内において同法161条1項4号から16号までに掲げる国内源泉所得の支払いをする者は、その支払いの際、これらの国内源泉所得について所得税を徴収し、その徴収の日の属する月の翌月10日までに、これを国に納付しなければならないと規定しています。

　所得税法施行令328条は、所得税法212条1項の規定する源泉徴収義務の適用除外となる場合を規定していますが、同法施行令328条2号は、非居住者又は外国法人が有する土地若しくは土地の上に存する権利又は家屋（土地家屋等）に係る所得税法161条1項7号に掲げる対価で、当該土地家屋等を自己又はその親族の居住の用に供するために借り受けた個人から支払われるものを掲げています。

6 納税管理人

　国税通則法117条は、個人である納税者が国内に住所及び居所を有せず、若しくは有しないこととなる場合において、納税申告書（通則法2六）の提出その他国税に関する事項を処理する必要があるときは、その者は、当該事項を処理させるため、国内に住所又は居所を有する者で当該事項の処理につき便宜を有するもののうちから納税管理人を定めなければならないと規定しています。

7 非居住者が国内の不動産を賃貸している場合の課税関係

　国内にある不動産の貸付けによる対価は、所得税法161条1項7号に該当し「国内源泉所得」に該当するということになります。

　そうすると、この所得を有する非居住者は、同法164条1項2号の規定により、この所得について総合課税の方法で所得税の申告をすることになります。

　また、非居住者が支払いを受ける不動産の賃料は所得税の源泉徴収の対象になります（所法212①）。

ただし、その対価（賃料）で、当該土地家屋等を自己又はその親族の居住の用に供するために借り受けた個人から支払われるものについては、その支払者は源泉徴収義務がありません（所令328二）。

第 3 章

減価償却

3-1 減価償却資産の取得価額の範囲

質問

私は不動産賃貸業を営んでいますが、本年新たに賃貸マンション1棟を取得しました。

建物の取得に当たり、建築設計料及び建築確認申請費用を支出していますが、これらの費用はどのように取り扱えばよいのでしょうか。

回答

建築設計料及び建築確認申請費用はいずれも、建物を取得して業務の用に供するために直接要した費用と認められますから、その建物の取得価額に算入することになります。

解説

1 減価償却資産の取得価額の範囲

減価償却資産の取得価額には、資産の購入の代価のほか、当該資産を業務の用に供するために直接要した費用の額が含まれます（所令126①）。

したがって、建物の取得に伴い支出する費用のうち、建物が完成するまでに要した費用（土地測量費、地質調査費、建築設計料、建築確認申請費、地鎮祭費用、住民対策費、仲介手数料等）は、建物の取得価額に含まれます。

また、次に掲げる費用も減価償却資産の取得価額に算入します。

(1) その減価償却資産の取得のために借り入れた資金の利子のうち、その減価償却資産の使用開始の日までの期間に対応する部分の金額（各種所得金額の計算上必要経費に算入した金額を除く。）は、その減価償却資産の取得価額に算入することができます（所基通37-27、38-8）。

(2) 減価償却資産の取得に際し、その減価償却資産を使用していた者に支払う立退料その他立ち退かせるために要した金額は、その減価償却資産の取得価額に算入します（所基通49-4）。

なお、業務の用に供した後に生じた費用（登記費用、不動産取得税等）はそ

の支出した年分の必要経費に算入します（所基通37－5）。

2 資本的支出があった場合の減価償却資産の取得価額の特例

　減価償却資産について、平成19年4月1日以後に資本的支出を行った場合には、原則として、その資本的支出に係る金額を一の減価償却資産の取得価額として、その資本的支出の対象となった減価償却資産と種類及び耐用年数を同じくする減価償却資産を新たに取得したものとして、定額法又は定率法等により償却費を計算します（所令127①）。

(注) 詳細は［Q5-2］「資本的支出をした場合の減価償却費の計算方法」を参照してください。

3 贈与又は相続等により取得した資産の取得価額

　個人からの贈与、相続（限定承認に係るものを除く。）又は遺贈（包括遺贈のうち限定承認に係るものを除く。）によって取得した減価償却資産の取得価額は、その資産を取得した者が引き続き所有していたものとみなした場合における取得価額に相当する金額とされます（所法60①、所令126②）。

　ただし、限定承認に係る相続又は包括遺贈があったことにより、被相続人に「みなし譲渡」の規定が適用された場合には、相続時の時価により減価償却資産を取得したことになります（所法59①）。

3-2 土地と建物を一括購入した場合の建物の取得価額

質問

　私は不動産所得者ですが、賃貸用として土地付き木造建物を一括購入しました。売買契約書には土地及び建物の価額が区分されておらず、また、消費税等の額の記載もありませんでした。
　この場合、建物部分の取得価額はどのように求めればよいのでしょうか。

回答

土地と建物部分の価額を合理的に区分することになります。

解説

1 土地等と建物等を一括取得した場合の土地等の取得価額の区分

土地と建物を一括取得した場合の当該土地及び建物の取得価額については、次のように取り扱われています（措基通35の2－9）。

(1) 土地及び建物の価額が当事者間の契約において区分されており、かつ、その区分された価額が当該土地及び建物の取得時の価額としておおむね適正なものであるときは、契約により明らかにされている価額による。

(2) 土地及び建物の価額が当事者間において区分されていない場合であっても、例えば、当該土地及び建物が建設業者から取得したものであって、その建設業者の帳簿書類に当該土地及び建物の価額が区分して記載されているなど、当該土地及び建物の価額がその取得先において確認され、かつ、その区分された価額が取得時の価額としておおむね適正であるときは、その確認された当該土地及び建物の価額によることができる。

(3) (1)及び(2)により難いときは、一括して取得した土地及び建物の取得時における価額の比により按分して計算した金額を、当該土地及び建物の取得価額とする。

2 建物部分の取得価額を求める計算方法

土地と建物を一括取得した場合の取得価額に消費税等が含まれているときは、土地の譲渡に消費税等は課税されないため、建物の取得価額（消費税等込み）については次のとおり計算します。

（消費税等の額÷8％）＋消費税等の額＝建物の取得価額（消費税等含む）

また、上記以外で建物部分の取得価額を求める方法としては、次のような方法によることも考えられます。

① 固定資産税評価額で按分する方法

$$\text{土地及び建物の購入金額の総額} \times \frac{\text{建物の固定資産税評価額}}{\text{土地及び建物の固定資産税評価額の合計額}} = \text{建物の取得価額}$$

② 建物の標準的な建築価額で算定する方法

　建物の標準的な建築価額とは、「建物の標準的な建築価額表」（次表参照）に記載されている建物の「建築年」「構造」により定められた1m²当りの建築価額から建物の取得価額を求める方法です。

《建物の標準的な建築価額表（単位：千円／m²）》（国税庁ＨＰ一部抜粋）

構造 建築年	木造・木骨モルタル	鉄骨鉄筋コンクリート	鉄筋コンクリート	鉄骨
平成24年	157.6	223.3	193.9	155.6
25年	159.9	258.5	203.8	164.3
26年	163.0	276.2	228.0	176.4
27年	165.4	262.2	240.2	197.3

［例］平成27年に建築された床面積100m²の木造住宅の建築価額は、次のとおり計算します。

　165,400円／m² × 100m² = 16,540,000円

3-3　受取保険金で新築したアパートの取得価額

質問

　私は、本年11月に火災によりアパートを全焼したため、受け取った損害保険金1,000万円と自己資金2,500万円で新築しました。

　なお、全焼したアパートの未償却残額は1,500万円です。

　この場合、受け取った保険金の取扱い及び新築したアパートの取得価額はどのようになりますか。

回答

受け取った損害保険金1,000万円は非課税であり、新築したアパートの取得価額は3,500万円です。

解説

1 非課税とされる損害保険契約に基づく保険金及び損害賠償金等

　損害保険契約に基づく保険金及び損害保険契約に類する共済に係る契約に基づく共済金で、資産の損害に基因して支払いを受けるもの並びに不法行為その他突発的な事故により資産に加えられた損害につき支払いを受ける損害賠償金は、非課税とされています（所法9①十七、所令30二）。

　ご質問の場合、アパートが全焼したことにより受け取った損害保険金1,000万円は、資産の損害に基因して支払いを受けた保険金に該当しますから、非課税となります。

　また、新築に要したアパートの取得価額は、非課税である損害保険金の額1,000万円と自己資金2,500万円の合計額である3,500万円となります。

2 必要経費に算入される資産損失の金額の計算

　資産損失の処理については、資産損失の金額から保険金、損害賠償金その他これらに類するものにより補塡される部分の金額を控除した後の金額を、その損失の生じた日の属する年分の不動産所得の金額の計算上必要経費に算入することになります（所法51①④）。

　また、資産損失の金額の計算の基礎となるその資産の価額については、固定資産の場合、その損失が生じた日にその資産の譲渡があったものとみなして所得税法38条《譲渡所得の金額の計算上控除する取得費》の規定を適用した場合にその資産の取得費とされる金額に相当する金額と定められています（所令142）。

　そして、損失の金額とは、資産そのものについて生じた損失の金額をいい、次の算式によって計算します（所法51①④、所令142、所基通51－2）。

算式

$$\begin{pmatrix}資産損失\\の金額\end{pmatrix}=\begin{pmatrix}損失発生直前\\の資産の時価\\（帳簿価額）\end{pmatrix}-\begin{pmatrix}損失発生直後\\の資産の時価\end{pmatrix}+\begin{pmatrix}発生資材\\の時価\end{pmatrix}-保険金等$$

ご質問の場合、全焼したアパートについて資産損失の金額として必要経費に算入できる金額は、帳簿価額（未償却残額）1,500万円から保険金1,000万円を控除した金額500万円となります。

3-4 時価の1／2未満で譲り受けた減価償却資産の取得価額

質問

私は、平成30年4月に父が所有するアパートを800万円で譲り受けて、不動産貸付業を開始しました。

父がこのアパートを取得した時の取得価額は3,000万円、譲り受けた時の時価は2,000万円、簿価は1,800万円でした。

私が取得したアパートの減価償却の基礎となる取得価額は800万円でよいでしょうか。

回答

譲り受けたアパートの取得価額は3,000万円となります。

解説

1 贈与、相続等により取得した減価償却資産の取得価額

減価償却資産の取得価額については、取得費、取得のために要した費用及び業務の用に供するために直接要した費用の額の合計額をもって取得価額とします（所法126①）。

しかし、次に掲げる贈与等の事由により取得した減価償却資産の取得価額

については、その減価償却資産を取得したものが引き続き所有していたものとみなした場合の取得価額に相当する金額となります（所法60①、所令126②）。
① 贈与（個人に限る。）
② 相続（限定承認に係るものを除く。）又は遺贈（包括遺贈のうち限定承認に係るものを除く。）
③ 譲渡時の時価の１／２未満の対価により個人に譲渡した場合で、譲渡者に譲渡損失が生じ、その損失がなかったものとみなされた場合（所法59②）

　ご質問の場合、父から譲り受けた時点でのアパートの時価は2,000万円ですが、あなたはその１／２未満である800万円で取得しているため、譲渡者である父に生じた譲渡損失の額1,000万円（譲渡の金額800万円－簿価1,800万円）はなかったものとみなされます。
　したがって、上記③のケースに該当することになりますから、父から譲り受けたアパートの取得価額は、あなたが最初から引き続き所有していたものとみなした場合の取得価額に相当する金額3,000万円となります。

2　贈与等の際に支出した費用の取扱い

　所得税法60条１項１号に規定する贈与、相続又は遺贈（以下「贈与等」という。）により譲渡所得の基因となる資産を取得した場合において、当該贈与等に係る受贈者等が当該資産を取得するために通常必要と認められる費用を支出しているときは、当該費用のうち当該資産に対応する金額については、当該資産の取得費に算入することができるとされています（所基通60－２）。
　ただし、所得税基本通達37－５及び49－３の定めにより各種所得の金額の計算上必要経費に算入された登録免許税、不動産取得税等を除きます。

3-5　建物を取得するために支出した立退料

質問

　私は不動産所得者ですが、新たに賃貸用建物を取得することにしました。

建物の取得に際しては、建物の所有者との契約により私が賃借人に立退料を支払うこととなりました。

私が支払う立退料、賃借人を立ち退かせるために支払った訴訟費用や弁護士費用は、どのように取り扱えばよいのでしょうか。

回答

支払った立退料、賃借人を立ち退かせるために要した訴訟費用及び弁護士費用は、建物の取得価額に算入します。

解説

1 不動産所得の必要経費に算入される立退料

不動産所得の基因となっている建物の賃借人を立ち退かすために支出する立退料については、その支出の原因が、その建物の譲渡又はその建物の敷地である土地の譲渡のためのものであるときは、譲渡所得金額の計算上資産の譲渡に要した費用（取得費とされるものを除く。）として取り扱われるのですが、譲渡に関して支出する立退料以外のものは、その支出した日の属する年分の不動産所得の金額の計算上必要経費に算入することになります（所基通33－7(2)、37－23）。

ご質問の場合、立退料を支出する原因は、譲渡に関して支出する立退料ではありませんが、新たな建物を取得するために支出するものであり、不動産所得の基因となっている建物の賃借人を立ち退かすために支出するものではないので、不動産所得の金額の計算上必要経費に算入することはできません。

2 減価償却資産の取得価額に算入される立退料

土地、建物（減価償却資産である場合を含む。）等の取得に際し、当該土地、建物等を使用していた者に支払う立退料その他その者を立ち退かせるために要した金額は、当該土地、建物等の取得費又は取得価額に算入することとされています（所基通38－11）。

建物の購入に際しては、売主が支払うその建物の賃借人の立退料等は、一般に、その建物の購入価格に含めて取引されていることから、買主がその建

物の賃借人に支払う立退料等についても、売主が支払う場合と同様に、その建物の取得価額に算入すると定められているものです。

このことは、減価償却資産の取得においても同様であり、その減価償却資産を使用していた者に支払う立退料その他立ち退かせるために要した金額は、その減価償却資産の取得価額に算入することとなります（所基通49－4）。

ご質問の場合、賃貸用建物の取得に際して賃借人に支払う立退料、賃借人を立ち退かせるために要した訴訟費用及び弁護士費用は、建物の取得価額に算入することになります。

3-6 建物の取得価額に算入する費用（住民対策費等）の範囲

質問

私は不動産所得者ですが、賃貸用建物を取得するに当たり、請負業者に支払う請負金額のほか、次のような費用を支出しました。

これらの費用はすべて、建物の取得価額に算入してもよいでしょうか。

① 建築設計料　② 建築施工に伴う棟上式の費用
③ 建築に伴って支出した住民対策費　④ 建築した建物に係る登記費用

回答

①建築設計料、②棟上式の費用及び③住民対策費は建物の取得価額に算入しますが、④登記費用は不動産所得の金額の計算上必要経費に算入します。

解説

1 減価償却資産の取得価額

減価償却費の基礎となる減価償却資産の取得価額については、所得税法施行令126条1項において、その資産の請負業者（購入先）に支払う購入の代価及びその購入のために要した費用のほか、その資産を業務の用に供するために直接要した費用の額も含まれるとしていることから、建築設計料や棟上式

に係る費用は、いずれも建物を取得するために要する費用として取得価額に算入することになります。

ところで、住民対策費については、法人税基本通達7－3－7において、工場、ビル、マンション等の建設に伴って支出する住民対策費、公害補償費等の費用の額で当初からその支出が予定されているものについては、たとえその支出が建設後に行われるものであっても、その建物の取得価額に算入すると定められており、この点、所得税法においても同様に取り扱うことができるものと考えられることから、建物を取得するために要する費用として取得価額に算入します。

2 資産を業務の用に供した後に生ずる費用

業務の用に供される資産に係る固定資産税、登録免許税（登録に要する費用を含み、その資産の取得価額に算入されるものを除く。）、不動産取得税等は、その資産の取得後に納付するものであることから、その業務に係る各種所得の金額の計算上必要経費に算入します（所基通37－5）。

また、業務を営んでいる者がその業務の用に供する資産の取得のために借り入れた資金の利子は、その業務に係る各種所得の金額の計算上必要経費に算入しますが、その資産の使用開始の日までの期間に対応する部分の金額については、その資産の取得価額に算入することができます（所基通37－27）。

なお、不動産所得、事業所得、山林所得又は雑所得を生ずべき業務を開始する前にその業務の用に供する資産を取得している場合において、その資産を取得するために借り入れた資金の利子のうち、その業務を開始する前の期間に対応するものは、取得価額に算入します（所基通38－8）。

3-7 駐車場を敷設するための工事費用

質 問

私は、自宅の空き地を利用して駐車場として賃貸することにしました。その際、土地の地質調査費30万円、整地費用（土盛り、地固め）100万円並

びに舗装路面とするために砂利・砕石の敷設費用50万円を支出しました。
これらの費用はどのように取り扱えばよいのでしょうか。

回答

空き地を駐車場として利用するために支出した地質調査費、整地費用及び敷設費用は、土地の取得価額ではなく、構築物である舗装路面の取得価額に算入するものと考えます。

解説

1 土地についてした防壁、石垣積み等の費用

　土地についてした埋立て、土盛り、地ならし、切土、防壁工事など土地の造成又は改良のために要した費用の額は、その土地の取得価額に算入することとされているのですが、土地についてした防壁、石垣積み等であっても、その規模、構造等からみて土地と区分して構築物とすることが適当と認められるものの費用の額は、土地の取得価額に算入しないで、構築物の取得価額とすることができます（所基通38－10）。

　また、専ら建物、構築物等の建設のために行う地質調査、地盤強化、地盛り、特殊な切土等の工事に要した費用の額は、本来その土地の改良のために行うものでないことから、その建物又は構築物等の取得費に算入することとされています（所基通38－10（注1））。

　なお、土地の測量費は、各種所得の金額の計算上必要経費に算入されたものを除き、土地の取得価額に算入します（所基通38－10（注2））。

2 舗装路面を構築する費用の範囲

　土盛り及び地固めに要した整地費用は、原則として、その土地の取得価額に算入されますが、駐車場の舗装路面を構築するためにする土地の改良に至らない程度の土盛り及び地固めと認められるときは、構築物である舗装路面の取得価額に算入することができます（耐通2－3－11）。

　また、この場合の地質調査費及び砂利・砕石の敷設費用についても、駐車場の舗装路面を構築するために支出する工事費ということができますから、

構築物である舗装路面の取得価額に算入することになります。

　ご質問の場合、地質調査費30万円及び砂利・砕石の敷設費用50万円に、土地の改良に至らないと認められる場合の整地費用100万円を加えた合計金額180万円が、減価償却資産としての構築物である舗装路面の取得価額となります。

　なお、表面に砂利・砕石等を敷設した舗装路面については、耐用年数省令別表第一の「構築物」の「舗装道路及び舗装路面」のうち「石敷きのもの」に該当します（耐通2－3－13）から、耐用年数は15年を適用します。

3　修繕費に含まれる費用

　業務の用に供されている固定資産の修理、改良等のために支出した金額のうち、当該固定資産の通常の維持管理のため、又は災害等により毀損した固定資産につきその原状を回復するために要したと認められる部分の金額は修繕費として必要経費に算入されることとなります。

　貸駐車場の用に供している土地についても、例えば、①地盤沈下した土地を沈下前の状態に回復するために行う地盛りの費用、②土地の水はけを良くするなどのために行う砂利、砕石等の敷設に要した費用及び砂利路面に砂利、砕石等を補充するために要した費用は修繕費として必要経費に算入します（所基通37－11(3)、(5)）。

3-8　空き家となっている賃貸用建物の減価償却

質問

　私は貸家住宅6棟を所有していますが、うち1棟は平成30年4月から12月末まで空き家になっています。

　所有する貸家住宅の入居者の募集及び維持管理などは、すべて不動産管理会社へ委託しており、空き家となっている貸家についても一括して管理料等を支払っています。

　この場合、不動産所得の金額の計算上、空き家となっている貸家に係る減価償却費を必要経費に算入することができますか。

回答

　空き家となっている貸家住宅について、いつでも貸すことができる状態で維持補修がされ、かつ、入居募集を行うなど継続して貸付業務を行っている事実が客観的に明らかである場合には、減価償却資産としてその償却費を必要経費に算入することができます。

解説

1　現にか動していない資産の減価償却資産の該当性

　減価償却資産とは、不動産所得、事業所得、山林所得若しくは雑所得を生ずべき業務の用に供される資産で償却をすべきものをいうとされていますから（所法2①十九、所令6）、業務の用に供する目的で所有する資産であっても、業務に使用し現にか動していない資産は「業務の用に供される資産」に該当しないものと考えられます。

　しかし、現にか動していない場合であっても、その資産がこれらの業務の用に供するために維持補修が行われており、いつでもか動し得る状態にあるときは、その資産は減価償却資産に該当するとされています（所基通2－16）。

2　空き家となっている貸家の場合

　一時的に使用していない資産が減価償却資産に該当するどうかは、その休止している期間中の資産の構造、休止期間、休止の理由などを総合的に勘案して判断する必要がありますが、賃貸用資産については、いつでも入居できる状況に整備され、かつ、入居の募集等をして入居者を待っている状態にあれば、空き家となっている貸家についても事業の用に供しているものとして、減価償却資産の該当性を判断します。

　ご質問の場合、空き家となっている貸家については、不動産管理会社によって維持管理されており、入居者の募集及び管理料が支払われていた事実から判断すると、いつでも業務の用に供することが可能な状況にあったものと認められますから、不動産所得の金額の計算上、減価償却資産としてその償却費を必要経費に算入することができます。

3-9 賃貸アパートに設置した太陽光発電設備の減価償却

質問

　私は、平成30年7月に賃貸マンションの屋上に太陽光発電設備を設置し、発電した電力はマンションで使用するほか、いわゆる太陽光発電の固定価格買取制度に基づいてその余剰電力を電力会社に売却しています。
　太陽光発電設備の購入価額は500万円ですが、市から補助金20万円の交付を受けています。
　この場合、太陽光発電設備の減価償却はどのようにすればよいのでしょうか。なお、償却方法の届出は行っていません。

回答

　太陽光発電設備の減価償却費の計算方法は次のとおりです。
1　減価償却の対象となる価額480万円（購入価額500万円－補助金20万円）
2　耐用年数　17年（法定償却方法の償却率　0.059）
3　平成30年分の減価償却費
　　4,800,000円×0.059×6／12＝　141,600円

解説

1　減価償却の対象となる取得価額

　太陽光発電設備を設置した場合の取得価額は、その購入価額のほか、設置費、運送費等の業務の用に供するために直接要した費用の額も含まれます（所令126①一）。
　また、交付される補助金については、その補助金をもって交付の目的である太陽光発電設備の取得に充てたときは、平成30年分の確定申告書に「国庫補助金等の総収入金額不算入に関する明細書」を添付した場合に限り、当該補助金を不動産所得の金額の計算上総収入金額に算入しないこととされるのですが、この適用を受けた場合の太陽光発電設備の取得価額は、取得に要した費用の額から、総収入金額に算入されない当該補助金の額に相当する金額

を控除した金額をもって、取得したものとみなすとされています（所法42①③⑤、所令90一）。

したがって、ご質問の場合、太陽光発電設備の取得価額は、購入価額から補助金を控除した金額となります。

2 太陽光発電設備の耐用年数

　機械及び装置が一の設備を構成する場合は、その機械及び装置の全部について一の耐用年数を適用するのですが、その設備が耐用年数等省令別表第二の「機械及び装置」における「設備の種類」に掲げる設備のいずれに該当するかは、原則として、その設備の使用状況等からいずれの業種用の設備として常時使用しているかにより判定することを基本としています（耐通1－4－2）。

　そして、その設備をいずれの業種用の設備として通常使用しているかは、その設備によって生産等される最終製品に基づいて判定するのです（耐通1－4－3）が、生産等された最終製品を専ら自家用として主たる他の最終製品を生産等するために使用する場合の設備については、最終製品に係る設備ではなく、その主たる他の最終製品に係る設備として、その使用状況等から業種用の設備のいずれに該当するかの判定を行うこととしています（耐通1－4－5）。

　ところで、太陽光発電装置は、太陽電池モジュール、パワーコンディショナーなどが一体となって発電・送電等を行う自家発電設備であり、一般には耐用年数等省令別表第二に掲げる「機械及び装置」に分類されます。

　ご質問の場合は、自家発電設備であり、当該設備から生産される最終製品（電気）をそのまま不動産所得に係る事業用又は売却用として使用していますから、「電気業用の設備」とするのは適当ではなく、「機械及び装置」における業務用設備以外の「55前掲の機械及び装置以外のもの並びに前掲の区分によらないもの」の「その他の設備」のうち「主として金属製のもの」に該当することになり、耐用年数「17年」を適用して償却費を計算することになります。

　なお、太陽光発電設備により発電した電力を売却するほか自家用として使用している場合の必要経費に算入する減価償却費の額は、総発電量のうちに売却した電力量の占める割合を業務用割合として計算した金額となります。

3-10 アパートの建替えに伴い交付を受けた国庫補助金等の取扱い

質問

私は不動産所得者ですが、老朽化したアパートの建替えに当たり、市が行う防災支援事業に基づく助成金制度を利用したいと考えています。

市の防災支援事業に基づく補助金は、次のような基準により合計1,000万円が交付されますが、この補助金はどのように取り扱えばよいのでしょうか。

なお、新築アパートの建替え費用の額は5,000万円です。

(1) 建物の取壊し及び除却費用として交付　　　　700万円
(2) 建物設計及び工事管理等の費用として交付　　300万円

回答

交付される補助金1,000万円のすべてが、その交付目的である建物の取壊し及び除却費用並びに建物設計及び工事管理費等の費用に充てられた場合には、これらの費用に充てられた金額は、不動産所得の金額の計算上総収入金額に算入する必要がありません。

解説

1 国庫補助金等の総収入金額不算入の規定について

居住者が、固定資産の取得又は改良に充てるために国庫補助金等の交付を受け、その年にその国庫補助金等によりその交付の目的に適合した固定資産を取得又は改良した場合において、その固定資産の取得又は改良に充てた部分の金額に相当する金額は、各種所得の金額の計算上総収入金額に算入しないとされています（所法42、43）。

また、国若しくは地方公共団体からその行政目的の遂行のために必要なその者の資産の移転、移築、除却などの一定の行為（以下「資産の移転等」という。）の費用に充てるために補助金の交付を受けた場合において、その交付を受けた補助金をその交付の目的に従って資産の移転等の費用に充てたときは、

その費用に充てた金額は、その者の各種所得の金額の計算上総収入金額に算入しないこととされています（所法44）。

したがって、ご質問の場合、(1)の補助金は、老朽化したアパートの取壊し及び除却の費用に充てるために交付されるものであり、また、(2)の補助金は、新築されるアパートを取得する費用の一部に充てるために交付されるものですから、これらの補助金がその交付の目的に従って支出されている場合は、不動産所得の金額の計算上総収入金額に算入する必要はありません。

ただし、老朽化したアパートの取壊し費用及び除却費の総額を必要経費に算入する場合、これらの費用として交付される補助金700万円は、不動産所得の総収入金額に算入することになります（いわゆる両建て処理）。

2 国庫補助金等の総収入金額不算入の適用を受けて取得又は改良をした固定資産の減価償却費の計算等

所得税法42条1項又は2項《国庫補助金等の総収入金額不算入》の規定の適用を受けた固定資産について、減価償却費の計算及び譲渡があった場合の譲渡所得等の計算については、次のように定められています（所令90）。

(1) 国庫補助金等により取得し又は改良した固定資産については、その取得に要した金額又は改良費の額に相当する金額から、総収入金額に算入されない金額に相当する金額を控除した金額をもって、取得又は改良したものとみなす。

(2) 国庫補助金等に代わるべきものとして交付を受けた固定資産については、その取得に要した金額はないものとみなす。

したがって、国庫補助金等の交付を受けた場合には、その固定資産の取得価額は、国庫補助金等の部分を減額した後の取得価額を基礎として、減価償却費の計算や譲渡所得等の計算を行うことになります。

ご質問の場合、建物の設計費及び工事管理費等の助成として交付される補助金300万円は、新築アパートの取得価額を構成する費用の一部ですから、新築アパートの減価償却費の計算に当たっては、新築アパートの建替え費用の額5,000万円から補助金の額300万円を差し引いた額4,700万円を取得価額とみなして、減価償却費を計算します。

3-11 少額の減価償却資産の判定

質問

　私は賃貸マンションを経営していますが、平成30年3月に業務用資産として事務机（5万円）と応接セット（テーブルとソファー：8万円）を購入し、業務の用に供しました。
　この場合、不動産所得の金額の計算上必要経費に算入する金額はどのようになりますか。

回答

　事務机と応接セットはいずれも、その取得価額が10万円未満ですので、少額の減価償却資産として、業務の用に供した平成30年分の不動産所得の必要経費に算入します。

解説

1 少額の減価償却資産の取得価額の必要経費算入

　不動産所得、事業所得、山林所得又は雑所得を生ずべき業務の用に供した減価償却資産（国外リース資産及びリース資産を除く。）で、その使用可能期間が1年未満であるもの又は取得価額が10万円未満であるものについては、その取得価額に相当する金額を、その業務の用に供した年分の必要経費に算入します（所令138）。

2 少額の減価償却資産であるかどうかの判定

　業務の用に供した減価償却資産で取得価額が10万円未満かどうかは、通常1単位として取引されるその単位ごとに判定します。
　例えば、機械及び装置については1台又は1基ごとに、工具、器具及び備品については1個、1組又は一揃いごとに判定し、構築物のうち、例えば、電柱等単体では機能を発揮できないものについては、社会通念上一の効用を有すると認められる単位ごとに判定します（所基通49-39）。

(注) この判定は「一括償却資産の必要経費算入」(所令139)における一括償却資産であるかどうかの判定においても同様です。

3 使用可能期間が1年未満の減価償却資産の範囲

　業務の用に供した減価償却資産で、その使用可能期間が1年未満であるものとは、その者の営む業務の属する業種(例えば、不動産賃貸業、小売業、製造業などの業種)において、一般的に消耗性のものとして認識されている減価償却資産であり、その者の平均的使用状況、補充状況等からみて、その使用可能期間が1年未満のものをいいます。

　この場合、種類等を同じくする減価償却資産のうちに、材質、型式、性能等が著しく異なるため、その使用状況、補充状況等も著しく異なるものがあるときは、その材質、型式、性能等が異なるものごとに判定することができます(所基通49-40)。

　なお、平均的な使用状況、補充状況等は、おおむね過去3年間の平均値を基準とします(所基通49-40(注))。

〈参考事例〉

事　例	判　定
共有で取得したパソコン	それぞれの持分に応じた取得価額で判定。
テーブルと椅子で1組となっている応接セット	通常の取引が1組となっているため1組で判定。
賃貸用マンションに取り付けたカーテン、ブラインド又はじゅうたん	1部屋で数枚組み合わせて効用を果たすため、使用される単位(部屋)ごとに取得価額を判定。
建物の新築に際し取り付けた蛍光灯	建物附属設備の照明器具に該当するため全体の取得価額で判定。ただし、一部が不良となった場合の取替費用は修繕費。
部屋を仕切るための間仕切りパネル	数枚を組み合わせて機能するため間仕切りとして完成されたものを1単位と判定。

3-12 消費税等の経理処理方式の違いによる少額の減価償却資産の判定

質問

私は青色申告者（消費税の免税事業者）でアパート経営をしていますが、事務机（10万円：消費税及び地方消費税（以下「消費税等」という。）を含む。）を取得して業務の用に供しています。

この場合、少額の減価償却資産の判定はどのようにすればよいですか。

※消費税等の税率は8％として計算します。

回答

消費税の免税事業者は税込経理方式により取得価額を算定するため、事務机の取得価額（10万円）は、少額の減価償却資産の金額基準（10万円未満）を満たさないこととなります。

解説

1 消費税の免税事業者の消費税等の経理処理

所得税の課税所得金額の計算に当たり、消費税法2条1項3号に規定する個人事業者が行う取引に係る消費税等の経理処理については、税抜経理方式又は税込経理方式のいずれの方式によることとしても差し支えないのですが、個人事業者の選択した方式は、当該個人事業者が行うすべての取引について適用されることになります。

しかし、消費税の納税義務が免除されている個人事業者については、その行う取引に係る消費税等の経理処理は、税抜経理方式又は税込経理方式の選択適用はできず、税込経理方式しか採用することができません（平成元年3月29日直所3－8（例規）「消費税法等の施行に伴う所得税の取扱いについて」「2」「5」）。

2 少額の減価償却資産の取得価額等の判定

　所得税法施行令138条《少額の減価償却資産の取得価額の必要経費算入》、同令139条《一括償却資産の必要経費算入》、同令139条の2《繰延資産となる費用のうち少額のものの必要経費算入》又は租税特別措置法28条の2《中小事業者の少額減価償却資産の取得価額の必要経費算入の特例》の規定を適用する場合において、これらの規定の金額基準を満たしているかどうかは、個人事業者が採用している税抜経理方式又は税込経理方式に応じ、その採用している方式により算定した取得価額又は支出する金額により判定することとされています（平成元年3月29日直所3－8（例規）「消費税法等の施行に伴う所得税の取扱いについて」「9」）。

　ご質問の場合は、消費税の免税事業者は税込経理方式で取得価額を算定することになりますから、事務机の取得価額（10万円）は、少額の減価償却資産の金額基準（10万円未満）を満たさないこととなり、所得税法施行令138条《少額の減価償却資産の取得価額の必要経費算入》を適用して必要経費に算入することはできません。

　しかし、所得税法139条《一括償却資産の必要経費算入》の規定により、業務の用に供した減価償却資産で取得価額が20万円未満のものについては、選択により、その業務の用に供した日以後3年間で3分の1ずつ均等に必要経費に算入することができますし、また、租税特別措置法28条の2《中小事業者の少額減価償却資産の取得価額の必要経費算入の特例》の規定により、業務の用に供した減価償却資産でその取得価額が30万円未満のものについては、その取得価額に相当する金額をその業務の用に供した年分の必要経費に算入することができます。

3-13 法人成りした場合の一括償却資産の必要経費算入

質問

　私は、平成30年10月から、個人事業として営んできた不動産賃貸業を法人成りとすることにしました。

ところで、私の事業用の資産には一括償却資産があり、前年までに必要経費に算入されていない部分の金額があります。

法人成りに当たって、この一括償却資産は法人に引き継ぐこととしていますが、必要経費に算入されていない部分の金額はどのようになりますか。

回答

一括償却資産の取得価額のうち必要経費に算入していない部分の金額は、すべて廃業した年分の不動産所得の金額の計算上必要経費に算入します。

解説

1　一括償却資産の必要経費算入

業務の用に供した減価償却資産で取得価額が20万円未満であるもの（少額の減価償却資産、国外リース資産及びリース資産を除く。）については、選択により、その減価償却資産の全部又は特定の一部を一括し、その一括した減価償却資産（以下「一括償却資産」という。）の取得価額の合計額（以下「一括償却対象額」という。）をその業務の用に供した年以後3年間で3分の1ずつ均等に必要経費に算入することができます（所令139①）。

2　一括償却資産に滅失等又は相続等があった場合の取扱い

上記1の規定の適用を選択した場合には、その一括償却資産を業務の用に供した年以後3年間の各年において、その全部又は一部につき滅失、除却等（譲渡を含む。）の事実が生じた時であっても、当該各年においてその一括償却資産につき必要経費に算入する金額は、一括償却対象額の3分の1に相当する金額となります（所基通49－40の2）。

また、この特例の適用を受けている者が死亡し、その特例に従い計算される金額のうち、その死亡した日の属する年以後の各年分において必要経費に算入されるべき金額がある場合には、その金額は死亡した日の属する年分の必要経費に算入します。

ただし、死亡した日の属する年以後の各年分において必要経費に算入されるべき金額があり、かつ、その業務を継承した者がある場合の取扱いについ

ては、その特例に従い計算される金額を限度として、次によることができるとされています（所基通49-40の3）。

(1) 死亡した日の属する年……死亡した者の必要経費に算入
(2) 死亡した日の属する年の翌年以後の各年分……業務を継承した者の必要経費に算入

　ところで、ご質問のように、法人成りした場合の特例の適用については、事業が廃止され、その事業を継承した者もいませんから、一括償却資産の取得価額のうち必要経費に算入されていない部分の金額は、そのすべてを廃業した日の属する年分の必要経費に算入することになります。

3-14 旧定額法と旧定率法による減価償却費の計算（平成19年3月31日以前に取得した場合）

質問

　平成19年1月に取得した応接セットの減価償却費について、旧定額法と旧定率法による計算方法を教えてください。

取得価額　30万円
耐用年数　5年（旧定額法の償却率0.200　旧定率法の償却率0.369）

回答

　計算方法は、解説に記載のとおりです。

解説

1　旧定額法による償却費の計算

　旧定額法は、毎年の償却費が同一となるように次の算式で計算します（所令120①、耐用年数等省令別表第7）。

3-14 旧定額法と旧定率法による減価償却費の計算（平成19年3月31日以前に取得した場合）

算 式

$$（取得価額－残存価額）× \frac{\text{旧定額法}}{\text{の償却率}} × \frac{\text{業務の用に供した月数}}{12} = \frac{\text{その年分の}}{\text{償却費の額}}$$

※残存価額は、平成19年3月31日以前に取得された資産の種類によって異なりますが、有形減価償却資産（ソフトウエアを除く。）の場合、取得価額の10％相当額と規定されています（所令129、耐用年数等省令別表第11）。

ご質問の応接セットの旧定額法による各年分の償却費の額は、次のとおり計算します。

年分	償却費の額	未償却残額
19年分	（300,000円－30,000円）×0.2×12/12＝54,000円	246,000円
20年分	（300,000円－30,000円）×0.2×12/12＝54,000円	192,000円
21年分	（300,000円－30,000円）×0.2×12/12＝54,000円	138,000円
22年分	（300,000円－30,000円）×0.2×12/12＝54,000円	84,000円
23年分	（300,000円－30,000円）×0.2×12/12＝54,000円	30,000円
24年分	30,000－15,000円＝15,000円（注1）	残存価額の5％ 15,000円
25年分	（15,000円－1円）÷5×12/12≒3,000円（注2）	12,000円
26年分	（15,000円－1円）÷5×12/12≒3,000円	9,000円
27年分	（15,000円－1円）÷5×12/12≒3,000円	6,000円
28年分	（15,000円－1円）÷5×12/12≒3,000円	3,000円
29年分	（15,000円－1円）÷5×12/12≒3,000円＞3000円 －1円＝2,999円　　　　　　　　　∴2,999円	1円
30年分	－	1円（注3）

（注）1　平成24年分は、残存価額（取得価額の10％相当額）を超えて取得価額の5％まで償却します（所令134①一）。

2　平成25年分からの5年間は、未償却残額（15,000円）から1円を差し引いた金額（14,999円）を5で除して計算した金額を各年分の償却費の額として未償却残額が1円になるまで償却します（所令134②）。

3　平成30年分以降は除却等されるまで未償却残額1円が残ります。

2 旧定率法による償却費の計算

　旧定率法は、その償却費の額が毎年一定の割合で逓減するように次の算式で計算します（所令120①、耐用年数等省令別表第7）。

算式

$$\left(\begin{array}{c}取得\\価額\end{array} - \begin{array}{c}前年までの減価\\償却費の累計額\end{array}\right) \times 旧定率法の償却率 \times \frac{業務の用に供した月数}{12} = その年分の償却費の額$$

　ご質問の応接セットの旧定率法による各年分の償却費の額は、次のとおり計算します。

年分	償却費の額	未償却残額
19年分	300,000円×0.369×12/12＝110,700円	189,300円
20年分	189,300円×0.369×12/12≒69,852円	119,448円
21年分	119,448円×0.369×12/12≒44,077円	75,371円
22年分	75,371円×0.369×12/12≒27,812円	47,559円
23年分	47,559円×0.369×12/12≒17,550円	30,009円
24年分	30,009円×0.369×12/12≒11,074円	18,935円
25年分	18,935円×0.369×12/12≒6,988円 18,935円－6,988円＝11,947円＜15,000円 18,935円－15,000円＝3,935円　　　（注1）	残存価額の5％ 15,000円
26年分	(15,000円－1円)÷5×12/12≒3,000円　（注2）	12,000円
27年分	(15,000円－1円)÷5×12/12≒3,000円	9,000円
28年分	(15,000円－1円)÷5×12/12≒3,000円	6,000円
29年分	(15,000円－1円)÷5×12/12≒3,000円	3,000円
30年分	(15,000円－1円)÷5×12/12≒3,000円＞3000円 －1円＝2,999円　　　　　　　　∴2,999円	1円
31年分		1円（注3）

（注）1　平成25年分は、残存価額（取得価額の10％相当額）を超えて取得価額の5％まで償却します（所令134①一）。

2　平成26年分からの5年間は、未償却残額（15,000円）から1円を差し引いた金額（14,999円）を5で除して計算した金額を各年分の償却費の額として未償却残額が1円になるまで償却します（所令134②）。

3　平成31年分以降は除却等されるまで未償却残額1円が残ります。

3-15 定額法と定率法による減価償却費の計算（平成19年4月1日以後に取得した場合）

質問

私は平成29年1月にエアコン一式（取得価額50万円、耐用年数6年）をアパートに設置して事業の用に供しています。

定額法と定率法による減価償却費の計算方法を教えてください。

回答

計算方法は、解説に記載のとおりです。

解説

1　定額法による償却費の計算

定額法は、毎年の償却費の額が同一となるように次の算式で計算します（所令120の2①、二イ、耐用年数等省令別表第8）。

算式

$$取得価額 \times 定額法の償却率 \times \frac{業務の用に供した月数}{12} = その年分の償却費の額$$

ご質問の平成29年1月に取得したエアコンの定額法による各年分の償却費の額は、次のとおり計算します。

耐用年数6年の定額法による償却率は0.167です。

年分	償却費の額	未償却残額
29年分	500,000円×0.167×12/12＝83,500円	416,500円
30年分	500,000円×0.167×12/12＝83,500円	333,000円
31年分	500,000円×0.167×12/12＝83,500円	249,500円
32年分	500,000円×0.167×12/12＝83,500円	166,000円
33年分	500,000円×0.167×12/12＝83,500円	82,500円
34年分	500,000円×0.167×12/12＝83,500円 83,500円＞82,500円　　　　　　　（注1） 82,500円－1円＝82,499円　　∴82,499円	1円
35年分	－	1円（注2）

（注）1　資産の取得価額から1円を控除した金額に達するまで減価償却します（所令134①二）。

　　　2　平成35年分以降は除却等されるまで未償却残額1円が残ります。

2 定率法による償却費の計算

　定率法は、その償却費の額が毎年一定の割合で逓減し、逓減後の償却費が一定の償却保証額に満たなくなると、その後の償却費の額が同額となるように、次の算式で計算します（所令120の2①二ロ、②一、二、耐用年数等省令別表第9、10）。

算式

$$\left(\text{取得価額}-\begin{array}{c}\text{前年までの}\\\text{減価償却費}\\\text{の累計額}\end{array}\right) \times \begin{array}{c}\text{定率法の}\\\text{償却率}\end{array} \times \frac{\text{業務の用に}\text{供した月数}}{12} = \begin{array}{c}\text{その年分の}\\\text{償却費の額}\\\text{（調整前償却額）}\end{array}$$

［調整前償却額≧償却保証額（取得価額×保証率）］の場合

$$\text{調整前償却額} \times \begin{array}{c}\text{定率法の}\\\text{償却率}\end{array} \times \frac{\text{業務の用に供した月数}}{12} = \begin{array}{c}\text{その年分の}\\\text{償却費の額}\end{array}$$

［調整前償却額＜償却保証額（取得価額×保証率）］の場合

※調整前償却額が償却保証額に満たないこととなる年の期首未償却残額を「改定取得価額」として改定償却率を乗じて計算します。

$$\text{改定取得価額} \times \text{改定償却率} \times \frac{\text{業務用に供した月数}}{12} = \text{その年分の償却費の額}$$

ご質問の平成29年1月に取得したエアコンの定率法による各年分の償却費の額は、次のとおり計算します。

耐用年数6年の定率法による償却率は0.333、改定償却率は0.334及び保証率は0.09911です。

500,000円（取得価額）×0.09911（保証率）＝49,555円（償却保証額）

年　分	償却費の額	未償却残額
29年分	500,000円×0.333×12/12＝166,500円	333,500円
30年分	333,500円×0.333×12/12≒111,056円	222,444円
31年分	222,444円×0.333×12/12≒74,074円	148,370円
32年分	148,370円×0.333×12/12≒49,408円 49,408円＜49,555円（償却保証額） （改定取得価額）（改定償却率）　　　　（償却費の額） 　148,370円　×　0.334　×　12/12　≒　49,556円	98,814円
33年分	148,370円×0.334×12/12＝49,556円	49,258円
34年分	148,370円×0.334×12/12＝49,556円＞49,258円 49,258円－1円＝49,257円　　　　　　　　（注1）	1円
35年分	―	1円（注2）

（注）1　資産の取得価額から1円を控除した金額に達するまで減価償却します（所令134①二）。
　　　2　平成35年分以降は除却等されるまで未償却残額1円が残ります。

3-16　定額法を定率法等に償却方法を変更した場合の償却費の計算

質問

減価償却資産の償却方法について、旧定額法を旧定率法に変更した場合又

は定額法を定率法に変更した場合、その後の償却費の計算はどのように行えばよいのでしょうか。

回答

償却方法を変更した場合の償却費の計算は、解説のとおりです。

解説

1 償却方法を旧定額法から旧定率法に変更した場合の償却費の計算

減価償却資産の償却方法について、旧定額法を旧定率法に変更した場合のその後の償却費の計算は、その変更した年の1月1日における未償却残額を基礎として、その減価償却資産について定められている耐用年数に応ずる旧定率法による償却率により、次のとおり計算します（所基通49-19）。

算式

$$\text{変更後の償却費の額} = \text{変更した年の1月1日現在の未償却残額} \times \text{その減価償却資産に係る耐用年数に応ずる旧定率法の償却率} \times \frac{\text{その年の業務の用に供された月数}}{12}$$

計算例

変更した年の1月1日の未償却残額：1,000,000円

その減価償却資産の耐用年数：10年　　旧定率法の償却率：0.206

変更した年の償却費の額：1,000,000円×0.206×12/12＝206,000円

2 償却方法を定額法から定率法に変更した場合の償却費の計算

減価償却資産の償却方法について、定額法を定率法に変更した場合のその後の償却費の計算は、その変更した年の1月1日における未償却残額、その減価償却資産に係る改定取得価額又はその減価償却資産に係る取得価額を基礎とし、その減価償却資産について定められている耐用年数に応ずる定率法による償却率、改定償却率又は保証率により、次のとおり計算します（所基通49-19）。

算　式

① 調整前償却額 = 変更した年の1月1日現在の未償却残額 × その減価償却資産に係る耐用年数に応ずる定率法の償却率 × その年の業務の用に供された月数 / 12

② 償却保証額 = 取得価額 × 耐用年数に応ずる保証率

③ 「調整前償却額」≧「償却保証額」のとき

変更後の償却費の額 = 調整前償却額における未償却残額 × その減価償却資産に係る耐用年数に応ずる改定償却率 × その年の業務の用に供された月数 / 12

「調整前償却額」<「償却保証額」のとき

変更後の償却費の額 = 変更した年の1月1日現在の未償却残額（改定取得価額） × その減価償却資産に係る耐用年数に応ずる改定償却率 × その年の業務の用に供された月数 / 12

計算例

その減価償却資産の取得年月：平成20年1月　取得価額：1,000万円
その減価償却資産の耐用年数：10年　定率法の償却率：0.250
　　　　　　　　　　　　　改定償却率：0.334　保証率：0.04448
変更した年の1月1日の未償却残額：100万円

① 調整前償却額　　未償却残額1,000,000円×償却率0.250＝250,000円
② 償却保証額　　　取得価額10,000,000円×保証率0.04448＝444,800円

　　①　＜　②

変更した年の償却費の額は次のとおりです。

（変更した年の1月1日
　現在の未償却残額）　　（改定償却率）
　　1,000,000円　　×　　0.334　×12/12＝334,000円

（注）上記の計算例は、平成19年4月1日から平成24年3月31日までの間に取得した減価償却資産の定率法の償却率、改定償却率及び保証率（耐用年数省令別表第9）によるものであり、平成24年4月1日以後に取得した減価償却資産の定率法の償却率等については、「耐用年数省令別表第10」によります。

3-17 定率法を定額法等に償却方法を変更した場合の償却費の計算

質問

減価償却資産の償却方法について、旧定率法を旧定額法に変更した場合又は定率法から定額法に変更した場合、償却費の計算はどのように行えばよいのでしょうか。

回答

償却方法を変更した場合の償却費の計算は、解説のとおりです。

解説

1 償却方法を定率法から定額法等に変更した場合等の償却費の計算

減価償却資産の償却方法について、旧定率法を旧定額法に変更した場合又は定率法を定額法に変更した場合のその後の償却費は、次の(1)に定める取得価額又は残存価額を基礎とし、次の(2)に定める年数に応ずるそれぞれの償却方法に係る償却率により計算します（所基通49-20）。

(1) 取得価額又は残存価額は、その減価償却資産の取得の時期に応じて次の①又は②に定める価額によります。
　① 平成19年3月31日以前に取得した減価償却資産
　　その変更した年の1月1日における未償却残額を取得価額とみなして、実際の取得価額の10％相当額を残存価額とします。
　② 平成19年4月1日以後に取得した減価償却資産
　　その変更した年の1月1日における未償却残額を取得価額とみなします。

(2) 耐用年数は、その者の選択により、次の①又は②に定める年数によります。
　① その減価償却資産について定められている年数
　② その減価償却資産について定められている年数から選定していた償却方法に応じた経過年数を控除した年数（その年数が2年に満たない場合は、

2年)。

　この場合において、経過年数は、その変更をした年の1月1日における未償却残額を実際の取得価額(同日前の資本的支出を含む。)をもって除して得た割合に応ずる当該耐用年数に係る未償却残額割合に対応する経過年数とします。

2　旧定率法を旧定額法に変更した場合の償却費の計算
（平成19年3月31日以前に取得）

算式

$$\text{変更後の償却費の額} = \left(\begin{array}{l}\text{変更した年の}\\\text{1月1日現在}\\\text{の未償却残額}\end{array} - \begin{array}{l}\text{実際の取得}\\\text{価額の10\%}\\\text{相当額}\end{array}\right) \times \begin{array}{l}\text{49-20(2)に定}\\\text{められた耐用}\\\text{年数に応じた}\\\text{旧定額法の償}\\\text{却率}\end{array} \times \frac{\text{その年の業務の用に供された月数}}{12}$$

計算例

取得年月：平成18年1月　　実際の取得価額：1,000万円
変更した年の1月1日現在の未償却残額：200万円
その減価償却資産の耐用年数：15年（旧定額法の償却率0.066）

A 〈定められている耐用年数を選択した場合（1の(2)の①のケース）〉
　イ（実際の取得価額）（残存割合）　（残存価額）
　　　1,000万円　×　10%　＝　100万円
　ロ（変更した年の
　　　1月1日現在の　　　　　　　　　　　　　　　（変更した年
　　　未償却残額）　（残存価額）（償却率）　　　の償却費）
　　（200万円　－　100万円）×　0.066　×12/12 ＝　66,000円

B 〈定められている耐用年数から選定していた償却方法に応じた経過年数を控除した年数を選択した場合（1の(2)の②のケース）〉
　イ　未償却残額割合　$\dfrac{200万円}{1,000万円} = 0.200$

ロ　変更した年以後の耐用年数　15年－11年（経過年数※）＝ 4 年
ハ　耐用年数 4 年の定額法の償却率0.250

（変更した年の
1 月 1 日現在の　　　　　　　　　　　　　　　　　　　（変更した年
未償却残額）　　（残存価額）　（償却率）　　　　　の償却費）
（200万円　－　100万円）×　0.250　×12/12　＝　250,000円

※　旧定率法から旧定額法又は定率法から定額法へ償却方法を変更する場合、その償却資産の耐用年数に係る未償却残額割合に応ずる経過年数を求めるには「耐用年数の適用等に関する取扱通達の付表 7 (1)『旧定率法未償却残額表（平成19年 3 月31日以前取得分）』、同付表 7 (2)『定率法未償却残額表（平成19年 4 月 1 日から平成24年 3 月31日までの取得分）』、同付表 7 (3)『定率法未償却残額表（平成24年 4 月 1 日以後取得分）』」を参照してください。

　上記Bのイの「未償却残額割合0.200」は、「旧定率法未償却残額表」に定める「耐用年数15年」欄の「0.215」（経過年数10年）と「0.185」（経過年数11年）の中間に位置しますから、下位の「0.185」に応ずる「経過年数11年」を経過年数とします。（【参考】参照）。

3　定率法を定額法に変更した場合の償却費の計算（平成19年 4 月 1 日以後に取得）

定率法を定額法に変更した場合の償却費の計算は、次のとおりです。

算　式

変更後の償却費の額 ＝ 変更した年の 1 月 1 日現在の未償却残額 × 49－20(2)に定められた耐用年数に応じた定額法の償却率 × その年の業務の用に供された月数 / 12

《参考》

耐用年数の適用等に関する取扱通達の付表

付表7(1) 旧定率法未償却残額表（平成19年3月31日以前取得分）抜粋

耐用年数 経過年数 償却率	12年	13年	14年	15年	16年	17年
	0.175	0.162	0.152	0.142	0.134	0.127
7年	0.261	0.289	0.316	0.341	0.365	0.387
8年	0.215	0.242	0.268	0.293	0.316	0.338
9年	0.178	0.203	0.228	0.251	0.274	0.296
10年	0.147	0.170	0.193	0.215	0.237	0.258
11年	0.121	0.143	0.164	0.185	0.205	0.225
12年	0.100	0.119	0.139	0.158	0.178	0.197

（注）この表は、旧定率法によって償却をする場合の各経過年末における未償却残額割合を示したものです（未償却残額割合を求める計算式は上記1の(2)②のとおりです。）。

3-18 中古資産を非業務用から業務用に転用した場合の減価償却費の計算

《質問》

私は、定年退職して平成30年4月1日から民泊を始めています。

このため、所有している非業務用の居住建物の一部を業務用に転用していますが、この場合、業務開始後の減価償却費はどのように計算するのでしょうか。

業務用住宅　中古の居住用建物の1階部分（総床面積の50％）

　　　　　　（木造：平成17年7月31日新築　平成22年4月1日取得）

取得価額　3,000万円

法定耐用年数　22年　償却率（旧定額法0.046　定額法0.046）

回答

具体的な計算方法は、解説のとおりです。

解説

1 非業務用資産を業務の用に供した場合の償却費の計算の特例

中古で取得した非業務用資産を業務の用に供した日以後の減価償却費の計算については、その資産の未償却残額を基礎として、取得価額及び耐用年数については一般の場合の計算と同様にして行うこととなりますが、その計算に当たっては、いわゆる中古資産の見積耐用年数による償却率により、その計算を行うことができます。

(1) 減価償却資産の償却方法

業務の用に供した日以後における減価償却資産の償却方法は、その資産の取得年月日（非業務用から業務の用に供した日ではありません。）により、次のとおり異なります（所令120、120の2）。

取得年月日	建物	建物附属設備及び構築物	左記以外の一般的な有形減価償却資産
平成10年3月31日以前	旧定額法又は旧定率法	旧定額法又は旧定率法	旧定額法又は旧定率法
平成10年4月1日から平成19年3月31日まで	旧定額法	旧定額法又は旧定率法	旧定額法又は旧定率法
平成19年4月1日から平成28年3月31日まで	定額法	定額法又は定率法	定額法又は定率法
平成28年4月1日以後	定額法	定額法	定額法又は定率法

(2) 業務の用に供した日における未償却残額相当額

非業務用資産をその業務の用に供した日における未償却残額は、次のとおり計算します（所令85、132、135）。

算式

その資産の取得価額 − 業務の用に供されていなかった期間につき、その資産の耐用年数の1.5倍に相当する年数で、旧定額法に準じて計算した減価の額

(注) 業務の用に供されていなかった期間に係る年数に1年未満の端数があるときは、6月以上は1年とし、6月未満は切り捨てます。

また、1.5倍に相当する年数に1年未満の端数があるときは、その端数は切り捨てます（所令85②）。

(3) **業務の用に供した日以後の中古資産の耐用年数及び償却率**

中古の減価償却資産を取得した場合には、その中古資産の取得後の使用可能期間の年数を耐用年数とすることができます。

この場合、今後の使用可能期間を合理的に見積もることが困難なときは、次の算式で計算した簡便法による年数によることもできます。

ただし、その資産を使用するために取得価額の50％を超える資本的支出を行った場合は簡便法を使用することはできません（耐令3①）。

【簡便法】

① 法定耐用年数の一部を経過した資産

（法定耐用年数－経過年数）＋経過年数×0.2

② 法定耐用年数の全部を経過した資産

法定耐用年数×0.2

(注) 1　1年未満の端数は切り捨てた年数とし、その計算した年数が2年未満の場合は2年とします。

2　この場合の経過年数は、新築等されてから取得した時までの期間となります。

次に、上記(1)の表の区分により、その中古資産の耐用年数に応じた償却率を求めます。

2 ご質問における建物についての償却費の計算

(1) 業務の用に供されていなかった期間の減価の額の計算

耐用年数22年×1.5年＝33年（旧定額法の償却率0.031）

取得価額30,000,000円×0.9×0.031×8年＝6,696,000円

※非業務用期間（平成22年4月1日～平成30年4月1日）→8年

(2) 業務の用に供した日における減価償却資産の未償却残高

30,000,000円－6,696,000円＝23,304,000円（うち業務割合50％）

(3) 平成30年分の減価償却費の計算（簡便法）

① 業務の用に供した後の耐用年数及び償却率を求めます。

イ 経過年数

平成17年7月31日から平成22年4月1日まで→4年8月→56月

※経過年数は、新築等されてから取得した時までの期間であり、平成22年4月1日から平成30年4月1日までの期間（業務の用に供されていなかった期間）は含まれません。

ロ 業務の用に供した後の耐用年数

（264月（法定耐用年数22年）－56月（経過年数））＋56月（経過年数）×0.2＝219.2月 → 18.26年

※1年未満の切り捨ては最後に行います。

ハ 業務の用に供した後の償却率

18年→定額法 0.056

※平成22年4月1日取得のため定額法の償却率となります。

② 平成30年分の減価償却費の計算

30,000,000円×0.056×8/12＝1,120,000円（うち業務割合50％）

※平成22年4月1日取得のため定額法で計算します。

(4) 平成30年12月31日の未償却残高

23,304,000円－1,120,000円＝22,184,000円（うち業務割合50％）

3-19 年の中途で減価償却資産の償却累計額が償却可能限度額に達した場合の償却費の計算

質問

私はアパート経営をしていますが、平成8年1月に新築した木造アパートを所有しています。

このアパートの減価償却費の累積額は、平成30年の中途で取得価額の95％（償却可能限度額）に達します。

この場合、平成30年分の償却費の額はどのように計算すればよいのでしょうか。

1　取得価額　3,000万円
2　法定耐用年数　22年　（旧定額法　償却率　0.046）
3　平成29年期末の償却累積額27,324,000円

回答

具体的な計算方法は、解説に記載のとおりです。

解説

1　減価償却資産の償却累積額による償却費の特例

減価償却資産の償却費として、その年の前年以前の各年分の償却費の額の累積額とその年の償却費に相当する額との合計額が、次に掲げる金額（以下「償却可能限度額」という。）を超える場合には、その減価償却資産については、その償却費の額に相当する金額からその超える部分の金額を控除した金額をもって、その年分の償却費とする特例が定められています（所令134①）。

有形減価償却資産（坑道及びリース資産を除く。）の場合は、次のとおりです。
(1)　平成19年3月31日以前に取得したもの…取得価額の95％相当額
(2)　平成19年4月1日以後に取得したもの…取得価額－1円

(1)の資産については、取得価額の95％相当額に達した後は、その金額に達した年の翌年から5年間において、取得価額から1円を控除した金額まで減

価償却します（所令134②）。

> **算式**
>
> （取得価額－償却可能限度額－1円）÷ 5 ＝各年分の償却費の額

（注）この適用を受けた減価償却資産について資本的支出をし、その資本的支出に係る部分の金額を当該減価償却資産の取得価額に加算する特例（所令127②）の適用を選択したときは、その資本的支出をした後の取得価額及び未償却残額を基礎として減価償却を行うこととなります。
　　この場合、その加算した後の未償却残額がその加算した後の取得価額の5％相当額を超えるときは、5年間の均等方法による償却を継続することはできません（所基通49－48）。

2　堅牢な建物等の償却費の特例

　平成19年3月31日以前に取得した次に掲げる減価償却資産については、償却費の額の累積額がその資産の償却可能限度額に達した後も業務の用に供されているときは、その資産の取得価額の5％相当額から1円を差し引いた残額をその資産について定められている耐用年数の30％に相当する年数（1年未満の端数は切り上げて1年とします。）で除して計算した金額を償却費の額として、各年分の必要経費に算入することができます（所令134の2）。
(1)　鉄骨鉄筋コンクリート造、鉄筋コンクリート造、れんが造、石造又はブロック造の建物
(2)　鉄骨鉄筋コンクリート造、鉄筋コンクリート造、コンクリート造、れんが造、石造又は土造の構築物又は装置

> **算式**
>
> （取得価額の5％－1円）÷（法定耐用年数×30％）＝償却費の額

3　ご質問における償却費の額の計算

(1)　平成30年分の償却費の額の計算は、次のとおりです。
　①　木造アパートの償却可能限度額　30,000,000円×95％＝28,500,000円

② 平成29年期末の償却費累積額　27,324,000円
　　30,000,000円×0.9×0.046×22年＝27,324,000円
③ 平成30年分の償却費に相当する額
　　30,000,000円×0.9×0.046×12/12＝1,242,000円
④ 　平成29年末　　平成30年分の
　　償却費累積額　　償却費相当額　　　　　　　償却可能限度額
　　27,324,000円　＋　1,242,000円　＝　28,566,000円　＞　28,500,000円
⑤ 平成30年分の償却費の額
　　1,242,000円　－　(28,566,000円－28,500,000円)　＝1,176,000円

(2) 取得価額の95％相当額に達した後は、その金額に達した年の翌年である平成31年から5年間において、取得価額から1円を控除した金額まで均等償却することとなります。

　　（取得価額）　（償却可能限度額）
　　(30,000,000円　－　28,500,000円　－　1円)　÷　5年　≒　300,000円
　　ただし、平成35年分の償却費の額は299,999円となります。

3-20　死亡した日の属する月の減価償却費の取扱い

質問

不動産賃貸業を営んでいた父が平成30年8月25日に亡くなったため、長男である私がアパートを相続しました。
　父の準確定申告と私の平成30年分の確定申告において、相続財産であるアパートの減価償却費の計算はどのようにすればよいのですか。

回答

被相続人の準確定申告においては1月から8月までの8か月分の償却費の額を、相続人の確定申告では8月から12月までの5か月分の償却費の額を、それぞれ不動産所得の金額の計算上必要経費に算入します。

解説

1 年の中途において業務の用に供した場合の減価償却資産の償却費

減価償却資産が年の中途において不動産所得、事業所得、山林所得又は雑所得を生ずべき業務の用に供された場合の償却費の額は、そのよるべき償却の方法として、旧定額法、旧定率法、定額法又は定率法を採用している減価償却費資産については、次のとおり計算します（所令132①一）。

算式

$$\text{その年分の償却費に相当する金額} \times \frac{\text{業務の用に供した日からその年の12月31日までの期間の月数}}{12}$$

2 年の中途において死亡し又は出国をする場合の減価償却資産の償却費

減価償却資産を有している者が年の中途において死亡し又は出国をする場合の償却費の額は、そのよるべき償却の方法として、旧定額法、旧定率法、定額法又は定率法を採用している減価償却資産については、次のとおり計算します（所令132①三）。

算式

$$\text{その年分の償却費に相当する金額} \times \frac{\text{その年の1月1日から死亡又は出国までの期間の月数}}{12}$$

なお、上記1及び2の算式の月数はいずれも暦に従って計算し、1月に満たない端数を生じたときはこれを1月として計算します（所令132②）。

したがって、ご質問の場合、被相続人の準確定申告においては1月1日から死亡した日の8月25日までの8か月分が償却費の額として必要経費に算入され、相続人の確定申告においては8月25日から12月31日までの5か月分が

償却費の額として必要経費に算入されることとなります。

3-21 建物の用途を転用した場合の減価償却費の計算

質問

私は、平成26年1月に取得した木造の建物を事務所用として賃貸していましたが、平成30年7月から店舗用として賃貸することとなりました。

この場合、平成30年分の減価償却費はどのように計算することになりますか。

取得価額　2,000万円

平成30年期首未償却残額　16,640,000円

事務所用　耐用年数　24年　（定額法の償却率　0.042）

店舗用　　耐用年数　22年　（定額法の償却率　0.046）

回答

平成30年1月1日から「店舗用」の耐用年数「22年」として定額法により償却費の額を計算することができます。

解説

1 種類等を同じくする減価償却資産の償却費

不動産所得、事業所得、山林所得又は雑所得の各所得金額の計算上必要経費に算入する減価償却資産の償却費の額は、耐用年数省令に規定する減価償却資産の種類の区分（その種類につき構造若しくは用途、細目又は設備の区分）ごとに、かつ、耐用年数及び居住者が採用している償却の方法の異なるものについては異なるごとに、その償却の方法により計算された金額とされています（所規33①）。

2 転用資産の償却費の特例

減価償却資産（生物を除く。）を年の中途において従来使用されていた用途から他の用途に転用した場合には、原則として、転用前と転用後の期間に分

けて、それぞれの用途に応じて定められた耐用年数により償却費の額を計算することになるのですが、その年において転用した減価償却資産の全部について、その転用した日の属する年の1月1日から転用後の耐用年数により償却することができることとされています（所基通49－18）。

ただし、その年において転用した減価償却資産の一部についてのみ、この方法により償却費の額を計算することはできません（所基通49－18（注）1）。

また、償却方法として定率法を選定している減価償却資産の転用前の耐用年数よりも転用後の耐用年数が短くなった場合において、転用した最初の年に、転用後の耐用年数による償却費の額が、転用前の耐用年数による償却費の額に満たないときには、転用前の耐用年数により償却費を計算することができます（所基通49－18（注3））。

ご質問の場合は、次のとおり、平成30年1月1日から「店舗用」の「耐用年数22年」を適用して、定額法（償却率0.046）により償却費の額を計算することができます。

（取得価額）（償却率）　　（償却費の額）（未償却残額）
20,000,000円×0.046 × 12/12＝920,000円　15,720,000円

3-22 年の中途で譲渡した場合の減価償却費の取扱い

質問

私は、平成30年4月に賃貸用住宅10棟のうち1棟を譲渡しました。この場合、譲渡した建物の償却費の額は、不動産所得の金額の計算上必要経費に算入することができますか。

回答

年の中途で譲渡した減価償却資産の償却費の額は、譲渡所得の金額の計算上控除する取得費に含めずに、不動産所得の金額の計算上必要経費に算入しても差し支えないこととされています。

解　説

1 所得税法49条《減価償却資産の償却費の計算及びその償却の方法》

　所得税法49条1項は、その年12月31日において有する減価償却資産の償却費として、不動産所得、事業所得、山林所得又は雑所得の金額の計算上必要経費に算入する金額は、その取得した日及びその種類の区分に応じ、償却費が毎年同一となる償却の方法、償却費が毎年一定の割合で逓減する償却の方法その他政令で定める償却の方法の中から、その資産について選定した償却の方法により計算した金額とされています。

　そうすると、年の中途において譲渡した減価償却資産の譲渡の時までの期間（その年の業務の用に供されていた期間）に係る償却費の額は、必要経費に算入できないことになりますから、原則として譲渡所得の金額の計算上控除する取得費に含めることになります。

2 年の中途で譲渡した減価償却資産の償却費の取扱い

　年の中途において、一の減価償却資産について譲渡があった場合におけるその年のその資産の償却費の額については、その譲渡の時における償却費の額を譲渡所得の金額の計算上控除する取得費に含めないで、その年分の不動産所得、事業所得、山林所得又は雑所得の金額の計算上必要経費に算入しても差し支えないこととされています（所基通49-54）。

　なお、その減価償却資産が建物及びその附属設備、構築物及び無形固定資産である場合には、その償却費の額について譲渡所得の金額の計算上控除する取得費に含める場合とその年分の不動産所得、事業所得、山林所得又は雑所得の金額の計算上必要経費に算入する場合では、事業税における所得の計算上の取扱いが異なる場合があるので注意が必要です（所基通49-54（注））。

　ご質問の場合、平成30年1月から譲渡した4月までの期間における建物の償却費の額については、①譲渡所得の金額の計算上控除する取得費に含めるか、又は②不動産所得の金額の計算上必要経費に算入するか、いずれかを選択することができます。

3-23 減価償却資産の償却費を必要経費に算入していなかった場合

質問

私は平成28年4月に木造アパートを取得して不動産貸付業を営んでいます。
取得したアパートは、中古資産で耐用年数を経過していたこともあり、確定申告で減価償却費の計上を忘れていました。
この場合、平成30年分の確定申告から減価償却を開始することはできますか。
また、過去の年分の減価償却費を平成30年分の必要経費に算入することができますか。

回答

アパートの減価償却費の計算は平成28年4月から開始することになり、平成30年分から償却費の計算を開始することはできません。また、過去の年分の償却費の累積額を平成30年分の必要経費に算入することもできません。
なお、平成28年分及び平成29年分の償却費については、更正の請求をすることができます。

解説

1 減価償却費を必要経費に算入する時期

所得税では、その年の12月31日において有する減価償却資産につき、その償却費として不動産所得、事業所得、山林所得又は雑所得の金額の計算上必要経費に算入する金額は、その取得をした日及びその種類の区分に応じ、定められた償却方法の中からその者が選定した償却方法により計算した金額と規定されています（所法49①）から、帳簿経理のいかんにかかわらずその償却費の全額を必要経費に算入しなければなりません（いわゆる強制償却）。
また、年の中途で減価償却資産を業務の用に供した場合、その年分の必要経費に算入する償却費の金額は、その資産の償却費に相当する額を12で除し、業務の用に供した日からその年の12月31日までの期間の月数を乗じて計算す

ることとされています（所令132①一）。

したがって、減価償却資産の償却費を算入する時期について、納税者が選択することは認められませんし、償却費を計上しなかった年分があったとしても、償却費を計上したものとして未償却残額が減少するだけになります。

ご質問の場合、平成30年から木造アパートの減価償却を開始することはできませんし、過去の未計上であった償却費の累積額を平成30年分の必要経費に算入することもできませんから、平成28年4月分から1年9か月分の償却費相当額を未償却残額から控除して、平成30年分の償却費の額を計算することになります。

2 更正の請求の手続

平成28年分及び平成29年分の償却費を必要経費に算入しなかったことにより、税額が過大若しくは還付金額が過少、又は純損失の金額が過少となっている場合は、各年分の法定申告期限から5年以内に限り、更正の請求をすることができます（通法23①）。

3-24 旧定率法を選定していた者が新たに資産を取得した場合

質問

私はアパートを経営していますが、器具及び備品の償却方法について平成19年1月に旧定率法の届出書を提出し、その後、償却方法の届出書は提出していません。

ところで、平成30年7月に事務所用の冷暖房器具を購入したのですが、この場合、その減価償却費はどのように計算すればよいのでしょうか。

(1) 取得価額　300,000円
(2) 法定耐用年数　6年
　　（定率法の償却率　0.333　改定償却率　0.334　保証率　0.9911）

回答

購入された器具は、定率法により償却費を計算します。

解説

1 減価償却資産の償却方法の選定と届出

(1) 償却方法の選定の単位

減価償却資産の償却方法については、建物、附属設備、構築物、機械及び装置等といった資産の種類の区分ごとに、その取得等の時期に応じて選定することになります。

この場合、2以上の事業所等を有するときは、事業所等ごとに償却の方法を選定することができます（所令123①）。

(2) 届出の手続

償却方法の選定の届出については、次に掲げる日の属する年分の所得税の確定申告期限までに、その有する減価償却資産と同一の区分に属する資産の種類ごとに選定する償却方法を記載した「減価償却資産の償却方法の届出書」を所轄税務署長に提出することとされています（所令123②）。

① 新たに業務を開始した場合…その業務を開始した日
② 新たに業務を開始した後、すでにそのよるべき償却方法を選定している減価償却資産以外の減価償却資産を取得した場合…その資産を取得した日
③ 新たに事業所を設けた場合で、その事業所に属する減価償却資産についてすでに選定している償却方法と異なる償却方法を選定しようとする場合、又はすでに事業所ごとに異なる償却方法を選定しているとき…新たに事業所を設けた日

2 償却方法のみなし選定

平成19年3月31日以前に取得した減価償却資産（以下「旧償却方法適用資産」という。）について、すでによるべき償却方法として「旧定額法」、「旧定率法」又は「旧生産高比例法」を選定している場合に、平成19年4月1日以後に取

得した減価償却資産（以下「新償却方法適用資産」という。）で、同日前に取得したとしたならばその旧償却方法適用資産と同一の区分に属するものについて、「減価償却資産の償却方法の届出書」を所轄税務署長に提出していないときは、その新償却方法適用資産については、その旧償却方法適用資産について選定した償却方法に対応する償却方法を選定したものとみなされ、「定額法」、「定率法」又は「生産高比例法」を適用することになります（所令123③）。

この規定は、旧償却方法適用資産について、その償却方法を届け出なかった場合に適用された「法定償却方法」の場合も含まれます（所令123③かっこ書）

また、新償却方法適用資産について、償却方法の変更手続により承認を受けている場合は、その承認を受けた償却方法となります（所令123③、同令124）

ご質問の場合、器具及び備品について定率法の届出書は提出されていませんが、旧定率法の届出書が提出されていますから、新たに取得した冷暖房器具の償却費の額は、定率法により計算することになります。

なお、具体的な減価償却費の計算は、次のとおりです。

［各年分の減価償却費の額］

年分	償却費の額	未償却残額
30年	（取得価額）（保証率）　　（償却保証額） 300,000円×0.09911　　＝29,733円 300,000円×0.333× 6 /12＝49,950円	250,050円
31年	250,050円×0.333×12/12＝83,267円	166,783円
32年	166,783円×0.333×12/12＝55,539円	111,244円
33年	111,244円×0.333×12/12＝37,045円	74,199円
34年	74,199円×0.333×12/12＝24,709円＜29,733円 （改定取得価額）（改定償却率） 　　74,199円　×　　0.334　　×　12/12＝24,783円	49,416円
35年	74,199円×0.334×12/12＝24,783円	24,633円
36年	74,199円×0.334×12/12＝24,783円 24,783円＜24,633円－ 1 円＝24,632円	1円

3-25 共有建物について共有者と異なる償却方法を採用することの適否及び共有部分を取得して単独所有とした場合の償却方法

質問

　私と弟は、平成10年1月に共有名義で取得した賃貸マンションから生ずる収入について、それぞれの持分により不動産所得の申告をしています。
　所得計算に当たり、減価償却の方法は私も弟も旧定額法を採用していますが、私の申告については、平成30年から旧定率法に変更したいと考えています。
　共有名義の資産から生ずる所得について、共有者がそれぞれ異なる償却方法を採用することができますか。
　また、私は、平成31年に弟の持分を買い取る計画をしています。
　賃貸マンションを単独所有した場合、この取得した共有部分についても、私が採用している旧定率法により償却することができますか。

回答

1　共有名義の資産から生ずる所得であっても、共有者ごとに償却方法を選択することができます。
2　共有部分の取得は、新たな建物の取得ということになるため、定額法で行うこととなり、旧定率法を採用することはできません。

解説

1　共有建物について共有者と異なる償却方法を採用することの適否

　業務の用に供される減価償却資産について、不動産所得の金額の計算上必要経費に算入される償却費の額は、その者の採用している償却方法に基づいて計算した金額とされ（所令131）、共有名義の資産から生ずる所得に係る共有者の採用する償却方法について特段の定めはありません。
　また、たとえ、共有名義の資産から生ずる所得について、それぞれ異なった償却方法を採用したことにより、必要経費に算入される償却費の額に差が生じることになったとしても、すべての耐用年数期間でみれば償却費の累計

額は同額となります。

したがって、共有名義の資産から生ずる所得であっても、共有者ごとに償却方法を選択することができることになるものと考えます。

ご質問の場合、賃貸マンションの取得時期は平成10年3月31日以前ですので、旧定額法から旧定率法へ償却方法を変更することができます。

(注) 1　平成10年4月1日以後に取得した建物の減価償却方法は「旧定額法」又は「定額法」に限られます（所令120①一ロ、120の2①一ロ）が、平成10年3月31日以前に取得した建物については「旧定額法」又は「旧定率法」のいずれかを選択することができます（所令120①一イ）。

2　償却方法の変更は、変更しようとする年の3月15日までに「変更承認申請書」を所轄税務署長に提出する必要があります（所令124①②）。

2　共有部分を取得して単独所有とした場合の償却方法

建物の他の共有者の持分を取得したことが新たな建物の取得に当たるかどうかについてですが、共有持分権は、各共有者が共同所有する目的物に対する部分的所有権であり、それ自体一個独立した所有権たる性質を有するものとされ（民法249）、各共有者は自己の持分に応じて所有権と同じく「使用・収益・処分」の機能を持つものと解されていますから、新たな建物を取得した場合と同様に取り扱うことが相当と考えられます。

ご質問の場合、賃貸マンションの取得時期は平成10年1月ですが、共有部分は平成31年に取得するとのことですから、平成10年4月1日以後に取得した建物については、定額法による償却方法に限定されています。

したがって、当該賃貸マンションについては、平成10年3月31日以前に取得した部分と平成31年に取得する部分とを区分して、それぞれ旧定率法及び定額法により減価償却を行うことになります。

3-26 相続等により取得した減価償却資産の償却方法

質問

　アパート経営を行っていた父が平成30年7月に亡くなったため、同月から相続人である私が事業を承継することとなり、アパートを取得しました。

　父は旧定率法で減価償却を行っていましたが、私がアパートについて採用する償却方法はどのようになりますか。

　また、平成30年分の父の準確定申告及び私の確定申告における減価償却の計算はどのようになりますか。

　アパート（木造）の取得価額等は次のとおりです。

取得年月日　平成10年1月
取得価額　　3,000万円
耐用年数　　22年（旧定率法：償却率0.099　定額法：償却率0.046）
平成30年1月1日現在の未償却残額　3,729,208円

回答

　相続により取得した減価償却資産の償却方法については、その資産を取得した者が引き続き所有していたものとして、取得価額及び耐用年数を適用して計算しますが、被相続人が採用していた償却方法を引き継ぐことはできません。

　また、平成19年4月1日以後に取得した建物の減価償却の方法は定額法に限られていますから、相続したアパートの償却方法は定額法によることとなります。

　なお、平成30年の減価償却費の計算は、解説のとおりです。

解説

1　相続等により取得した減価償却資産の取得価額

　減価償却資産の取得については、購入や自己の建設によるもののほか、個人からの贈与、相続（限定承認に係るものを除く。）又は遺贈（包括遺贈のうち

限定承認に係るものを除く。以下「相続等」という。）によって取得したものも含まれるとされ（所基通49－1）、相続等により取得した減価償却資産の取得価額は、その資産を取得した者が引き続き所有していたものとみなした場合における取得価額に相当する金額とされています（所法60①、所令126②）。

(注) 限定承認に係る相続があったことにより、被相続人に「みなし譲渡」の規定が適用された場合には、取得価額の引継ぎはなく、相続時の時価が減価償却資産の取得価額になります（所法59①）。

したがって、相続等により取得した減価償却資産の償却費の計算を行うに当たっては、被相続人の計算と同じ取得価額及び耐用年数を適用することとなり、その未償却残額も引き継ぐこととなります。

なお、相続等により取得した減価償却資産について、相続人等がその資産を取得するために通常必要と認められる費用（所基通37－5及び同49－3の定めにより各種所得の金額の計算上必要経費に算入された登録免許税、不動産取得税等を除く。）を支出しているときは、その減価償却資産の取得価額に算入することができます（所基通60－2）。

2 相続等により取得した減価償却資産の償却の方法

相続等により取得した減価償却資産については、被相続人等が選定していた減価償却の方法を相続人等が引き継ぐことまでは定められていません。

したがって、相続人等が法定償却方法以外の方法を選定しようとするときは、納税地の所轄税務署長に対して、相続等により減価償却資産を取得した日の属する年分の確定申告期限までに「減価償却資産の償却方法の届出書」を提出する必要があります。

(注) 上記1の(注)のとおり、相続時の時価が減価償却資産の取得価額となる場合には、中古資産を取得した場合と同様に、使用可能期間を合理的に見積もった年数若しくは簡便法により算定した年数を耐用年数とすることができます（耐令3）。

3 減価償却費の額の具体的な計算

平成19年4月1日以後に取得した建物の減価償却の方法については、定額法（平成10年4月1日から平成19年3月31日以前に取得したものは旧定額法）に

限定されています（所令120①一ロ、120の2①一ロ）。

　ご質問の場合、相続によるアパートの取得日は平成19年4月1日以後ですから、定額法により減価償却費の計算を行うこととなり、減価償却の方法について届出をする必要はありません。

　なお、平成30年分の減価償却費の額の計算は次のとおりです。

(1) 父の準確定申告における償却費の額の計算

　　（償却費の額）　（未償却残額）（旧定率法の償却率）（月数）
　　　215,362円 ＝ 3,729,208円 ×　　0.099　　×　　7／12

　　相続発生時における未償却残額
　　　3,513,846円 ＝ 3,729,208円 － 215,362円

(2) あなたの確定申告における償却費の額の計算

　　（償却費の額）　（取得価額）　（定額法の償却率）（月数）
　　　690,000円 ＝ 30,000,000円 ×　　0.046　　×　　6／12

　　平成30年期末未償却残額
　　　2,823,846円 ＝ 3,513,846円 － 690,000円

3-27 相続等以外で事業承継した場合の減価償却の方法

質問

　父はアパートを経営していましたが、平成30年6月から、父と生計を一にする私が事業を承継し、アパートを無償で借り受けて業務の用に供しています。この場合、減価償却費はどのように取り扱われますか。

　なお、父はアパートの減価償却の方法として旧定率法を選択していました。

回答

　ご質問の場合、旧定率法により償却費の額を計算します。

解 説

1 相続等により取得した減価償却資産の償却の方法

相続等により取得した減価償却資産については、被相続人等が選定していた減価償却の方法を相続人等が引き継ぐことまでは定められていないため、相続人等が法定償却方法以外の償却方法を選定しようとするときは、所轄税務署長に対して、相続等により減価償却資産を取得した日の属する年分の確定申告期限までに「減価償却資産の償却方法の届出書」を提出する必要があります（所令123②）。

2 相続等以外で事業承継した場合の償却の方法

居住者が営んでいた不動産賃貸業の廃業後、居住者と生計を一にする親族が事業を承継して、居住者が所有する減価償却資産を無償で事業の用に供している場合には、相続等により取得した減価償却資産の取扱いとは異なります。

すなわち、所得税法56条は、事業から対価を受ける親族がある場合の必要経費の特例を定めていますが、その取扱いによれば、不動産所得を生ずる事業を営む居住者と生計を一にする親族が所有するアパートを無償で事業の用に供している場合に、その使用の対価が支払われたとしたならば、当該親族の不動産所得の金額の計算上必要経費に算入すべきこととなる減価償却費の金額が、居住者の不動産所得の金額の計算上必要経費に算入する金額となります（所法56、所基通56－1）。

したがって、ご質問の場合、事業承継後の減価償却費は、父が選択していた償却方法により計算することとなるため、アパートの減価償却の方法は旧定率法によることとなります。

なお、減価償却資産が年の中途において不動産所得、事業所得、山林所得又は雑所得を生ずべき業務の用に供された場合は、そのよるべき償却の方法として旧定額法、旧定率法、定額法、定率法等を選択している減価償却資産は、これらの償却方法により償却費の額に相当する金額を計算し、その業務の用に供された月数で按分して計算することとされています（所令132①）。

第 4 章

繰延資産

4-1 市道舗装負担金及びアーケード工事分担金の取扱い

質問

　私が貸店舗を所有する商店街の中央を走る市道がアスファルト舗装になります。この舗装費用は、市に対して地域住民が共同で負担することになり、私は、負担金として30万円を支出しました。

　また、市道舗装工事に併せて、買い物客誘致のため商店街にアーケードを設置することになり、商店街の会員である私は、工事費用のうち50万円を分担することになりました。

　これらの負担金等はどのように取り扱えばよいのでしょうか。

回答

　市道舗装負担金及びアーケード工事分担金は、自己が便益を受ける公共的施設又は共同的施設の設置のために支出する費用と認められますから、繰延資産として償却を行い、不動産所得の金額の計算上必要経費に算入します。

解説

1　繰延資産の範囲と公共的施設等の設置のために支出する費用の償却期間

　繰延資産とは、業務に関して支出する費用（資産の取得に要した費用及び前払費用を除く。）うち、支出の効果がその支出の日以後1年以上に及ぶものをいいます（所法2①二十）。

　そして、開業費及び開発費以外の繰延資産のうち、自己が便益を受ける公共的施設又は共同的施設の設置及びこれらの施設の改良のために支出する費用については、次のとおり、それぞれの支出の及ぶ期間（償却期間）に応じて償却します（所令7①三イ、所令137①二、所基通50-3）。

種　類	細　目	償却期間
公共的施設の設置又は改良のために支出する費用 (所基通2－24)	(1) その施設又は工作物がその負担をした者に専ら使用されるものである場合	その施設又は工作物の耐用年数の70％に相当する年数
	(2) (1)以外の施設又は工作物の設置又は改良の場合	その施設又は工作物の耐用年数の40％に相当する年数
共同的施設の設置又は改良のために支出する費用 (所基通2－25)	(1) その施設がその負担をした者又は構成員の共同の用に供されるものである場合又は協会等の本来の用に供されるものである場合	イ　施設の建設又は改良に充てられる部分の負担金については、その施設の耐用年数の70％に相当する年数 ロ　土地の取得に充てられる部分の負担金については、45年
	(2) 商店街における共同のアーケード、日よけ、アーチ、すずらん灯などその負担をした者の共同の用に供されるとともに、併せて一般公衆の用にも供されるものである場合	5年（その施設について定められている耐用年数が5年より短い場合には、その耐用年数）

2　市道舗装負担金とアーケード工事分担金の償却期間

　ご質問の市道舗装負担金30万円は、自己が便益を受ける公共的施設の設置のための負担金ですが、その負担をした者が専ら使用するだけではなく公共の用に供するものと認められます。したがって、この場合の償却期間は、アスファルト舗装道路の耐用年数10年の40％となりますから、4年で償却することになります。

　また、アーケード工事分担金50万円は、商店街に貸店舗を所有する自己の共同の用に供されるとともに、買い物客など一般公衆の用にも供されるアーケードの設備のための分担金と認められます。したがって、この場合の償却期間は、その施設について定められている耐用年数（アーケード又は日よけ設備の耐用年数は「主として金属製のもの15年」「その他のもの8年」）が5年より短い場合を除いて5年となります。

　なお、商店街が行う街路の簡易舗装、街灯、がんぎ等の簡易な施設で主と

して一般公衆の便益に供されるもののために充てられる負担金は、繰延資産としないで、その支出の日の属する年分の必要経費に算入することができます（所基通2－26）。

4-2 公共下水道の設置に伴う受益者負担金と水道施設利用のための水道負担金の取扱い

質問

私は、A市でアパートを経営する不動産所得者ですが、このたび、市が都市計画事業によりアパート周辺地域に公共下水道を設置することになり、受益者負担金として20万円を支払いました。

また、本年、新たにアパートを建築したことに伴い、水道施設を設けるための負担金として50万円を支払いました。

これらの負担金はどのように取り扱われるのでしょうか。

回答

公共下水道の設置に係る受益者負担金は、繰延資産として償却期間6年で償却し、また、水道設備負担金は、水道施設を利用する権利（水道施設利用権）を取得するものですから、無形減価償却資産として耐用年数15年で償却します。

解説

1 公共下水道に係る受益者負担金の償却期間の特例

地方公共団体が都市計画事業として公共下水道を設置する場合において、その設置により著しく利益を受ける土地所有者は、都市計画法等の規定により、その設置費用の一部を受益者負担金として負担することがあります。

この公共的施設の設置等により負担する受益者負担金は、それが業務に関連して支出した費用であり、その効果が1年以上に及ぶと考えられることから、繰延資産に該当します（所法2①二十、所令7①三イ）が、「公共下水道に

係る受益者負担金の償却期間の特例」の規定により、償却期間は6年となります（所法50、所令137①二、所基通50－4の2）。

なお、開業費及び開発費を除く繰延資産については、その金額が20万円未満であるときは、その全額をその支出した年の必要経費に算入することができます（所令139の2）。

2 公共下水道施設の使用のための負担金

水道負担金は、「水道設備負担金」「上下水道加入金」「給水分担金」などとも呼ばれ、例えば、アパートを建築するに際して建物に接地している道路から建物まで給排水管を引くような場合、水道局（地方公共団体）に水道施設を設けるための費用を負担することがあります。これは、上下水道を利用するための水道施設利用権を取得するために負担するものであり、取得した水道施設利用権は、減価償却資産の無形減価償却資産として耐用年数15年で償却します（所令6八ヨ、耐令別表第三）。

3 繰延資産の償却費の計算

繰延資産の償却費の計算は次のとおりです。（所令137①二）。

なお、開業費及び開発費は、5年間均等償却か、いわゆる任意償却のいずれかの方法を採るべきこととされています（所令137①一、③）。

算式

（支出した日の属する年）

$$繰延資産の額 \times \frac{その年中の支出の日から業務を行っていた期間の末日までの月数（1月未満は切上げ）}{支出の効果の及ぶ期間の月数} = 償却費の額$$

（支出後の年）

$$繰延資産の額 \times \frac{その年中の業務を行っていた期間の月数（1月未満は切上げ）}{支出の効果の及ぶ期間の月数} = 償却費の額$$

4-3 太陽光発電設備の設置に伴う工事負担金の取扱い

質問

私は、平成30年1月、所有する賃貸マンションの屋上に500万円の太陽光発電設備を設置して電力会社に売電していますが、この設置に伴い、電力会社の電気供給設備に接続するための工事費用（以下「連系工事負担金」という。）として50万円を支出しています。

この連系工事負担金は、太陽光発電設備を取得するための附随費用として減価償却資産になりますか、それとも繰延資産となるのでしょうか。

回答

連系工事負担金は繰延資産となり、償却期間は15年となります。

解説

1 太陽光発電設備の設置と自己が便益を受けるために支出する費用

太陽光発電設備を設置した事業者が発電した電力を電力会社に売電するためには、その太陽光発電設備を電力会社の電気供給設備に接続するための連系工事（例えば、変圧器新設工事、引込線張替工事、電線及び電柱新設工事などの工事）を行う必要があります。この連系工事費用は、電力会社の所有する電気供給設備の工事費用を事業者が負担するものであり、太陽光発電設備に対して支出するものではありません。

したがって、この連系工事負担金を支出することにより、電力会社の送配電網を利用して発電した電気を売電できるようになるため、連系工事負担金は、事業者にとって、自己が便益を受けるために支出する費用でその支出の効果がその支出の日以後1年以上に及ぶものとして、繰延資産に該当します（所令7①三ホ）。

2 繰延資産となる費用の支出の効果が及ぶ期間（償却期間）

太陽光発電設備の設置に係る連系工事負担金のような繰延資産については、

その支出の効果が及ぶ期間（償却期間）に応じて償却することとされており（所令137①二）、その償却期間については、次のように適正に見積もる必要があります（所基通50－1）。

(1) その費用が固定資産を利用するために支出されたものである場合には、その固定資産の法定耐用年数
(2) その費用が一定の契約するに当たり支出したものである場合には、その契約期間をそれぞれ基礎として適正に見積もった期間

このため、連系工事負担金の償却期間については、連系工事によって設置される電気供給設備の耐用年数や電力会社との契約期間等を基に合理的に見積もることになります。

ところで、事業者が、電力会社から電気の供給を受けるため、電力会社における電気供給設備を設けるための費用を当該事業者が負担することがあり、この場合の負担金は、無形減価償却資産である「電気ガス供給施設利用権」に該当し、その法定耐用年数は当該設備の耐用年数等も踏まえ「15年」とされています（所令6八カ、耐令別表第三）。

ご質問の連系工事負担金は、その内容が無形減価償却資産である電気ガス供給設備利用権に類似していますから、その償却期間は「15年」となるものと考えられます。

なお、事業者と電力会社との間の電力供給契約により受給期間が定められている場合は、当該期間を連系工事負担金の償却期間としても差し支えないものと考えます。

4-4 繰延資産の償却の開始時期と償却費の計算

質問

私は不動産所得者ですが、平成30年度から同業者団体へ加入することになり、平成30年4月5日に入会金30万円を支払いました。

なお、この入会金は出資金の性質を有するものではなく、また、退会しても返還されません。

この場合、支払った入会金はどのように取り扱えばよいのでしょうか。

回　答

支払った入会金は繰延資産に該当しますから、5年間で償却することになります。

なお、償却の開始時期は入会金を支払った平成30年4月となります。

解　説

1　同業者団体等の加入金と繰延資産

同業者団体等に対して支出する入会金については、いわゆる出資の性格を有するものと、そうでないものとがあります。

出資の性格を有するものは出資金として資産計上されますが、ご質問のように、出資の性質を有せず、退会時に返還もされない同業者団体の入会金については、その入会金を支払うことにより、団体への加入と加入後は継続して会員としてのサービスの提供を受けることになりますから、その支出の効果は一時的なものではないと考えられるため、繰延資産として取り扱われ、その償却期間は5年になります（所令7①三ホ、所基通2－29の4、50－3）。

2　繰延資産の償却の開始時期と償却費の計算

繰延資産の償却の開始時期については、その繰延資産となるべき費用を支出した日となりますから、ご質問の場合、平成30年分の同業者団体の入会金の償却費の額は、次のとおり計算します（所令137①二、「Q4-2 **3**」参照）。

300,000円×9月／60月＝45,000円

なお、市道舗装負担金やアーケード工事負担金などの繰延資産となる費用を支出した場合において、その費用が固定資産を利用するためのものであり、かつ、その固定資産の建設等に着手されていないときは、その固定資産の建設等に着手した時から償却することとされています（所基通50－6）。

4-5 分割で支払う繰延資産の償却費の計算

質問

私は、商店街のアーケード設置のための工事分担金80万円を毎年20万円ずつ4年の分割で支払うことになりました。

この場合、繰延資産の取扱いはどのようになるのでしょうか。

回答

分割払いにより支払った工事負担金を基に繰延資産の償却費を計算して、必要経費に算入します。

解説

1 分割払いの繰延資産

次に掲げる繰延資産（所令7条1項3号に掲げる繰延資産）となるべき費用の額を分割して支払うこととしている場合は、たとえその総額が確定しているときであっても、その総額を未払金に計上して償却することはできないこととされています（所基通50-5）。

ただし、分割して支払う期間が短期間（おおむね3年以内）である場合は、その確定している総額を繰延資産として償却することができます。

(1) 自己が便益を受ける公共的施設又は共同的施設の設置又は改良のために支出する費用
(2) 資産を賃借し又は使用するために支出する権利金、立退料その他の費用
(3) 役務の提供を受けるために支出する権利金その他の費用
(4) 製品等の広告宣伝の用に供する資産を贈与したことにより生ずる費用
(5) (1)から(4)までに掲げる費用のほか、自己が便益を受けるために支出する費用

なお、上記(1)のもので、次のすべてに該当する場合には、その負担金として支出した金額は、その支出した日の属する年分の必要経費に算入することができます（所基通50-5の2）。

① その負担金の額が、その負担金に係る繰延資産の償却期間に相当する期間以上の期間にわたり分割して徴収されるものであること
② その分割して徴収される負担金の額がおおむね均等額であること
③ その負担金の徴収がおおむねその支出に係る施設の工事の着工後に開始されること

2 分割払いの繰延資産の償却費の計算

　分割払いの繰延資産の償却費の計算は、2年目以後の支出金額を別個に償却することはしないで、1年目の支出金額と2年目以後の支出金額との累積額が償却の基礎となる金額となります（所基通50－5）。

　したがって、ご質問の場合、繰延資産の償却費の額は、次のように計算します。

```
算　式

繰延資産となる工事分担金の総額　80万円
4年にわたって支払う金額　　　　20万円
アーケードの償却期間　　　　　　5年（所基通50－3）
1年目　20万円×12／60＝ 4万円　（累積償却額　 4万円）
2年目　40万円×12／60＝ 8万円　（累積償却額　12万円）
3年目　60万円×12／60＝12万円　（累積償却額　24万円）
4年目　80万円×12／60＝16万円　（累積償却額　40万円）
5年目　80万円×12／60＝16万円　（累積償却額　56万円）
6年目　80万円×12／60＝16万円　（累積償却額　72万円）
7年目の償却費の額は、6年目までの累積償却額が72万円なので
　　　80万円－72万円＝ 8万円
```

4-6 少額の繰延資産に該当するかどうかの判定

質問

　私が所属する商店街では新たにアーケードを設置することになり、工事分担金として50万円を支出しますが、分割払いが認められているため、5年間の分割払いとしました。

　この工事分担金は繰延資産に該当するということですが、20万円未満の支出については、支出した年の必要経費に算入することができると聞いています。

　私のように分割払いの場合でも、1年間に支払う金額が20万円未満であれば、その年に支払った金額を少額の繰延資産として必要経費に算入できるのでしょうか。

回答

　少額の繰延資産に該当するかどうかは、その年中に支出した金額ではなく、その対象となる繰延資産に支出することとなる費用の合計額で判定することとなります。したがって、実際に負担することとなる負担金の合計額は50万円ですから、少額の繰延資産として取り扱うことはできません。

解説

1　少額の繰延資産の必要経費算入

　所得税法施行令139条の2《繰延資産となる費用のうち少額のものの必要経費算入》は、業務を行う者が支出する繰延資産の費用（開業費及び開発費を除く。）のうち、その支出する金額が20万円未満であるものについては、その全額をその支出した日の属する年の不動産所得等の所得金額の計算上必要経費に算入することができると規定しています。

2　少額の繰延資産であるかどうかの判定

　所得税法施行令139条の2の規定を適用する場合において、その支出する金

額が20万円未満であるかどうかについては、次に掲げる金額が20万円未満であるかどうかにより判定することとされています（所基通50－7）

(1) 自己が便益を受ける公共的施設又は共同的施設の設置又は改良のために支出する費用については、一の設置計画又は改良計画について支出する金額
　　ただし、2回以上に分割して支出する場合には、その支出する時において見積もられる支出金額の合計額

(2) 資産を賃借し又は使用するために支出する権利金、立退料その他の費用及び役務の提供を受けるために支出する権利金その他の費用については、契約ごとに支出する金額

(3) 製品等の広告宣伝の用に供する資産を贈与したことにより生ずる費用については、その支出の対象となる資産の1個又は1組ごとに支出する金額
　ご質問のアーケード工事分担金は、上記(1)の「自己が便益を受ける共同的施設の設置のために支出する費用で、一の設備について支出する金額」に該当することになり、支出する金額は5年間で合計50万円になります。したがって、少額の繰延資産の判定基準である20万円未満ではありませんから、5年間の分割で支出したその金額が10万円であったとしても必要経費に算入することはできません。

第 5 章

資本的支出と修繕費

5-1 資本的支出の判定

質問

私は、アパートのモルタルの外壁が劣化し、一部剥離等したため、全面的にタイル壁に取り換えることとしました。

この工事のために支出した費用は、資本的支出と修繕費のどちらに区分されますか。

回答

アパートのモルタルの外壁を全面的にタイル壁に取り換える工事は、その資産の耐久性が増して使用可能期間を延長させることになりますから、その支出した費用は全額が資本的支出に該当するものと考えます。

解説

1 資本的支出

不動産所得、事業所得、山林所得又は雑所得を生ずべき業務を行う居住者が、修理、改良その他いずれの名義をもってするかを問わず、その業務の用に供する固定資産について支出する金額で、次に掲げる金額に該当するもの（そのいずれにも該当する場合は、いずれか多い金額）は、資本的支出として減価償却することになり、それ以外は修繕費となります（所令181）。

(1) その支出金額のうち、その支出により、当該資産の取得の時において当該資産につき通常の管理又は修理をするものとした場合に予測される当該資産の使用可能期間を延長させる部分に対応する金額

(2) その支出金額のうち、その支出により、当該資産の取得の時において当該資産につき通常の管理又は修理をするものとした場合に予測されるその支出の時における当該資産の価額を増加させる部分に対応する金額

このように、資本的支出と修繕費との区分は、その固定資産について支出する費用の実質が何かによって判断すべきものであり、単に支出金額の多寡によるものではないことになります。

2 資本的支出であるか否かの判定が困難な場合の取扱い

　業務の用に供されている固定資産の修理、改良等のために支出した金額のうち、資本的支出とは、当該固定資産の価値を高め、又はその耐久性を増すことになると認められる部分に対応する金額をいうとされています（所基通37−10）。

　そして、具体的には、次のような金額は、資本的支出に該当します。
(1)　建物の避難階段の取付け等物理的に付加した部分に係る金額
(2)　用途変更のための模様替え等改造又は改装に直接要した金額
(3)　機械の部品を特に品質又は性能の高いものに取り替えた場合のその取替えに要した金額のうち、通常の取替えの場合にその取替えに要すると認められる金額を超える部分の金額
(注)　建物の増築、構築物の拡張、延長等は建物等の取得に当たります。

　ご質問の場合、アパートのモルタル壁を全面的にタイル壁に取り換える工事であり、建物全体にされていることが認められますから、当該工事は通常の管理又は修理というものではなく、建物の耐久性を増すことによりその使用期間を延長させるものということができます。したがって、その支出した費用の全額が資本的支出に該当するものと考えます。

5−2　資本的支出をした場合の減価償却費の計算方法

質問

　私は、平成30年7月、所有する建物について次のような内容で資本的支出を行いました。

　この場合、不動産所得の金額の計算上必要経費に算入される減価償却費は、どのように計算すればよいでしょうか。

［資本的支出を行った減価償却資産（本体）］
　　取得年月　平成19年1月　　　取得価額　5,000万円
　　耐用年数　34年　　　　　　　旧定額法　償却率　0.030
［資本的支出］

支出年月　平成30年7月　　支出した金額　500万円
耐用年数　34年　　　　　定額法　償却率　0.030

回答

平成19年3月31日以前に取得した減価償却資産に資本的支出をした場合の減価償却費については、次のいずれかの計算方法を選択することができます。

1　その支出した金額を一の減価償却資産の取得価額として、その資本的支出を行った減価償却資産と種類及び耐用年数を同じくする減価償却資産を新たに取得したものとして償却費を計算します（原則）。
2　その支出した金額はその資本的支出を行った減価償却資産の取得価額に加算して償却費を計算します（特例）。

なお、具体的な計算は解説に記載のとおりです。

解説

1　資本的支出があった場合の減価償却資産の償却方法（原則）

減価償却資産について資本的支出を行った場合、その資本的支出は、減価償却の方法により各年分の不動産所得等の金額の計算上必要経費に算入されます（所法37、49）。

ところで、平成19年3月31日以前に行った資本的支出については、その支出した金額は、その資本的支出の対象となった減価償却資産の取得価額に加算することとされていましたが、平成19年4月1日以後に行った資本的支出は、原則として、その資本的支出に係る金額を一の減価償却資産の取得価額として、その資本的支出を行った減価償却資産と種類及び耐用年数を同じくする減価償却資産を新たに取得したものとして、定額法又は定率法により償却費を計算します（所令127①）。

2　平成19年3月31日以前に取得した減価償却資産に資本的支出を行った場合の特例

資本的支出を行った減価償却資産が平成19年3月31日以前に取得したものである場合に、その支出した金額は、その資本的支出を行った減価償却資産

に係る取得価額に加算することができます（所令127②）。

　なお、この加算を行った場合は、その資本的支出を行った減価償却資産の種類、耐用年数及び償却方法に基づいて、加算を行った資本的支出部分も含めた減価償却資産全体の償却を当初選定していた旧定額法又は旧定率法により行うこととなります。

　ご質問における具体的な計算は、次のとおりです。

(1) 計算（原則）

　① 平成30年分の計算

　　イ 本体の計算

　　　　（取得価額）（旧定額法償却率）

　　　　5,000万円 × 0.9 × 0.030 × 12/12 ＝ 1,350,000円

　　ロ 資本的支出部分の計算

　　　　（取得価額）（定額法償却率）

　　　　500万円 × 　0.030 　× 6/12 ＝ 75,000円

　② 平成31年分の計算

　　上記(1)と同様の計算方法となります。

(2) 計算（特例）

　① 平成30年分の計算

　　イ 本体の計算

　　　　（取得価額）（旧定額法償却率）

　　　　5,000万円 × 0.9 × 0.030 × 12/12 ＝ 1,350,000円

　　ロ 資本的支出部分の計算

　　　　（取得価額）（旧定額法償却率）

　　　　500万円 × 0.9 × 0.030 × 6/12 ＝ 67,500円

　　※資本的支出があった年分は、本体と資本的支出部分を区分して計算します。

　② 平成31年分の計算

　　　　　（取得価額）　　　（旧定額法償却率）

　　（5,000万円＋500万円） × 0.9 × 0.030 × 12/12 ＝ 1,485,000円

5-3 定率法を採用している減価償却資産に資本的支出をした場合の減価償却費の計算方法

質問

私は、平成30年1月、アパートの外構について、次の内容で資本的支出を行いました。

この場合、不動産所得の金額の計算上必要経費に算入される減価償却費は、どのように計算すればよいでしょうか。

［資本的支出を行った減価償却資産（本体）］

取得年月　平成28年1月　　取得価額700万円

耐用年数　47年　　　　　　定率法　償却率0.043

［資本的支出］

支出年月　平成30年1月　　支出した金額100万円

耐用年数　47年　　　　　　定率法　償却率0.043

回答

定率法を採用している減価償却資産について資本的支出を行った場合の減価償却費については、次のいずれかの計算方法を選択できます。

1　資本的支出を行った減価償却資産と種類及び耐用年数を同じくする減価償却資産を新たに取得したものとして償却費を計算します（所令127①）。（原則）

2　資本的支出を行った年の翌年1月1日において、その資本的支出を行った減価償却資産の期首未償却残高とその資本的支出により取得したものとされた減価償却資産の期首未償却残高との合計額をその取得価額とする一の減価償却資産を新たに取得したものとすることができます（所令127④）。（特例）

なお、具体的な計算方法は、解説のとおりです。

解　説

1 資本的支出をした場合の減価償却費の計算方法（原則）

　平成19年4月1日後に行った資本的支出は、原則として、その資本的支出に係る金額を一の減価償却資産の取得価額として、その資本的支出を行った減価償却資産と種類及び耐用年数を同じくする減価償却資産を新たに取得したものとして、定額法又は定率法等により償却費を計算します（所令127①）。

2 定率法を採用している減価償却資産に資本的支出を行った場合の特例

　定率法を採用している減価償却資産に資本的支出を行った場合には、その支出した年の翌年1月1日において、その資本的支出を行った減価償却資産の期首未償却残高とその資本的支出により取得したものとされた減価償却資産の期首未償却残高との合計額をその取得価額とする一の減価償却資産を新たに取得したものとすることができます（所令127④）。

　この場合、翌年1月1日を取得の日として、その資本的支出を行った減価償却資産の種類及び耐用年数に基づいて償却を行います。

　ただし、250％定率法により償却を行っている平成19年4月1日以後平成24年3月31日までに取得した減価償却資産（「旧資産」）に平成24年4月1日以後に資本的支出を行った場合、その資本的支出により取得したものとされた減価償却資産（「新資産」）は200％定率法により償却を行うため、旧資産と新資産とを一の減価償却資産とすることはできないこととされ、上記の特例の適用はありません（所令127④かっこ書）。

　ご質問における具体的な計算は次のとおりです。

(1)　計算（原則）

　　①　平成30年分の計算

　　　イ　本体の計算

　　　　（期首未償却残高）（償却率）　　　　（償却額）（期末未償却残高）

　　　　　6,410,943円　×　0.043　×　12/12　＝　275,671円　6,135,272円

　　　ロ　資本的支出部分の計算

　　　　　　（取得価額）　（償却率）　　　　　　（償却額）（期末未償却残高）
　　　　　　1,000,000円 × 0.043 × 12/12 ＝ 43,000円　　957,000円
　　② 平成31年分の計算
　　　平成30年分と同様、本体部分及び資本的支出部分の償却費の額をそれぞれ別個に計算します。
(2) 計算（特例）
　　① 平成30年分の計算
　　　イ　本体の計算
　　　　　（期首未償却残高）（償却率）　　　　　（償却額）　（期末未償却残高）
　　　　　　6,410,943円 × 0.043 × 12/12 ＝ 275,671円　　6,135,272円
　　　ロ　資本的支出部分の計算
　　　　　（取得価額）　（償却率）　　　　　　（償却額）　（期末未償却残高）
　　　　　　1,000,000円 × 0.043 × 12/12 ＝ 43,000円　　957,000円
　　② 平成31年分の計算
　　　　　　　（取得価額）　　（償却率）　　　　（償却額）（期末未償却残高）
　　　　（6,135,272円＋957,000円）× 0.043 × 12/12 ＝ 304,968円　　6,787,304円

5-4　資本的支出と修繕費の区分の特例

質問

　私はアパートを所有していますが、建物の劣化防止のために屋根の防水工事を行い、費用として500万円を支出しました。
　この工事に要した費用が資本的支出になるのか修繕費になるのかが明らかではありません。
　このような場合は、どのように取り扱えばよいのでしょうか。
　なお、アパートは3,000万円で取得していますが、これまでに資本的支出はありません。

回答

支出した金額500万円のうち150万円を修繕費の金額とし、残額の350万円を資本的支出の金額とすることができます。

解説

1 形式基準による修繕費の判定

一の計画に基づき同一の固定資産について行う修理、改良等（以下「一の修理、改良等」という。）のために要した金額のうちに、資本的支出であるか修繕費であるかが明らかでない金額があり、その金額が次のいずれかに該当する場合において、その修理、改良等のために要した金額を修繕費の額として、その業務に係る所得の金額を計算し、それに基づいて確定申告を行っているときは、これを認めることとされています（所基通37－13）。

(1) その金額が60万円に満たない場合
(2) その金額がその修理、改良等に係る固定資産の前年12月31日における取得価額のおおむね10％相当額以下である場合

(注) 上記の「前年12月31日における取得価額」とは、前年12月31日に有する固定資産の当初取得価額に、当該資産につき過去に支出された資本的支出の額を加算したものであり、その一部に除却があったときは、その除却価額に対応する取得価額を控除した金額とされています（以下の「2」においても同じ。）。

2 資本的支出と修繕費の区分の特例

一の修理、改良等のために要した金額のうちに資本的支出と修繕費の区分が明らかでない金額がある場合は、次のいずれか少ない金額を修繕費とし、残余の額を資本的支出の額として、継続してその業務に係る所得金額を計算し、それに基づいて確定申告を行っているときは、これを認めることとされています（所基通37－14）。

(1) その修理、改良等に要した金額の30％相当額
(2) その修理、改良等をした固定資産の前年12月31日における取得価額の10％相当額

なお、この特例の適用に当たっては、所得税基本通達37-12《少額又は周期の短い費用の必要経費算入》、37-12の2《災害の復旧費用の必要経費算入》、37-13《形式基準による修繕費の判定》及び37-14の2《災害の場合の原状回復のための費用の特例》の適用がある支出額については、これらの取扱いが優先されることに留意する必要があります

ご質問の場合、修繕費の金額及び資本的支出の金額は次のように計算されます。

① 修繕費の金額　150万円

算式

(工事費用)　　　　　(アパートの取得価額)
500万円 × 30% ＜ 3,000万円 × 10%

② 資本的支出の金額
500万円－150万円＝350万円

5-5　修繕費の判定

質問

私はアパート経営をしていますが、アパートの外壁(タイル貼り)のタイルが一部はく離したため、その部分の修理工事と非常階段の手すり部分のさび防止のための塗装工事を行いました。

これらの工事に支出した費用の金額は、どのように取り扱えばよいのでしょうか。

回答

アパートの通常の維持管理のために支出する費用と認められますから、修繕費として取り扱って差し支えありません。

解　説

1　修繕費

　修繕費として必要経費に算入される金額については、業務の用に供されている固定資産の修理、改良等のために支出した金額のうち、通常の維持管理のため、又は災害等により毀損した固定資産の原状回復のために要した費用と認められる部分の金額（資産損失及び雑損控除の規定の適用を受けた部分の金額を除く。）をいうとされ、次に掲げるような金額は修繕費に該当します（所基通37－11）。

(1) 建物の移えい又は解体をした場合におけるその移えい又は移築に要した費用の額

　　ただし、解体移築にあっては、旧資材の70％以上がその性質上再使用できる場合であって、当該旧資材をそのまま使用して従前の建物と同一の規模及び構造の建物を再建築するものに限ります。

(2) 機械装置の移設に要した費用（解体費を含む。）の額

(3) 地盤沈下した土地を沈下前の状態に回復するために行う地盛りに要した費用の額

(4) 建物、機械装置等が地盤沈下により海水等の浸害を受けることとなったために行う床上げ、地上げ又は移設に要した費用の額

　　ただし、その床上工事等が従来の床面の構造、材質等を改良するものである等明らかに改良工事であると認められる場合を除きます。

(5) 現に使用している土地の水はけを良くするなどのために行う砂利、砕石等の敷設に要した費用の額及び砂利道又は砂利路面に、砂利、砕石等を補充するために要した費用の額

　ご質問の場合、外壁（タイル貼り）のはく離した部分のタイル張替工事は原状回復のために支出した費用であり、また、非常階段の手すり部分のさび防止のための塗装工事も通常の維持管理のために支出した費用ということができますから、いずれもアパートの使用可能期間を延長させたり、その価値を増加させたりするものではないと考えられます。

　したがって、これらの工事のために支出した費用は、修繕費として取り扱っ

て差し支えありません。

2 形式基準による修繕費の判定

一の修理、改良等のために要した金額のうちに資本的支出であるか修繕費であるかが明らかでない金額があり、その金額が次のいずれかに該当する場合には、その業務に係る所得の金額の計算上、修繕費に計上して確定申告しているときはこれが認められます（所基通37－13）。

① その金額が60万円に満たないこと
② その金額がその修理、改良等に係る固定資産の前年12月31日における取得価額のおおむね10％相当額以下であること

なお、修繕費であるか否かの判定が困難な場合の取扱いについては、上記の取扱いのほか、「災害の復旧費用の必要経費算入（所基通37－12の2）」、「資本的支出と修繕費の区分の特例（所基通37－14）」及び「災害の場合の原状回復のための費用の特例（所基通37－14の2）」などがあります。

5-6 少額又は周期の短い費用の必要経費算入

質問

私は不動産所得者ですが、アパートの非常階段が劣化したため改良工事を行い、工事費用として18万円を支払いました。

建物の避難階段の取付け等の金額は資本的支出に該当するとのことですが、この改良工事のために支出した費用は、建物への資本的支出として処理することになりますか。

回答

全額を修繕費として、不動産所得の金額の計算上必要経費に算入することができます。

解説

1 修繕費に含まれる費用

　業務の用に供されている固定資産の修理、改良等のために支出した金額のうち、その固定資産の通常の維持管理のため、又は災害等により毀損した固定資産につきその原状を回復するために要したと認められる部分の金額（ただし、資産損失及び雑損控除の規定の適用を受けた部分の金額を除く。）が修繕費の額となるとされています（所基通37－11）。

2 少額又は周期の短い費用の必要経費算入

　一の計画に基づき同一の固定資産について行う修理、改良等（以下「一の修理、改良等」という。）が次のいずれかに該当する場合において、その修理、改良等のために要した金額を修繕費の額としてその業務に係る所得の金額を計算し、それに基づいて確定申告を行っているときは、これを認めることとされています（所基通37－12）。

(1)　その一の修理、改良等のために要した金額（その一の修理、改良等が2以上の年にわたって行われるときは、各年ごとに要した金額）が20万円に満たない金額

(2)　その修理、改良等がおおむね3年以内の期間を周期として行われることが既往の実績その他の事情からみて明らかな場合

(注)「同一の固定資産」が、一の設備が2以上の資産によって構成されている場合には、当該一の設備を構成する個々の資産とし、送配管、送配電線、伝導装置等のように一定規模でなければその機能を発揮できないものについては、その最小規模として合理的に区分した区分ごととします。

　つまり、一の修理、改良等について、その費用の額が20万円未満又は3年以内の期間を周期として行われる限り、仮にその修理、改良等が資本的支出に当たる場合であっても、修繕費として支出した年の必要経費に算入することができるということになります。

　ご質問の場合、非常階段は建物の一部であり、その改良工事の費用の額は20万円未満ですから、修繕費として必要経費に算入することができます。

5-7 災害による復旧費用の必要経費算入

質問

私は、集中豪雨によりアパートが被災したため、直ちにアパートの補強工事や土砂崩れ防止工事を行い、二次的災害に備えました。

これらの工事のために支出した費用は、どのように取り扱えばよいのでしょうか。

回答

災害により被災した固定資産の被災前の効用を維持するために行う補強工事、排水又は土砂崩れ防止工事等のために支出した費用の額は、修繕費として必要経費に算入することができます。

解説

1 災害の復旧費用の必要経費算入

災害により損害を受けた固定資産について、その原状回復のために支出する費用（ただし、資産損失及び雑損控除の規定の適用を受けた部分の金額を除く。）は、修繕費として取り扱われています（所基通37－11）。

しかし、被災した固定資産について行う補強工事等の費用については、資本的支出と修繕費の区分が困難な場合が多く、また、二次的被害を回避するために行う補強工事等は、同様の災害による被災固定資産の被害拡大を防止するためのものであり、必ずしも資本的支出のように使用可能期間を延長させたり、その資産の価値を増加させるものとはいえない面があります。

このため、被災した固定資産の被災前の効用を維持するために行う補強工事、排水又は土砂崩れ防止工事等のために支出した費用の額（ただし、資産損失及び雑損控除の規定の適用を受けた部分の金額を除く。）を修繕費の額として、その業務に係る所得の金額を計算し、それに基づき確定申告を行っているときは、これが認められます（所基通37－12の2）。

ご質問の場合、補強工事及び土砂崩れ防止工事は、二次的災害を回避する

ために行ったものと認められますから、これらの工事に係る費用は修繕費として、不動産所得の金額の計算上必要経費に算入することができます。

2 災害の場合の原状回復のための費用の特例

　災害により損害を受けた固定資産については、その原状回復のための工事に限らず、被災前よりもその価値を増加させるような工事を行うこともありますが、このような場合、これらの工事に支出する費用のうち修繕費に当たる部分の金額がいくらであるかの判定が困難な場合が多く見受けられます。

　このため、災害により損壊した業務の用に供されている固定資産について支出した費用で、その費用の額を修繕その他の原状回復のために支出した部分の額とその他の部分の額とに区分することが困難なものについては、その損壊により生じた損失につき、その費用の額の30％相当額を原状回復のために支出した部分の額とし、残余の額を資本的支出の部分の額とすることができます（ただし、その損壊により生じた損失につき雑損控除の適用を受ける場合を除く。）（所基通37－14の2）。

第 6 章

資産損失

6-1 土地と共に取得した建物の取壊し費用等の取扱い

質問

私は、前年の3月に土地と建物（アパート）を取得して、賃貸していましたが、地域住民のため保育園を設立することとなり、本年1月にアパートを取り壊して園舎を建築しました。

この場合、アパートの取得価額及び取壊し費用等は、本年の不動産所得の金額の計算上必要経費に算入することができますか。

回答

保育園を設立するに至る事情にもよりますが、当初は土地と共に取得した建物を使用してアパート経営を行っていたが、その後のやむを得ない事情により、アパート経営を断念して保育園を設立することとなったような場合であれば、当該建物の取得価額（帳簿価額）及び取壊し費用等は、本年の不動産所得の金額の計算上必要経費に算入できるものと考えます。

解説

1 土地等と共に取得した建物等の取壊し費用等

所得税基本通達38-1は、自己の有する土地の上に存する借地人の建物等を取得した場合又は建物等の存する土地（借地権を含む。）をその建物等と共に取得した場合において、その取得後おおむね1年以内に当該建物等の取壊しに着手するなど、その取得が当初からその建物等を取壊して土地を利用する目的であることが明らかであると認められるときは、当該建物等の取得に要した金額及び取壊しに要した費用の額の合計額（発生資材がある場合には、その発生資材の価額を控除した残額）は、当該土地の取得価額に算入すると定めています。

本通達は、土地等と共に建物等を取得した直後に建物等を取り壊すような場合は、土地等のみの価値に着目して取得したものということができるため、土地等と建物等の取得が当初から当該建物等を取り壊して土地等を利用する

目的であることが明らかであると認められるときは、当該建物等の取得価額及び取壊し費用等は、当該土地等の取得価額に算入することにしたものとされています。

　なお、本通達は、「その取得後おおむね１年以内に当該建物等の取壊しに着手するなど」と例示していますから、その取得から１年を経過した場合であっても、当初から建物を取り壊す目的で土地を取得しているときには、建物の取得価額及び取壊しの費用は、土地の取得価額に含まれることになります。

2　所得税基本通達38－１の適用範囲

　上記１のとおり、所得税基本通達38－１の規定は、土地等と建物等の取得が「当初からその建物等を取壊して土地を利用する目的であることが明らかであると認められるとき」に適用されることになります。

　したがって、例えば、当初から取り壊す目的で土地と共に取得した建物については、取り壊すまでの間一時的に事業の用に供していたとしても、当該建物の取得価額及び取壊し費用等は、必要経費にはならず、当該土地の取得価額に算入することになります（この場合、事業の用に供していた期間の建物の減価償却費相当額は、当該建物の取得価額を当該土地の取得価額に算入することから、必要経費に算入できません。）。

　反対に、土地と共に取得した建物を使用してアパート経営を行っていたが、中古の建物であったため建て直すために取り壊した場合や、当初は土地と共に取得した建物を不動産賃貸業に使用する目的でいたが、その後やむを得ない事情が生じたことにより、その使用をあきらめなければならないような場合などには、その取得後おおむね１年以内に当該建物を取り壊したときであっても、当該建物の取得価額（帳簿価額）及び取壊し費用等は、当該土地の取得価額に含めないで、取り壊した日の属する年分の必要経費に算入することができることとなるものと考えます。

3　質問のケース

　ご質問の場合は、土地と共に取得した建物（アパート）を１年以内に取り壊していますが、保育園を設立して園舎を建築する計画の下、当初から当該

建物を使用するのではなく当該土地の利用のために取得したものである場合には、当該建物を使用して一時的にアパート経営を行っていたとしても、当該建物の取得価額及び取壊し費用等は当該土地の取得価額に加算することになります。

しかし、当初は土地と共に取得した建物を使用してアパート経営を行っていたが、その後のやむを得ない事情により、アパート経営を断念して保育園を設立することとなったような場合には、それが取得後1年以内であったとしても、当該建物の取得価額（帳簿価額）及び取壊し費用等は、不動産所得の金額の計算上必要経費に算入することになるものと考えます。

なお、土地と共に建物を取得するに当たっては、当該建物を取得した目的や取り壊す計画の有無を明らかにしておくとともに、仮に、1年程度で取り壊すことになるような場合には、取壊しに至る経緯、事情等についても記録しておくことが必要と考えます。

6-2 賃貸用建物の取壊し費用

質問

私はアパートが古くなったため、不動産賃貸業を廃止し、アパートを取り壊して、その跡地に自宅を建築することにしました。

この場合、アパートの取壊し費用は、不動産所得の金額の計算上必要経費に算入できますか。

回答

不動産賃貸業を廃止するための残務処理としてアパートを取り壊していますから、建物の取壊し費用等は、不動産所得の金額の計算上必要経費に算入できると考えられます。

解　説

1 「必要経費」の意義

　所得税法37条１項《必要経費》は、その年分の不動産所得の金額、事業所得の金額又は雑所得の金額の計算上必要経費に算入すべき金額は、別段の定めがあるものを除き、これらの所得の総収入金額に係る売上原価その他当該総収入金額を得るため直接に要した費用の額及びその年における販売費、一般管理費その他これらの所得を生ずべき業務について生じた費用（償却費以外の費用でその年において債務の確定しないものを除く。）の額とすると規定しています。

　そして、同項に規定する「その年における販売費、一般管理費その他これらの所得を生ずべき業務について生じた費用」とは、これらの所得を生ずべき業務と直接関係し、かつ、当該業務の遂行上必要なものに限られ、その判断に当たっては、単に当該業務を行う者の主観的判断によるのではなく、当該業務の内容等個別具体的な諸事情に即して社会通念上に従って客観的に行われるべきものとされています。

　したがって、当該費用が業務の遂行上必要であることについて客観性がない場合は、家事費として取り扱われることになります。

2 賃貸用建物の取壊し費用

　アパートなどの建物を賃貸する業務においては、建物の取得、賃借人の募集、賃借人への貸付け及び建物の維持・補修、取壊し・廃棄までが当該業務の一連の流れであることからすると、業務用資産である建物の取壊し費用は、建物の賃貸業を行う上で通常発生する費用ということができます。

　また、賃貸借期間中に業務用資産である建物の取壊し・廃棄を行うことは不可能ですから、当該建物が家事用に転用されたなどの事情がない限りは、賃貸借終了後の建物の取壊し・廃棄は、当該賃貸業務の残務処理的な行為ということができます。

　したがって、賃貸借契約終了後速やかに行われた賃貸用建物の取壊しは、当該建物に係る賃貸業務の残務処理的な行為であり、その取壊し費用は、当

該建物に係る賃貸業務と直接関係し、かつ、当該業務の遂行上必要なものとして、必要経費に該当することになります。

ご質問の場合、アパートの取壊しが賃貸借契約終了後速やかに行われ、当該建物が家事用に転用されたなどの事情がない限り、アパートの取壊し費用は、不動産所得の金額の計算上必要経費に算入できることとなります。

なお、必要経費に算入される取壊し費用は、取壊し後の建物の敷地の利用目的には左右されません。

> **参　考**　平成28年3月3日公表裁決
> 土地の賃貸に当たって行われた造成工事等の費用を不動産所得の必要経費に算入することはできないとの原処分庁の主張を排斥した事例

6-3 アパートに建て替えた場合の居住用家屋の取壊し損失等

質　問

これまで居住していた家屋を取り壊し、その跡地にアパートを建築することになりました。

この場合、居住用の家屋の取壊しによる損失及び取壊し費用は、不動産所得の金額の計算上必要経費に算入することができますか。それとも、新しく建築したアパートの取得価額に算入することができますか。

回　答

居住用家屋の取壊し損失及び取壊し費用は、不動産所得の金額の計算上必要経費に算入することはできませんし、新築したアパートの取得価額にも算入できません。

解　説

1　必要経費の範囲

所得税法37条1項《必要経費》は、その年分の不動産所得の金額、事業所

得の金額又は雑所得の金額の計算上必要経費に算入すべき金額は、別段の定めがあるものを除き、これらの所得の総収入金額に係る売上原価その他当該総収入金額を得るため直接に要した費用の額及びその年における販売費、一般管理費その他これらの所得を生ずべき業務について生じた費用（償却費以外の費用でその年において債務の確定しないものを除く。）の額とすると規定しています。

　そうすると、居住用の建物を取り壊す費用は、アパートを建築して不動産収入を得るために直接に要した費用又は不動産所得を生ずべき業務について生じた費用ということはできませんから、必要経費に算入することはできません。

2　必要経費に算入される資産損失の範囲

　上記1のとおり、所得税法37条《必要経費》は、各種所得の金額の計算上総収入金額から控除される必要経費の範囲を定めていますが、その別段の定めである同法51条は、資産損失について次のとおり規定しています。

> (1)　居住者の営む不動産所得、事業所得又は山林所得を生ずべき事業の用に供される固定資産その他これに準ずる資産で政令で定めるものについて、取壊し、除却、滅失その他の事由により生じた損失の金額（保険金、損害賠償金その他これらに類するものにより補塡される部分の金額及び資産の譲渡により又はこれに関連して生じたものを除く。）は、その者のその損失の生じた日の属する年分の不動産所得の金額、事業所得の金額又は山林所得の金額の計算上、必要経費に算入する（同条①）。
> (2)　居住者の不動産所得若しくは雑所得を生ずべき業務の用に供され又はこれらの所得の基因となる資産（山林及び同法62条1項（生活に通常必要でない資産の災害による損失）に規定する資産を除く。）の損失の金額（保険金、損害賠償金その他これらに類するものにより補塡される部分の金額、資産の譲渡により又はこれに関連して生じたもの及び第1項若しくは第2項又は同法72条1項《雑損控除》に規定するものを除く。）は、それぞれ、その者のその損失の生じた日の属する年分の不動産所得の金額又は雑所得の金額を限度として、当該年分の不動産所得の金額又は雑所得の金額の計算上、必要経費に算入する（同条④）。

　このように、必要経費に算入されるのは、資産の譲渡又はこれに関連して生じた損失を除き、事業用又は事業用以外の業務用の資産について生じた損

失なのであって、居住用の建物を取り壊した場合の損失については、その取壊しの目的が事業又は業務を開始するためであったとしても、家事上の資産を処分したことによる損失（家事費）ということになり、必要経費に算入することはできません。

3 減価償却資産の取得価額等

購入した減価償却資産の取得価額については、所得税法施行令126条1項1号において、①当該資産の購入の代価（引取運賃、荷役費、運送保険料、購入手数料、関税その他当該資産の購入のために要した費用がある場合には、その費用の額を加算した額）、②当該資産を業務の用に供するために直接要した費用の額の合計額と規定されています。

したがって、居住用建物の取壊しによる損失及び取壊しに要した費用は、新築したアパートの取得価額に算入することはできません。

6-4 建築中に滅失した建物の損失

質問

私は事業的規模による不動産貸付業を営んでいますが、新たに賃貸アパートを建築していたところ、災害に遭ったため、事業の用に供さないまま滅失してしまいました。

この場合、建築中の建物の損失は、不動産所得の金額の計算上必要経費に算入できますか。

回答

建築中の建物が事業の用に供されることが客観的に明らかであると認められる場合には、災害により滅失した年分の不動産所得の必要経費に算入することができます。

解説

1 資産損失の必要経費算入

　所得税法51条1項は、不動産所得、事業所得又は山林所得を生ずべき事業の用に供される固定資産その他これに準ずる資産で政令で定めるものについて、取壊し、除却、滅失その他の事由により生じた損失の金額は、その損失の生じた日の属する年分の不動産所得の金額、事業所得の金額又は山林所得の金額の計算上、必要経費に算入すると規定し、また、同条4項は、不動産所得若しくは雑所得を生ずべき業務の用に供され又はこれらの所得の基因となる資産の損失の金額は、それぞれ、その損失の生じた日の属する年分の不動産所得又は雑所得の金額を限度として、当該年分の不動産所得の金額又は雑所得の金額の計算上必要経費に算入すると規定しています。

2 建設中の固定資産等

　所得税法51条は、同条1項に規定する「事業の用に供される固定資産」又は同条4項に規定する「業務の用に供され又はこれらの所得の基因となる資産」についての損失を必要経費に算入できると規定していますが、これらの資産には、その事業又は業務の用に供されることが明らかであると認められる建設（製作又は製造を含む。）中の固定資産も含まれるとされています（所基通51－1）。

　したがって、ご質問の場合、建設中の建物がその完成後において、当該建物の設計の仕様、構造、性質等からみて事業又は業務の用に供するものであり、家事用に使用するものでないことが客観的に明らかであると認められる場合には、その損失は、その損失の生じた日の属する年分の不動産所得の金額の計算上必要経費に算入することができます。

　なお、「事業の用に供される固定資産」又は「業務の用に供され又はこれらの所得の基因となる資産」には、上記の建設中の固定資産のほか、現にかかっていない固定資産であっても、事業又は業務の用に供するために維持補修が行われており、いつでもか動し得る状態にある資産も含まれます（所基通2－16）。

6-5 年の中途で取り壊した減価償却資産の未償却残額と資産損失

質問

私は平成30年6月にアパートを取り壊しましたが、資産損失の計算をする際の未償却残額は、次のいずれの金額になるのでしょうか。

(1) 平成30年6月のアパートの未償却残額　　12,500,000円
(2) 平成29年期末のアパートの未償却残額　　15,000,000円

回答

(1)又は(2)のいずれかの未償却残額を選択することができます。

なお、(1)の未償却残額を選択した場合には、平成30年1月から6月までの償却費に相当する金額2,500,000円を不動産所得の金額の計算上必要経費に算入します。

解説

1 必要経費に算入される資産損失の金額

所得税法51条《資産損失の必要経費算入》に規定する損失の金額の計算の基礎となる固定資産の価額は、当該損失の生じた日にその資産の譲渡があったものとみなして同法38条1項又は2項《譲渡所得の金額の計算上控除する取得費》の規定を適用した場合にその資産の取得費とされる金額(いわゆる未償却残額)に相当する金額とされています(所令142一)。

2 年の中途で譲渡した減価償却資産の償却費の計算

上記1のとおり、資産損失の金額は、譲渡に関連するものを除き、その損失の生じた日の属する年分の各種所得の金額の計算上必要経費に算入することになりますが、この資産損失の金額は、事業又は業務の用に供する固定資産の未償却残額を基に計算することになります(所法51①④、所令142一)。

そして、年の中途において、一の減価償却資産について譲渡があった場合

におけるその年の当該減価償却資産の償却費の額については、当該譲渡の時における償却費の額を譲渡所得の金額の計算上控除する取得費に含めないで、その年分の不動産所得の金額、事業所得の金額、山林所得の金額又は雑所得の金額の計算上必要経費に算入しても差し支えないものとされています（所基通49−54）。

このように、事業又は業務の用に供される減価償却資産を年の中途で譲渡した場合における当該年分の減価償却費の取扱いについては、譲渡所得の取得費として控除するか、必要経費に算入するかは納税者の選択に委ねられており、この取扱いは、資産損失の計算においても同様に取り扱われると解されます。

3 質問のケース

ご質問の場合、資産損失を計算する場合の未償却残額は、納税者の選択により次のとおりになります。

(1) 資産の取壊し等の日までの償却費を不動産所得の必要経費に算入した場合
　① 平成30年分の償却費の額　2,500,000円
　② 資産損失の額　12,500,000円
(2) 前年末（平成29年期末）の未償却残額の場合
　　資産損失の額　15,000,000円

6-6 不動産所得（業務的規模）の基因となる固定資産の取壊し損失

質問

私は、平成30年3月に木造アパート（8室）を取り壊して鉄筋コンクリート造のマンションに建て替え中です。

この場合、平成30年分の不動産所得の金額はどのように計算すればよいでしょうか。

なお、不動産所得に係る収入金額及び必要経費は次のとおりです。
　賃貸料収入　　120万円
　必要経費　　　200万円（取壊しによる除却損失の金額100万円及び取壊し費用の額50万円を含む。）

回答

　あなたの不動産の貸付けは業務的規模ですので、必要経費に算入できる資産損失の金額は、取壊しによる除却損失の金額100万円のうち、平成30分の不動産所得の金額20万円（その資産損失の金額100万円を控除する前）が限度となります。

解説

1　不動産所得における資産損失の取扱い

　所得税法51条《資産損失の必要経費算入》は、不動産所得の基因となる固定資産の損失については、次のとおり規定しています。

> (1)　不動産所得を生ずべき事業の用に供される固定資産について、取り壊し、除却、滅失により生じた損失の金額は、その損失の生じた日の属する年分の不動産所得の金額の計算上必要経費に算入する（1項）。
> (2)　不動産所得を生ずべき業務の用に供され又はその基因となる資産の損失の金額は、その損失の生じた日の属する年分の不動産所得の金額（この項の規定を適用しないで計算した不動産所得の金額とする。）を限度として、当該年分の不動産所得の金額の計算上必要経費に算入する（4項）。

　したがって、不動産所得の基因となる固定資産の取壊し等による損失の金額については、不動産の貸付けが事業的規模である場合には当該損失の全額が必要経費に算入することができますが、業務的規模である場合には、当該損失の金額のうち必要経費に算入できるのは、その年分の不動産所得（当該損失の金額を控除する前）の金額が限度となります。
　なお、取壊し費用は、資産損失の金額ではありませんから、不動産の貸付けの規模にかかわらず、その全額が必要経費に算入できます（所法37）。

2 不動産所得の事業的規模の判定

　所得税基本通達26－9は、建物の貸付けが不動産所得を生ずべき事業として行われているかどうかは、社会通念上事業と称するに至る程度の規模で貸付けを行っているかどうかにより判定すべきであるとした上で、次に掲げる事実のいずれかに該当する場合又は賃貸料の収入の状況、貸付資産の管理の状況等からみてこれらの場合に準ずる事情があると認められる場合には、特に反証がない限り、事業として行われているものと定めています。

> (1)　貸間、アパート等については、貸与することができる独立した室数がおおむね10室以上であること
> (2)　独立家屋の貸付けについては、おおむね5棟以上であること

3 ご質問のケース

　ご質問の場合、木造アパートの取壊し時において貸与する室数は8室ですから、あなたの不動産の貸付けは業務的規模となります。

　したがって、木造アパートの取壊しによる除却損失の額100万円のうち必要経費に算入される金額は、当該損失の金額を必要経費に算入する前の不動産所得の金額20万円（総収入金額120万円－必要経費100万円）が限度となりますから、残余の80万円の資産損失については、必要経費に算入できません。

①　資産損失を必要経費に算入する前の不動産所得の金額
　　総収入金額120万円－必要経費（取壊し費用を含む。）100万円＝20万円
②　平成30年分の不動産所得の金額
　　20万円－20万円（資産損失の金額100万円のうちの20万円）＝0円

6-7 火災により焼失したアパートの損失の計算

質問

　私は、賃貸アパート（事業的規模）を貸し付けていますが、平成30年3月に隣家からのもらい火により建物の半分が焼失してしまいました。

　この場合、平成30年分の不動産所得の金額の計算上必要経費に算入できる

損失の金額はいくらですか。

なお、アパートの取得価額等は、次のとおりです。

取得年月	平成26年5月	取得価額	2,500万円
半焼直前の帳簿価額	2,000万円	半焼直後の時価	500万円
受け取った損害保険金	1,000万円		

回答

平成30年分の不動産所得の金額の計算上必要経費に算入できる資産損失の金額は、500万円となります。

解説

1 事業的規模の場合における必要経費に算入される資産損失

不動産所得、事業所得又は山林所得を生ずべき事務の用に供される固定資産その他これに準ずる資産で政令に定めるものについて、取壊し、除却、滅失（当該資産の損壊による価値の減少を含む。）その他の事由により生じた損失の金額（保険金、損賠賠償金その他これらに類するものにより補填される部分の金額を除く。）は、その者のその損失の生じた日の属する年分の不動産所得の金額、事業所得の金額又は山林所得の金額の計算上、必要経費に算入することができます（所法51①）。

2 必要経費に算入される損失の金額

所得税法51条に規定する資産損失の金額とは、資産そのものについて生じた損失の金額をいい、その損失の金額は、当該資産について所得税法施行令142条《必要経費に算入される資産損失の金額》又は同令143条《昭和27年12月31日以前に取得した資産の損失の金額の特例》の規定を適用して計算した金額からその損失の基因となった事実の発生直後における当該資産の価額及び発生資材の価額の合計額を控除した残額に相当する金額とされていますから、次の算式により計算します（所基通51－2）。

算式

$$\text{令第142条又は令143条に掲げる金額（帳簿価額）} - \left(\text{損失の基因事実の発生直後における当該資産の時価} + \text{発生資材の時価} \right)$$

3 保険金、賠償金に類するものの範囲

　資産の損失の金額から控除すべきこととされている保険金、損害賠償金等に類するものについては、次のようなものが含まれます（所基通51－6）。

(1) 損害保険契約又は火災共済契約に基づき被災者が支払いを受ける見舞金

(2) 資産の損害の補塡を目的とする任意の互助組織から支払いを受ける災害見舞金

　なお、保険金等の額が、損失の生じた年分の確定申告書を提出する時までに確定していない場合には、当該保険金等の見積額に基づいてこれらの規定を適用することとされており、この場合において、後日、当該保険金等の確定額と見積額とが異なることとなったときは、修正申告又は更正の請求により、遡及して各種所得の金額を訂正することになります（所基通51－7）。

4 質問のケース

　ご質問の場合、損失の金額は次のように計算します。

　（半焼直前の価額）（半焼直後の時価）　（保険金等）　（資産損失の金額）
　　（2,000万円　－　　500万円）－ 1,000万円 ＝ 500万円

　なお、発生資材がある場合には、その時価相当額を半焼直後の時価に加算して、半焼直前の価額から控除することになります。

(注) 不動産貸付けが業務的規模で行われている場合の災害による資産損失については、「Q6－8」をご参照ください。

6-8 事業以外の業務用資産の災害による損失

質問

私は年金所得のほかに、貸家による不動産所得（業務的規模）がありますが、火災に遭い貸家を全焼してしまいました。

この場合の損失はどのように取り扱えばよいでしょうか。

なお、焼失した貸家の帳簿価額等は次のとおりです。

貸家の被災直前の帳簿価額	400万円
貸家の被災直前の時価	600万円
貸家の被災直後の価額	0円
災害関連支出（廃材等の処分費用）	50万円
被災により支払われる保険金の額	500万円

回答

不動産所得を生ずべき業務の用に供される資産の災害等による損失は、雑損控除の対象となります。

また、選択により、不動産所得（その損失の金額を必要経費に算入しないで計算した所得金額）を限度として、の必要経費に算入することができます。

解説

1 業務の用に供される資産の損失

不動産所得又は雑所得を生ずべき業務の用に供され又はこれらの所得の基因となる資産の損失の金額は、次に掲げるものを除き、その損失の生じた日の属する年分の不動産所得の金額又は雑所得の金額（その損失の金額を控除しないで計算したこれらの所得の金額をいう。）を限度として、当該年分の不動産所得の金額又は雑所得の金額の計算上必要経費に算入することとされています（所法51④）。

(1) 山林及び生活に通常必要でない資産（所法62①）について生じた損失の金額

(2) 損失の金額のうち、保険金、損害賠償金その他これらに類するものにより補塡される金額
(3) 資産の譲渡又はこれに関連して生じた損失の金額
(4) 雑損控除の対象となる損失の金額

2 雑損控除の対象となる損失

　所得税法72条1項《雑損控除》は、居住者又はその者と生計を一にする一定の親族が有する資産について、災害又は盗難若しくは横領により損害を受けた場合（これに関連してやむを得ない支出をした場合を含む。）において、その年における当該損失の金額が一定の額を超えるときは、その超える部分の金額を雑損控除の額として、その者の総所得金額等から控除できる旨規定しています。
　なお、次に掲げる資産は雑損控除の対象から除かれます（所法72①、所令178①、所法70③）。
(1) 生活に通常必要でない資産
(2) たな卸資産
(3) 不動産所得、事業所得又は山林所得を生ずべき事業の用に供される固定資産及びそれらの事業に関する資産
(4) 山林

3 業務用資産の災害等による損失の取扱い

　上記1及び2のとおり、所得税法51条4項に規定する業務用資産に損失が生じた場合、同項は、当該損失のうち雑損控除の対象となる金額を除くと規定しているため、原則として、災害等による雑損控除の対象となる損失があれば、それ以外の損失の額が資産損失の金額として必要経費に算入されることになります。
　しかし、業務用資産につき災害等による損失が生じた場合において、当該損失の金額及びその災害等に関連して支出した費用の額のすべてを、不動産所得又は雑所得の金額の計算上必要経費に算入しているときは、これを認めることとしています（所基通72-1）。
　したがって、業務用資産の災害等による損失について、所得税法51条4項

《資産損失の必要経費算入》の適用を受けるか、又は同法72条《雑損控除》の適用を受けるかは、納税者の選択に委ねられています。

4　質問のケース

　ご質問の損失の金額について、雑損控除の対象とした場合と必要経費に算入した場合を比較すると次のとおりです。

（1）　雑損控除の対象となる損失の金額は時価ベースで計算すると、次のようになります（所法72、所令206）。

$$
\underset{\substack{\text{雑損控除の対象}\\ \text{となる損失の額}}}{150万円} = (\underset{\substack{\text{被災直前}\\ \text{の時価}}}{600万円} - \underset{\substack{\text{被災直後}\\ \text{の時価}}}{0円}) + \underset{\substack{\text{災害関連}\\ \text{支出}}}{50万円} - \underset{\text{（保険金等）}}{500万円}
$$

（注）雑損控除の対象となる損失の金額の計算において、その資産が減価するものである場合には
　　①　災害等による損失が生じた直前の資産の価額（時価）
　　②　資産の取得価額から減価償却累計額相当額
　　を差し引いた価額（簿価）のいずれかを選択することができます（所令206③）。

（2）　不動産所得の必要経費に算入する方法を選択した場合の資産損失の金額は簿価ベースで計算しますから、次のようになります（所法51④、所令142、所基通51－2）。

$$
\underset{\substack{\text{資産損失の}\\ \text{金額}}}{0円} = (\underset{\substack{\text{被災直前の}\\ \text{帳簿価額}}}{400万円} - \underset{\substack{\text{被災直後の}\\ \text{時価}}}{0円}) - \underset{\text{（保険金等）}}{500万円}
$$

　したがって、必要経費に算入される金額は、災害関連支出の金額50万円のみとなります。そうすると、ご質問の場合は、雑損控除を適用して申告した方が有利になるものと思われます。

　なお、雑損控除の額は、災害関連支出の金額が5万円を超えていますから、次のとおり計算します。

　　雑損控除の金額　＝　損失の金額　－　①及び②のいずれか低い金額
　①　損失の金額－（災害関連支出の金額50万円－5万円）
　②　総所得金額等の金額　×　1／10

第 7 章

支払利子・保険料

7-1 土地を取得するための借入金の利子

質問

私は、借入金でマンションを取得し賃貸しています。

この借入金の利子を全額必要経費に算入すると、不動産所得が赤字になります。

この赤字になった金額を不動産所得の金額として他の所得と損益通算をしてよいですか。

回答

不動産所得の赤字のうち、土地等を取得するために要した借入金の利子に相当する部分の金額は、生じなかったものとみなされ他の所得の金額と損益通算をすることはできません。

解説

1 措置法41条の4の定め

措置法41条の4第1項は、平成4年分以降の各年分の不動産所得の金額の計算上生じた損失の金額がある場合において、当該年分の不動産所得の金額の計算上必要経費に算入した金額のうち不動産所得を生ずべき業務の用に供する土地又は土地の上に存する権利（土地等）を取得するために要した負債の利子の額があるときは、当該損失の金額のうち政令（措令26の6）で定めるところにより計算した金額は、所得税法69条1項《損益通算》の規定その他の所得税に関する法令の規定の適用については生じなかったものとみなすと規定しています。

2 生じなかったものとみなされる金額

措置法施行令26条の6は、措置法41条の4第1項により生じなかったものとみなされる金額を次のとおり規定しています。

① その年分の不動産所得の金額の計算上必要経費に算入した土地等を取得するために要した負債の利子の額が当該不動産所得の金額の計算上生じた損失の金額を超える場合（1項1号）	当該損失の金額
② その年分の不動産所得の金額の計算上必要経費に算入した土地等を取得するために要した負債の利子の額が当該不動産所得の金額の計算上生じた損失の金額以下である場合（1項2号）	当該損失の金額のうち当該負債の利子の額に相当する金額

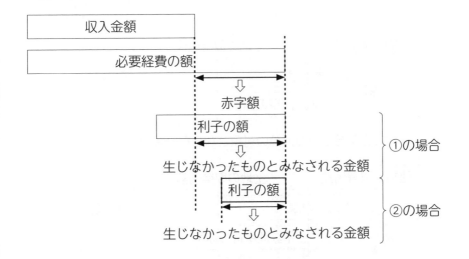

　この規定は、他の所得との損益通算を認めないというものなので、例えば、土地等の取得に要した負債の利子があるために赤字になる不動産と黒字になる不動産がある場合には、不動産所得の中での損益の通算は認められます。

3　土地と建物を一括して借入金で取得した場合

　一の契約により同一の者から土地と建物（その附属設備を含む。）を一括して借入金で取得した場合で、その借入金を土地と建物に区分することができないときは、不動産所得の金額の計算上生じた赤字の金額のうち土地の取得に要した負債の利子の額に相当する部分の金額として生じなかったものとされ損益通算の対象にならない金額は次によることができることとされています（措令26の6②）。

① その借入金の額から建物の取得価額に相当する金額を控除した結果残額がある場合において、その残額の借入金に係る利子の額より不動産所得の金額の計算上生じた赤字の金額の方が少ないとき	その不動産所得の金額の計算上生じた赤字の金額の全額
② その借入金の額から建物の取得価額に相当する金額を控除した結果残額がある場合において、その残額の借入金に係る利子の額より不動産所得の金額の計算上生じた赤字の金額の方が大きいとき	その不動産所得の金額の計算上生じた赤字の額のうち、その残額の借入金に係る利子の額に相当する部分の金額

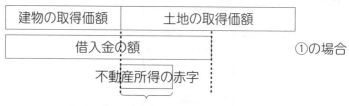

①の場合

この部分が損益通算の対象とならない金額

②の場合

この部分が損益通算の対象とならない金額

4 不動産所得を生ずべき業務の用とそれ以外の用途の両方に使用する建物を土地とともに取得した場合

　措置法通達41の4-1は、不動産所得を生ずべき業務の用と当該業務の用以外の用とに併用する建物（その附属設備を含む。）をその敷地の用に供されている土地等とともに取得した場合における措置法施行令26条の6第2項の規定の適用について次のように定めています。

(1) 当該建物及び当該土地等の取得の対価の額並びにこれらの資産の取得のために要した負債の額を当該業務の遂行のために必要な部分の額とそれ以外の額とに区分する。

(2) (1)の区分をした上で、当該業務の遂行のために必要な部分を基として同項の規定を適用する。

7-2 アパート建築期間中の借入金の利子の取扱い

質問

私は新たに不動産賃貸業を営むため、昨年、銀行から資金を借り入れ、直後にマンションの建設に着手し、本年、マンションが完成し、賃貸を開始しました。

資金を借り入れた直後から借入金の利子を支払っていますが、この借入金の利子は、私の不動産所得の金額を計算する際にどのように取り扱えばよいのですか。

回答

マンションを不動産賃貸業の賃貸用の資産として使用開始した日までの期間に対応する部分の利子の金額については、マンションの取得価額に算入することになります。

使用開始した日以後の利子は、不動産所得の金額の計算上必要経費に算入します。

解説

1 所得税基本通達37-27の定め

所得税基本通達37-27は、業務を営んでいる者が当該業務の用に供する資産の取得のために借り入れた資金の利子は、当該業務に係る各種所得の金額の計算上必要経費に算入する、ただし、当該資産の使用開始の日までの期間に対応する部分の金額については、当該資産の取得価額に算入することができる、と定めています。

同通達（注）は、不動産所得、事業所得、山林所得又は雑所得を生ずべき業務を開始する前に、当該業務の用に供する資産を取得している場合の当該

資産の取得のために借り入れた資金の利子のうち当該業務を開始する前の期間に対応するものは、同通達37－27ではなく、同通達38－8の適用がある旨定めています。

2　所得税基本通達38－8の定め

　所得税基本通達38－8は、固定資産の取得のために借り入れた資金の利子のうち、その資金の借入れの日から当該固定資産の使用開始の日までの期間に対応する部分の金額は、業務の用に供される資産に係るもので、同通達37－27又は37－28により当該業務に係る各種所得の金額の計算上必要経費に算入されたものを除き、当該固定資産の取得費又は取得価額に算入すると定めています。

　「借り入れた資金の利子」には、賦払いの契約により購入した固定資産に係る購入の代価と賦払期間中の利息及び賦払金の回収費用等に相当する金額とが明らかに区分されている場合におけるその利息及び回収費用等に相当する金額を含むものとされています。

3　所得税基本通達37－27、38－8の適用関係

　借入金の利子は、一般的には原価性のないものですが、資産を取得後直ちに業務の用に供することができない場合もあります。このような場合には、その固定資産の取得からその業務の用に供するまでの間は、その実質は、その固定資産の取得行為の一環とみることができます。

　このようなことから、所得税基本通達37－27は、借入金の利子のうち、使用開始までの期間に対応する部分は、当該資産の取得価額に算入することができると定めたものです。

　所得税法における必要経費は、同法37条に該当する費用等をいい、それは、その個人の業務活動上生じたものが必要経費に該当し、個人の業務活動上の費用以外の費用は、家事上の費用として、必要経費にならないということです。

　したがって、全く事業を営んでいない者が、新規に事業を開始するに当たって、その事業の用に供する資産を借入金をもって先行取得しているような場

合には、事業開始前に支出する借入金の利子は家事上の費用に該当し、そのような事業開始前の期間に対応する借入金の利子に、所得税基本通達37－27の適用はないことになります。

このことを、同通達の（注）は明らかにしています。

所得税基本通達38－8は、借入金の利子が家事上の費用とされる場合でも、資産の取得価額に算入される場合があることを定めたものです。

なお、所得税基本通達37－27は、例えば、事業所得を生ずべき事業を営んでいる者が当該事業の用に供する固定資産を借入金で取得した場合に支払うその借入金の利子については適用されますが、その事業を営んでいる者がその事業のほかに、アパートを新築し貸し付けた場合のように、初めて不動産所得を生ずべき業務を開始することとなる場合には、そのアパートの敷地や建物が借入金で取得されているときは、いつから不動産所得を生ずべき業務の用に供されたものかを判断し、その上で、その業務開始以前の期間に対応する借入金の利子については、所得税基本通達37－27ではなく、同通達38－8を適用することになります。

4 所得税基本通達38－8の2の定め

所得税基本通達38－8の2は、同通達38－8に定める「使用開始の日」は次により判定すると定めています。

(1) 土地については、その使用の状況に応じ、それぞれ次に定める日によります。

　イ　新たに建物、構築物等の敷地の用に供するものは、当該建物、構築物等を居住の用、事業の用等に供した日

　ロ　既に建物、構築物等の存するものは、当該建物、構築物等を居住の用、事業の用等に供した日（当該建物、構築物等が当該土地の取得の日前からその者の居住の用、事業の用等に供されており、かつ、引き続きこれらの用に供されるものである場合においては、その土地の取得の日）

　ハ　建物、構築物等の施設を要しないものは、そのものの本来の目的のための使用を開始した日（当該土地がその取得の日前からその者において使用されているものである場合においては、その取得の日）

(2) 建物、構築物並びに機械及び装置（次の(3)に掲げるもの以外のもの）については、そのものの本来の目的のための使用を開始した日（当該資産がその取得の日前からその者において使用されているものである場合においては、その取得の日）によります。
(3) 書画、骨とう、美術工芸品などその資産の性質上取得の時が使用開始の時であると認められる資産については、その取得の日によります。

7-3 家賃収入がない期間の借入金利子の取扱い

質問

私は賃貸用のマンションを1室所有しています。
昨年9月末に賃借人が退去し、新たな入居者の募集を不動産業者に依頼しましたが、年末になるまで新たな入居者がないまま年を越してしまいました。
このように不動産所得の収入がない期間に対応する借入金の利子を不動産所得の金額の計算上必要経費に算入できますか。

回答

不動産所得の収入がない期間であっても、新たな賃借人の募集を行うなど、引き続き不動産貸付けという業務を行っている場合には、不動産所得の金額計算上借入金の利子を必要経費に算入することができます。

解説

1 所得税基本通達37－27の定め

所得税基本通達37－27は、業務を営んでいる者が当該業務の用に供する資産の取得のために借り入れた資金の利子は、当該業務に係る各種所得の金額の計算上必要経費に算入する、ただし、当該資産の使用開始の日までの期間に対応する部分の金額については、当該資産の取得価額に算入することができると定めています。
そうすると、従前の賃借人がマンションから退去し、新たな賃借人が入居

するまでの期間が業務を営んでいる期間ということになれば、その間の借入金の利子は、仮にその間に不動産所得の収入がない場合であっても、不動産所得の必要経費に算入することができるということになり、不動産所得における業務を営んでいる期間が賃貸不動産に賃借人が入居等して実際に収入が発生する期間に限られるということになれば、賃借人が入居していない期間に係る借入金の利子は不動産所得の必要経費に算入することができないということになります。

　この取扱いは、借入金利子の必要経費算入の場合に限られるものではなく、減価償却費等の必要経費算入の場合でも同じです。

2 不動産所得における業務

　不動産を賃貸する業務を営んでいる場合には、常に、100％賃貸不動産に賃借人が入居等しているとは限らず、賃借人が退去してから新しい賃借人が入居するまでの間に空室期間が生ずるのが通常です。

　実務上は、実際に賃貸不動産に賃借人が入居している期間に限らず、従前の賃借人が退去し新しい賃借人を探し新たな賃借人が入居するまでの期間も業務を営んでいる期間として取り扱われています。

　したがって、不動産を賃貸する業務を営んでいる者については、賃借人が退去し、不動産を賃貸する業務を継続する意思を持って、新しい賃借人を探している場合には、空室期間であっても業務を営んでいる期間に該当しますが、不動産を賃貸する業務を継続する意思が一度なくなり、再度、不動産を賃貸する意思を持ち賃貸を始めた場合には、その間の空室期間の借入金の利子は、その間は不動産を賃貸する業務を営んでいないことになるので、不動産所得の必要経費に算入することはできず、単なる家事費に該当するということになります。

　そうすると、どのような場合に引き続き業務を営んでいることになるのかが問題になりますが、一般的には、通常、業務を引き続き行っている場合に行われるであろう行為が実際に行われているか否かによって、引き続き業務を営んでいるのか、あるいは、一度業務が廃止されたのかを判断することになります。

具体的に、どのような行為が「通常、業務を引き続き行っている場合に行われるであろう行為」に当たるかですが、一般的には、新たな賃借人の募集を行うなどの行為がこれに当たるものと考えられます。

3 措置法41条の4の定め

不動産所得の損失の金額のうち、土地等を取得するために要した借入金の利子に相当する部分の金額は、他の所得と損益通算をすることができませんので注意が必要です。

7-4 譲渡した業務用資産に係る借入金利子の取扱い

質問

私は賃貸用のマンションを4棟所有しています。

そのうち、借入金で取得した1棟を譲渡し、譲渡代金で自己の居住用の家屋を新築しました。

この譲渡したマンションの取得に係る借入金の利子を今後も引き続き支払うことになるのですが、その利子は他の3棟のマンションから生じる不動産所得の必要経費になりますか。

回答

譲渡の日における借入金残高のうち、居住用の家屋の取得に充てられた部分に対応する借入金の利子で譲渡した日以後に支払うものは、不動産所得の必要経費に算入することはできません。

解説

1 所得税基本通達37-27の定め

所得税基本通達37-27は、業務を営んでいる者が当該業務の用に供する資産の取得のために借り入れた資金の利子は、当該業務に係る各種所得の金額の計算上必要経費に算入する、ただし、当該資産の使用開始の日までの期間

に対応する部分の金額については、当該資産の取得価額に算入することができると定めています。

2 所得税基本通達38－8の3の定め

　所得税基本通達38－8の3は、借入金により取得した固定資産を使用した後に譲渡した場合には、当該固定資産の使用開始があった日後譲渡の日までの間に使用しなかった期間があるときであっても、当該使用開始があった日後譲渡の日までの期間に対応する借入金の利子については当該固定資産の取得費又は取得価額に算入しないと定めています。

3 所得税基本通達38－8の6の定め

　所得税基本通達38－8の6は、借入金により取得した固定資産を譲渡し、その譲渡代金をもって他の固定資産を取得した場合には、その借入金は、その譲渡の日において、新たに取得した固定資産の取得のために借り入れたものとして取り扱うと定めています。

　ここでいう「その借入金」は、次に掲げる金額のうち最も低い金額に相当する金額になります。

(1) 譲渡の日における借入金の残存額（譲渡資産が借入金により取得した固定資産の一部である場合においては、同通達38－8の5に定めるところにより計算した当該譲渡資産に対応する借入金の残存額）
(2) 譲渡資産の譲渡価額
(3) 新たに取得した固定資産の取得価額

　したがって、借入金の残存額が新たに取得した固定資産の取得価額に満たない場合であっても、譲渡資産の譲渡価額を超えている場合には、新たな固定資産の取得に充てられたものとして取り扱われる借入金の額は、その譲渡資産の譲渡価額までになります。

4 質問のケース

　ご質問のケースでは、マンション1棟を譲渡した譲渡代金で自己の居住用の家屋を取得していますので、所得税基本通達38－8の6によって、借入金

は、譲渡の日において新たに取得した固定資産すなわち自己の居住用の家屋の取得のために借り入れたものとして取り扱われます。

したがって、それ以後に発生する借入金の利子は不動産所得の必要経費にはなりません。

7-5 生計を一にする父からの借入金でアパートを取得した場合の利息の取扱い

質問

私は、いわゆる事業的規模の賃貸マンションを所有し、不動産所得があります。

本年、生計を一にしている父から資金を借り入れ、新たに賃貸用マンションを3室購入しました。

父には、通常の利率で利息を支払っていますが、この利息は私の不動産所得の計算上必要経費に算入できますか。

回答

生計を一にする父親からの借入金の利子は、あなたの不動産所得の金額の計算上必要経費に算入することはできません。

解説

1 所得税基本通達37－27の定め

所得税基本通達37－27は、業務を営んでいる者が当該業務の用に供する資産の取得のために借り入れた資金の利子は、当該業務に係る各種所得の金額の計算上必要経費に算入すると定めています。

2 所得税法56条の定め

所得税法56条は、下記(1)の場合には、下記(2)のとおり取り扱う旨規定しています。

(1) 居住者と生計を一にする配偶者その他の親族がその居住者の営む不動産所得、事業所得又は山林所得を生ずべき事業に従事したことその他の事由により当該事業から対価の支払いを受ける場合
(2) 次のとおり取り扱う。
　イ　配偶者その他の親族が受けた対価に相当する金額は、その居住者の当該事業に係る不動産所得の金額、事業所得の金額又は山林所得の金額の計算上、必要経費に算入しない。
　ロ　その親族のその対価に係る各種所得の金額の計算上必要経費に算入されるべき金額は、その居住者の当該事業に係る不動産所得の金額、事業所得の金額又は山林所得の金額の計算上、必要経費に算入する。
　ハ　その親族が支払を受けた対価の額及びその親族のその対価に係る各種所得の金額の計算上必要経費に算入されるべき金額は、当該各種所得の金額の計算上ないものとみなす。

3　生計を一にする親族

　所得税基本通達2-47は、所得税法に規定する「生計を一にする」とは、必ずしも同一の家屋に起居していることをいうものではないから、次のような場合には、それぞれ次によると定めています。
(1) 勤務、修学、療養等の都合上他の親族と日常の起居を共にしていない親族がいる場合であっても、次に掲げる場合に該当するときは、これらの親族は生計を一にするものとする。
　イ　当該他の親族と日常の起居を共にしていない親族が、勤務、修学等の余暇には当該他の親族のもとで起居を共にすることを常例としている場合
　ロ　これらの親族間において、常に生活費、学資金、療養費等の送金が行われている場合
(2) 親族が同一の家屋に起居している場合には、明らかに互いに独立した生活を営んでいると認められる場合を除き、これらの親族は生計を一にするものとする。

4 質問のケース

　子が未成年の場合には、親子は生計を一にしている場合が多いでしょうが、子が成年の場合には、親子といっても生計を一にしている場合と生計を一にしていない場合と個別に判断が必要になります。

　ご質問の場合には、生計を一にしている父親からの借入金の利子を支払ったということですので、この場合の支払った利子は、所得税法56条の「居住者と生計を一にする配偶者その他の親族がその居住者の営む不動産所得、事業所得又は山林所得を生ずべき事業に従事したことその他の事由により当該事業から支払を受けた対価」（貸付けの対価）に当たり、同条の定めにより、配偶者その他の親族が受けた対価に相当する金額（父親が受けた利息の金額）は、その居住者の当該事業に係る不動産所得の金額、事業所得の金額又は山林所得の金額の計算上、必要経費に算入できないことになります（上記2(2)のイ）。

　それと同時に、父親が金融機関から資金を借り入れてその資金を貸し付けていたという場合には、父親が金融機関に対して支払う利息の金額は、仮に、父親があなたから支払いを受けた利息が父親の所得（雑所得）になった場合には、父親のこの所得の金額の計算上必要経費に算入されることになり、所得税法56条の「その親族のその対価に係る各種所得の金額の計算上必要経費に算入されるべき金額」に該当するので、父親から資金を借り入れたあなたの不動産所得の金額の計算上必要経費に算入されます（上記2(2)のロ）。

　また、同条は、その親族が支払いを受けた対価の額（父親があなたから支払いを受けた利息の額）及びその親族の対価に係る各種所得の金額の計算上必要経費に算入されるべき金額（父親が金融機関からの借入れに対して金融機関に支払う利息相当額）は、当該各種所得（父親の雑所得）の金額の計算上ないものとみなすと規定していますので（上記2(2)ハ）、あなたから父親への利息の支払いによって、父親にこの支払いに係る雑所得は発生しないことになります。

5 不動産所得が事業的規模に至らない規模の場合

　不動産所得に係る所得税法の定めは、不動産所得の規模が事業的規模である場合と事業的規模に至らない規模（業務的規模）の場合に分けて規定しています。

所得税法56条の規定は、不動産所得を生ずべき事業についての規定であり、事業的規模に至らないいわゆる業務的規模の不動産所得の規定ではありません。

　しかしながら、業務的規模の不動産所得の場合においても、実際には、居住者と生計を一にする配偶者その他の親族が当該業務に従事したことその他の事由により当該業務から対価の支払いを受ける場合があります。

　そうすると、業務的規模での不動産所得の場合に所得税法56条の適用があるのかということが問題になります。

　実務的には、所得税法56条の趣旨から、業務的規模の不動産所得についても、同条の規定の適用があるものとして取り扱われているものと思われます。

7-6 ローンで取得した自宅を担保にした借入金でアパートを取得した場合のローンの利息の取扱い

質問

　私は、賃貸アパートを所有し不動産所得があります。ローンで取得した自宅を担保に、本年新しいアパートを1棟取得しました。

　自宅を担保にした借入金でアパートを取得したので、ローンの利息も不動産所得の必要経費になるのではないかという友人がいるのですが、本当に必要経費になりますか。

回答

　自宅のローンの利息は、家事上の経費であり、不動産所得の計算上必要経費に算入することはできません。

解説

1 「必要経費」の意義

　所得税法37条1項は、その年分の不動産所得の金額、事業所得の金額又は雑所得の金額の計算上必要経費に算入すべき金額は、別段の定めがあるもの

を除き、これらの所得の総収入金額に係る売上原価その他当該総収入金額を得るため直接に要した費用の額及びその年における販売費、一般管理費その他これらの所得を生ずべき業務について生じた費用（償却費以外の費用でその年において債務の確定しないものを除く。）の額とすると定めています。

2 家事関連費等の必要経費不算入

　所得税法45条1項は、居住者が支出するもので、その者の不動産所得の金額、事業所得の金額、山林所得の金額又は雑所得の金額の計算上、必要経費に算入しないものを規定していますが、同項1号は、家事上の経費及びこれに関連する経費で政令で定めるものを掲げています。

　そして、同法施行令96条は、（所得税）法45条1項1号に規定する政令で定める経費は、次に掲げる経費以外の経費とすると規定しています。

> (1)　家事上の経費に関連する経費の主たる部分が不動産所得、事業所得、山林所得又は雑所得を生ずべき業務の遂行上必要であり、かつ、その必要である部分を明らかに区分することができる場合における当該部分に相当する経費（所令96一）
> (2)　前号に掲げるもののほか、青色申告書を提出することにつき税務署長の承認を受けている居住者に係る家事上の経費に関連する経費のうち、取引の記録等に基づいて、不動産所得、事業所得又は山林所得を生ずべき業務の遂行上直接必要であったことが明らかにされる部分の金額に相当する経費（所令96二）

3 所得税法と法人税法の相異点

　個人は、専ら利潤追求のための事業活動を目的として消費生活を持たない法人と異なり、生産活動（所得稼得行為）の主体であると同時に消費活動の主体であり、その支出には所得稼得に関連した「必要経費」の性質を持つものがある一方で、消費支出（家事費の支出）があります。

　そこで、法人税法では、法人の所得が「益金」から「損金」を控除して計算される旨を定めれば足りるのに対して、所得税法では、個人の所得の計算について「収入金額」から「必要経費」を控除する一方で、「家事費」は「必要経費」に算入しない旨を明らかにしています。

「家事費」は、所得の処分と考えられるところから理論上も必要経費に算入されることはありませんが、「家事関連費」すなわち「必要経費」の要素と「家事費」の要素が混在しているものの必要経費に算入することができない部分を定めたのが所得税法施行令96条です。

4 所得税基本通達45－1、45－2

 所得税基本通達45－1は、所得税法施行令96条1号に規定する「主たる部分」又は同条2号に規定する「業務の遂行上直接必要であったことが明らかにされる部分」は、業務の内容、経費の内容、家族及び使用人の構成、店舗併用の家屋その他の資産の利用状況等を総合勘案して判定すると定めています。

 例えば、週刊誌のようなものについては、家族のために購入したものか、顧客のために購入したものか（主たる部分が業務のためか否か）を判定する場合にも、その業種が、理容店のように顧客に雑誌を用意しておくのが常態の業種であるか、家族の構成がどうなっているかなどについて総合的に判断するものとされています。

 また、所得税基本通達45－2は、所得税法施行令96条1号に規定する「主たる部分が不動産所得、事業所得、山林所得又は雑所得を生ずべき業務の遂行上必要」であるかどうかは、その支出する金額のうち当該業務の遂行上必要な部分が50％を超えるかどうかにより判定するものとする、ただし、当該必要な部分の金額が50％以下であっても、その必要である部分を明らかに区分することができる場合には、当該必要である部分に相当する金額を必要経費に算入して差し支えないと定めています。

5 質問のケース

 一般に、物の価値には、それを使用する価値と換価・処分する価値（担保として利用する価値もこれに含まれます。）があるといわれています。

 ご質問の場合には、自宅を使用する価値は家事用に使われ、換価・処分する価値が担保として、不動産所得の業務に使われています。

 この状況に所得税法施行令96条、所得税基本通達45－1、45－2を当てはめてみると、自宅のローンの利息は、所得税法45条1項1号に規定する「家

7-7 収用に伴って借入金で代替資産を取得した場合の借入金利子の取扱い

質問

私は賃貸住宅を3棟所有し不動産賃貸業を営んでいます。

本年、そのうちの1棟が収用になり、対価補償金と移転補償金を併せて2億円の支払いを受けました。

この2億円のうちの5,000万円は、知人からの借入金の返済に充てました。

その後、改めて、銀行から5,000万円の借入れをして代替資産を取得しその年のうちに賃貸の用に供しており、確定申告では、「収用等に伴い代替資産を取得した場合の課税の特例」の適用を受ける予定です。

この場合に、銀行から借り入れた5,000万円の利息の取扱いはどうなりますか。

回答

不動産所得の金額の計算上、必要経費に算入されます。

解説

1 措置法33条1項の定め

措置法33条1項は、収用等に伴い代替資産を取得した場合の課税の特例を規定していますが、この特例は個人の所有する資産（棚卸資産、事業所得の基因となる山林並びに雑所得の基因となる土地及び土地の上に存する権利を除く。）で、同項各号に規定するものが当該各号に掲げる場合に該当することとなった場合において、その者が当該各号に規定する補償金、対価又は清算金の額の全部又は一部に相当する金額をもって当該各号に規定する収用等のあった日の属する年の12月31日までに代替資産の取得をしたときに適用されます。

2 措置法33条1項の適用

ご質問のケースでは、補償金の額2億円のうち代替資産の取得に使ったのは2億円から5,000万円を控除した1億5,000万円です。

そうすると、措置法33条1項が適用になるのは、補償金の額2億円なのか、あるいは、実際に代替資産の取得に使った1億5,000万円なのかが問題になります。

措置法33条1項の文言は、補償金等の「全部又は一部に相当する金額をもって」となっており、その意味は、「実際に取得した補償金等の全部又は一部を使って」という意味ではなく、「補償金等の金額の範囲内で」という意味であると解されています。

したがって、2億円の補償金等の支払いを受け、2億円の代替資産を取得しているので2億円について措置法33条1項の適用が受けられることになります。

3 所得税基本通達38-8の8の定め

所得税基本通達38-8の8は、固定資産を借入金により取得した場合において、当該固定資産を代替資産等として措置法33条、33条の2第2項、36条の2、37条又は37条の5の規定の適用を受けるときには、当該借入金の利子は代替資産等の取得費又は取得価額に算入しない、ただし、次に掲げる借入金の利子については同通達38-8の取扱いを適用すると定めています。

(1) これらの規定の適用を受ける譲渡資産の譲渡の日前に借入金により代替資産等を取得した場合
　その借入をした日から当該譲渡資産の譲渡の日までの期間に対応する部分の借入金の利子
(2) 譲渡資産の収入金額が代替資産等の取得価額に満たない場合
　その満たない金額に対応する部分の借入金の利子

4 所得税基本通達37-27、38-8の定め

所得税基本通達37-27は、業務を営んでいる者が当該業務の用に供する資産の取得のために借り入れた資金の利子は、当該業務に係る各種所得の金額

の計算上必要経費に算入する、ただし、当該資産の使用開始の日までの期間に対応する部分の金額については、当該資産の取得費に算入することができると定めています。

また、同通達38－8は、固定資産の取得のために借り入れた資金の利子のうち、その資金の借入の日から当該固定資産の使用開始の日までの期間に対応する部分の金額は、業務の用に供される資産に係るもので、同通達37－27又は37－28により当該業務に係る各種所得の金額の計算上必要経費に算入されたものを除き、当該固定資産の取得費又は取得価額に算入すると定めています。

5 質問のケース

ご質問のケースでは、所得税基本通達38－8の8の(1)及び(2)に該当しないので、同通達により借入金の利子は代替資産の取得費に算入されないことになります。

その結果、所得税基本通達37－27により、この利子は不動産所得の金額の計算上必要経費に算入することになります。

7-8 アパートの持分の2分の1、アパート取得のための借入金の全部を相続した場合

質問

私の父は借入金で取得した賃貸アパートを所有し不動産所得がありましたが、本年他界しました。

相続人は、私の母と私の2人で、賃貸アパートについては、母と私が2分の1ずつ相続し、借入金の残額は私が支払うということで、遺産分割協議が成立しました。

この場合に、私が支払うことになった借入金の利息は、どのように取り扱ったらよいですか。

回 答

借入金の利息の2分の1があなたの不動産所得の金額の計算上、必要経費に算入されます。

解 説

1 相続についての民法の定め

民法907条は、共同相続人は、同法908条の規定により被相続人が遺言で禁じた場合を除き、いつでも、その協議で、遺産の分割をすることができると規定し、また、同法909条は、遺産の分割は、相続開始（民法882条）の時にさかのぼってその効力を生ずる、ただし、第三者の権利を害することはできないと規定しています。

また、同法896条は、相続人は、相続開始の時から、被相続人の財産に属した一切の権利義務を承継すると規定しています。

被相続人の債務が相続開始後どのようになるかについては、債務は法律上当然に相続分に応じて分割され、不可分債務や連帯債務にはならないと考えられています（大審院昭和5年12月4日決定）。

したがって、相続人間で特定の相続人が被相続人の債務のすべてを承継する旨の合意（遺産分割協議）があったとしても、依然として、債権者に対しては各相続人はその相続分に応じた債務を負っていることに変わりはなく、この合意につき債権者が同意しない限りは、債務者間における履行の引受の合意にすぎないということになります。

その結果、相続人間の合意で被相続人の債務のすべてを承継することになった相続人が債権者に対して債務の履行（借入金の返済）を怠ったときには、依然として相続分に応じた債務を負っている他の相続人は債権者に対して、その相続分に応じた金額の債務の弁済をしなければならないことになります。

2 所得税基本通達37－27

所得税基本通達37－27は、業務を営んでいる者が当該業務の用に供する資産の取得のために借り入れた資金の利子は、当該業務に係る各種所得の金額

の計算上必要経費に算入すると定めています。

そうすると、あなたが承継することになった借入金の利子のうちのどの部分があなたの営んでいる業務（不動産賃貸業）の用に供する資産の取得のために借り入れた資金の利子に該当するかということが問題になります。

相続した賃貸アパートは、あなたとその母で持分2分の1ずつ相続していますので、あなたが承継した借入金についても、その2分の1は、賃貸アパートのうち母親が相続した部分（持分2分の1）の取得のために借り入れたもの、残りの2分の1は賃貸アパートのうちあなたが相続した部分（持分2分の1）の取得のために借り入れたものと考えるのが妥当であると思われます。

そうすると、あなたが支払った借入金の利子のうちあなたの不動産所得の金額の計算上必要経費に算入されるのは、その2分の1に相当する金額ということになります。

あなたの母には、相続した賃貸アパートから不動産所得が発生しますが、業務の用に供している資産の取得のために借り入れた資金の利子を支払っていないので、借入金の利子を必要経費にすることはできないことになります。

7-9 借入金で事務所併用住宅を取得し使用していたが、事情により事務所部分を貸し付けようとしている場合の借入金利子

質問

私は、借入金で事務所併用住宅を建設し、事務所部分を自己の個人事業のために使用し、住宅部分を自己の居宅として使用していました。

個人事業が好調で事務所が手狭になったので、新たに少し広い事務所を賃借し、従前の事務所については、賃貸しようと考えています。

新しい事務所に移った後、従前の事務所を賃貸するまでの間の借入金の利子（事務所部分に係るもの）はどのように取り扱ったらよいですか。

回答

新しい事業所に移転すると同時に、従前の事務所について新規入居者の募

集を行っている場合等には、仮に賃借人がいない場合でもその年分の不動産所得の計算上必要経費に算入することができます。

解説

1 所得税基本通達37−27の定め

所得税基本通達37−27は、業務を営んでいる者が当該業務の用に供する資産の取得のために借り入れた資金の利子は、当該業務に係る各種所得の金額の計算上必要経費に算入する、ただし、当該資産の使用開始の日までの期間に対応する部分の金額については、当該資産の取得価額に算入することができると定めています。

2 不動産所得における業務

不動産を賃貸する業務を営んでいる場合には、常に、100％賃貸不動産に賃借人が入居等しているとは限らず、賃借人が退去してから新しい賃借人が入居するまでの間に空室期間が生ずるのが通常です。

実務上は、実際に賃貸不動産に賃借人が入居している期間に限らず、従前の賃借人が退去した後、新たな賃借人が入居するまでの期間も業務を営んでいる期間として取り扱われています。

そうすると、どのような場合に業務を営んでいることになるのかが問題になりますが、一般的には、通常、業務を行っている場合に行われるであろう行為が実際に行われているか否かによって判断することになりますが、具体的には、賃借人の募集を行うなどの行為がこれに当たるものと考えられます。

このことは、新たに不動産賃貸を始める場合にも同様と考えられます。

3 質問のケース

ご質問のケースでは、新しい事業所に移転すると同時に、従前の事務所について新規入居者の募集を行っている場合等にはその時点で業務を始めたものとして、賃借人が入居する前であっても、その年分の不動産所得の計算上必要経費に算入することができることになります。

一方、新しい事務所に移転してから、従前の事務所の賃貸という業務が開

始するまでに期間があいている場合には、その期間の借入金の利子は、個人事業の必要経費にも不動産所得の必要経費にもならないということになります。

4 従前の事務所の賃貸業務が新しい事務所への移転と同時に開始していない場合

　不動産所得、事業所得又は山林所得を生ずべき事業を開始するまでの間に開業準備のために特別に支出する費用は、開業費（所令7①一）として繰延資産（所法2①二十）とされます。

　また、所得税基本通達38－8は、固定資産の取得のために借り入れた資金の利子のうち、その資金の借入れの日から当該固定資産の使用開始の日までの期間に対応する部分の金額は、業務の用に供される資産に係るもので、同通達37－27又は37－28により当該業務に係る各種所得の金額の計算上必要経費に算入されたものを除き、当該固定資産の取得費又は取得価額に算入すると定めています。

　新しい事務所に移転してから従前の事務所の賃貸業務が開始するまでの利子は、開業準備のために特別に支出する費用ではないので、開業費には該当しません。

　また、この利子は、固定資産の取得のために借り入れた資金の利子ではありますが、この資金によって取得した資産は、既に使用されているので、当該固定資産の取得費又は取得価額に算入されることもありません。

7-10 借入金で取得した固定資産を譲渡した場合の借入金利子の取扱い

質問

　私は、借入金で賃貸用のアパートを1棟取得しましたが、このアパートの取得直後に実兄の事業の経営が急に悪化したことがわかり、兄への資金援助のため、この取得したアパートの入居者募集等もせずに売却してしまいました。

アパートを取得するための借入金の利子はどのように取り扱ったらよいですか。

回答

取得したアパートは、取得後使用しないで譲渡されているので、資金の借入れの日から譲渡の日までの期間に対応する部分の金額は、アパートの取得費に算入されます。

解説

1 所得税基本通達38－8の定め

所得税基本通達38－8は、固定資産の取得のために借り入れた資金の利子のうち、その資金の借入れの日から当該固定資産の使用開始の日までの期間に対応する部分の金額は、当該固定資産の取得費又は取得価額に算入すると定めています。

この場合において、固定資産の取得後、当該固定資産を使用しないで譲渡した場合には、資金の借入れの日から当該譲渡の日までの期間に対応する部分の金額が、当該固定資産の取得費又は取得価額に算入されます。

また、同通達37－27は、業務を営んでいる者が業務の用に供する資産の取得のために借り入れた資金の利子は、当該業務に係る各種所得の金額の計算上必要経費に算入すると定めており、この通達により当該業務に係る各種所得の金額の計算上必要経費に算入されたものは、所得税基本通達38－8の定めの対象から除かれます。

ご質問のケースでは、賃貸用のアパートを取得後使用しないまま譲渡していますので、資金の借入れの日から当該譲渡の日までの期間に対応する部分の利子は、当該固定資産の取得費に算入することになります。

2 借入金により取得した固定資産を使用開始後に譲渡した場合

(1) 取得した固定資産を居宅として使用した後に譲渡した場合

借入金により取得した固定資産を居宅として使用するなど業務の用に供することなく業務の用以外の目的で使用した後に譲渡した場合には、

所得税基本通達38－8により、その資金の借入れの日から当該固定資産の使用開始の日までの期間に対応する部分の金額は、当該固定資産の取得費又は取得価額に算入することになります。

(2) 取得した固定資産を業務の用に供した後に譲渡した場合

所得税基本通達37－27により、業務の用に供される資産の取得のために借り入れた資金の利子は、当該業務に係る各種所得の金額の計算上必要経費に算入されます。

結局、固定資産を業務の用に供した後に譲渡した場合には、業務の用に供されていた期間の借入金の利子は、所得税基本通達37－27により、当該業務に係る各種所得の金額の計算上必要経費に算入され、この通達により必要経費に算入されないものは、所得税基本通達38－8により、当該固定資産の取得費又は取得価額に算入されます。

(3) 取得した固定資産を業務の用に供するのを終了した後、時を経過してから譲渡した場合

固定資産を業務の用に供しなくなってから譲渡するまでの間の利子の取扱いは次のとおりです。

所得税基本通達38－8の3は、借入金により取得した固定資産を使用した後に譲渡した場合には、当該固定資産の使用開始があった日後譲渡の日までの間に使用しなかった期間があるときであっても、当該使用開始があった日後譲渡の日までの期間に対応する借入金の利子については当該固定資産の取得費又は取得価額に算入しないと定めています。

したがって、一旦固定資産を業務の用に供した後使用されなくなった期間がある場合の、使用されなくなってから譲渡の日までの間の借入金の利子は、当該固定資産の取得費又は取得価額に算入されないことになりますし、また、当該固定資産が使用されなくなってから譲渡までの間は、当該固定資産は業務の用に供されていないので、所得税基本通達37－27により不動産所得の金額の計算上必要経費に算入することもできません。

この取扱いは、いったん資産の使用が開始された場合には、たとえその後に使用が中断されたとしても、その中断期間中に対応する借入金の

利子とその資産の取得との間に実質的な関連性は認められないとの判断によるものです。

7-11 銀行借入れの条件とされた生命保険の保険料の取扱い

質問

私は、アパートを賃貸し不動産所得があります。

本年、銀行からの借入金でアパートを1棟新築することを計画し、銀行に融資を申し込んだところ、融資の条件として私を保険契約者及び被保険者とする掛捨ての生命保険契約に加入することを提示されました。

この生命保険の保険料は、私の所得税の確定申告においてどのように取り扱ったらよいですか。

回答

保険金の受取人が銀行の場合には、その保険料は不動産所得の金額の計算上必要経費に算入されます。

保険金の受取人が銀行ではなくあなたで、保険金のうち借入金残高に対応する部分に銀行が質権を設定している場合には、その保険料は、不動産所得の金額の計算上必要経費に算入されず、あなたの所得税の確定申告において生命保険料控除の対象にすることになります。

解説

1 生命保険料控除

生命保険料控除は所得税法76条が規定していますが、同条は、生命保険料控除は「新生命保険契約等」に係る保険料若しくは掛金又は「旧生命保険契約等」に係る保険料若しくは掛金を支払った場合に認められるものと規定しています。

同条5項で「新生命保険契約等」、同条6項で「旧生命保険契約等」を定義していますが、その中で、「保険金等の受取人のすべてをその保険料若しくは

掛金の払込みをする者又はその配偶者その他の親族とするもの」という要件がそれぞれ掲げられています。

2 保険金の受取人が銀行の場合

　生命保険料控除の対象となる保険料若しくは掛金の基になる生命保険契約等は、「保険金等の受取人のすべてをその保険料若しくは掛金の払込みをする者又はその配偶者その他の親族とするもの」に限定されています。

　したがって、保険金等の受取人が銀行である場合は、銀行は「保険料若しくは掛金の払込みをする者又はその配偶者その他の親族」に該当しないので、この生命保険契約に係る保険料若しくは掛金は保険料等を支払った者の生命保険料控除の対象にはなりません。

　しかしながら、保険金の全額を、融資をした銀行が受け取ることとされ、生命保険契約がアパートの取得資金の借入れのための担保として締結されたものである場合には、その契約に係る保険料は借入金利息と同様に事業の遂行上必要な費用として、不動産所得の金額の計算上必要経費に算入することになります。

　ご質問のケースでは、既に不動産所得を生ずべき業務を営んでいますが、新たに不動産所得を生ずべき業務を開始することになる場合には、使用開始の日までの期間に対応する部分の金額は、建物の取得価額に算入することになります（所基通38－8）。

3 保険金の受取人のすべてが保険料の払込みをする者又はその配偶者その他の親族である場合

　保険金の受取人が、「保険料の払込みをする者又はその配偶者その他の親族である場合」には、支払った保険料は生命保険料控除の対象になります。

　この場合には、保険金の支払請求権は、保険料の払込みをする者（あるいは相続人）又はその配偶者その他の親族が取得することになり、銀行はこの保険金の支払請求権に質権を設定し、これを、貸付債権の担保としていることになります。

　この場合には、保険料の支払いは直接的には保険金の取得のためのもので

あり、保険料の支払いとその結果取得する保険金の支払請求権に銀行のために質権を設定することとの関係は間接的なものになるので、支払った保険料は、不動産所得の金額の計算上必要経費に算入することはできないことになります。

7-12 火災保険の保険料を借入金で支払った場合の借入金利子の取扱い

質問

私は賃貸アパートに火災保険をかけ、借入金で保険料を一括で支払いました。

この借入金の利息は私の不動産所得の金額の計算上必要経費に算入されますか。

私が加入した火災保険は、保険金の受取人は私で、保険期間は10年、満期返戻金がありその受取人も私です。

回答

保険料の支払額のうち積立保険料に相当する部分とそれに係る借入金の利子は不動産所得の金額の計算上必要経費に算入されません。

保険料の支払額のうち積立保険料以外の部分とそれに係る借入金の利子は、期間の経過に応じて不動産所得の金額の計算上必要経費に算入されます。

解説

1 長期の損害保険契約

所得税基本通達36・37共-18の2は、保険期間が3年以上で、かつ、当該保険期間満了後に満期返戻金を支払う旨の定めのある損害保険契約（長期の損害保険契約）で業務の用に供されている建物等に係る保険料を支払った場合には、当該建物等のうちの業務の用に供されている部分に対応する保険料の金額のうち、積立保険料に相当する部分の金額は保険期間の満了又は保険契

約の解除若しくは失効の時までは、当該業務に係る所得の金額の計算上資産として取り扱うものとし、当該対応する保険料の金額のうち、その他の部分の金額は期間の経過に応じて当該業務に係る所得の金額の計算上必要経費に算入すると定めています。

　この場合において、支払った保険料の金額のうち、積立保険料に相当する部分の金額とその他の部分の金額との区分は、保険料払込案内書、保険証券添付書類等により区分されているところによることとされています。

　長期の損害保険は、いわゆる掛捨ての火災保険と異なり、保険期間が5年、10年、20年と長期であり、保険期間満了時に、払込保険料の全額とか、保険金額の10％とかが満期返戻金として契約者に支払われるものであるため、その支払った保険料が支払時の必要経費に算入できるものかどうかが問題になります。

　上記の通達は、基本的には払込保険料の内容を、満期返戻金の支払いに充てられる積立保険料の部分と、掛捨ての火災保険料の構成要素である危険保険料、付加保険料の部分とに区分し、その年に支払った保険料の金額のうち、前者に対応する部分の金額については保険期間の終了時までは資産として取り扱い、後者に対応する部分の金額についてのみ、未経過期間分の調整を行った上で必要経費に算入することとしたものです。

2　質問のケース

　ご質問のケースでは、保険期間が10年と3年以上で、満期返戻金のある損害保険なので、所得税基本通達36・37共－18の2の「長期の損害保険契約」に該当します。

　したがって、支払った保険料については、保険料払込案内書や保険証券添付書類等によって積立保険料に相当する部分の金額とその他の部分の金額とに区分します。

　そして、積立保険料に相当する部分の金額については資産計上し、その他の部分の金額については、支払った年の月数に応じて必要経費に算入することになります。

　ご質問のケースでは、借入金をして損害保険料を一括で支払っていますが、

そのうち積立保険料に対応する部分の金額は資産を取得するための利子として、不動産所得の金額の計算上必要経費に算入することはできません。

積立保険料以外の部分に対応する借入金の利子は、期間の経過に応じて、該当する年分の不動産所得の金額の計算上必要経費に算入されます。

3 満期返戻金等の支払いを受けた場合

損害保険契約に基づく満期返戻金は一時所得とされます（所基通34－1(4)）。

所得税基本通達36・37共－18の6は、長期の損害保険契約（所基通36・37共－18の2）に基づく、満期返戻金若しくは満期共済金又は解約返戻金の支払いを受けた場合には、当該満期返戻金若しくは満期共済金又は解約返戻金に係る一時所得の金額の計算に当たっては、当該損害保険契約に係る保険料の総額からそのうちのその者の各年分の各種所得の金額の計算上必要経費に算入している部分の金額を控除した残額を、所得税法施行令184条2項2号に規定する「保険料又は掛金の総額」として、同号の規定を適用すると定めています。

4 保険事故の発生により保険金の支払いを受けた場合の積立保険料の処理

所得税基本通達36・37共－18の7は、保険事故又は共済事故の発生による保険金又は共済金（満期共済金を除く。）の支払いにより長期の損害保険契約（所基通36・37共－18の2）が失効した場合には、所得税基本通達36・37共－18の2により資産として取り扱うこととしている積立保険料に相当する部分の金額については、その者が所有する建物等（自己と生計を一にする配偶者その他の親族の所有するものを含む。）に係る保険金又は共済金の支払いを受けた場合には、各種所得の金額の計算上必要経費又は支出した金額に算入しないと定めています。

各年において資産として取り扱われていた積立保険料相当額の累積額については、保険期間が満了して満期返戻金を受け取る場合や保険事故の発生により損害保険金を受け取る場合に、それぞれの所得金額の計算上控除するというのが、所得税基本通達36・37共－18の6及び36・37共－18の7の基本的

な考え方です。つまり、満期返戻金を受け取る場合には一時所得の金額の計算上、資産として取り扱われていた積立保険料相当額の累積額を控除しますが、損害保険金を受け取る場合には、これは非課税所得になるのでこれに対応させて課税所得の金額の計算上は控除しないというものです。

　ただし、賃借建物や使用人の建物に保険を付して自己が保険契約者となっている場合で、保険事故の発生により賃貸人や使用人が保険金を受け取り、契約が失効したときは、対応する収入金額がないので、業務上生じた損失として業務に係る所得の計算上必要経費に算入することになります（所基通36・37共－18の7(2)）。

第 8 章

その他の必要経費

8-1 不動産所得に係る短期前払費用

質問

私は借地上にアパートを建てて不動産貸付業を開始することになりました。期間20年の土地賃借に係る賃料について、土地の所有者との間の契約により、毎年、継続的に地代年額（4月から翌年3月）24万円を3月末に前払いにより支払うこととしています。

この前払費用は、不動産所得の金額の計算上必要経費に算入できますか。

回答

ご質問の前払費用24万円は、所得税基本通達37-30の2に定める「短期の前払費用」に該当するものと認められますから、その支払った日の属する年分の不動産所得の金額の計算上必要経費に算入できるものと考えます。

解説

1 前払費用と必要経費の算入時期

所得税法37条1項は、その年分の不動産所得の金額、事業所得の金額又は雑所得の金額の計算上必要経費に算入すべき金額は、これらの所得の総収入金額に係る売上原価その他当該総収入金額を得るため直接に要した費用の額及びその年における販売費、一般管理費その他これらの所得を生ずべき業務について生じた費用（償却費以外の費用でその年において債務の確定しないものを除く。）の額とすると規定しています。

ところで、前払費用とは、一定の契約に基づき継続的に役務の提供を受けるために支出した費用のうち、その年の12月31日において、いまだ提供を受けていない役務に対応する部分の費用とされていますから、前払費用の額は、原則として、その年分の必要経費に算入されずに役務の提供を受けた年分の必要経費に算入されることになります。

2 所得税基本通達37-30の2《短期の前払費用》

　上記1のとおり、その年に支払った費用のうち前払費用は、その支払った年分の必要経費に算入されません。

　しかし、所得税基本通達37-30の2は、前払費用の額で、その支払った日から1年以内に提供を受ける役務に係るものを支払った場合において、その支払った額に相当する金額を継続してその支払った日の属する年分の必要経費に算入しているときは、これを認めることとしています。

　この通達は、1年以内の短期前払費用について、収益との厳密な期間対応による繰延経理をすることなく、その支払時点で必要経費に算入することを認めるというものであり、企業会計上の重要性の原則に基づく経理処理を税務上も認めるというものです。

　ご質問の場合、契約に基づいて支払った本年4月から翌年3月末までの1年分の地代については、毎年、継続してその支払った日の属する年分の必要経費に算入している限り、認められることになります。

8-2 アパート火災により賃借人に支払った見舞金

質問

　私はアパートを賃貸していますが、このたび、隣接する自宅から出火してアパートが半焼してしまいました。

　このため、私は賃借人に見舞金として各10万円を支払いましたが、この見舞金は不動産所得の金額の計算上必要経費に算入することができますか。

回答

　自宅の出火についてあなたに故意又は重大な過失がなければ、賃借人に支払った見舞金は、その支払った日の属する不動産所得の金額の計算上必要経費に算入することができます。

解 説

1 損害賠償金等の必要経費不算入

　所得税法45条1項7号は、居住者が支出した損害賠償金（これに類するものを含む。）で政令で定めるものの額は、その者の不動産所得の金額、事業所得の金額、山林所得の金額又は雑所得の金額の計算上必要経費に算入しないと規定し、必要経費に算入されない損害賠償金の範囲について、同法施行令98条は、同法45条1項1号に掲げる家事上の経費及びこれに関連する経費に該当する損害賠償金（これに類するものを含む。）のほか、不動産所得、事業所得、山林所得又は雑所得を生ずべき業務に関連して、故意又は重大な過失によって他人の権利を侵害したことにより支払う損害賠償金とすると定めています。

　なお、所得税法45条1項7号かっこ内に規定する「これに類するもの」には、慰謝料、示談金、見舞金等の名目のいかんを問わず、他人に与えた損害を補塡するために支出する一切の費用が含まれます（所基通45－7）。

2 重大な過失があったかどうかの判定

　所得税法施行令98条に規定する重大な過失があったかどうかについては、裁判等により判断が示されている場合はともかく、その判定には困難を伴うことが多いと考えられます。

　このため、所得税基本通達45－8は、重大な過失があったかどうかは、その者の職業、地位、加害当時の周囲の状況、侵害した権利の内容及び取締法規の有無等の具体的な事情を考慮して、その者が支払うべきであった注意義務の程度を判定し、不注意の程度が著しいかどうかにより判定するとして、一般的な考え方を示すとともに、次のような場合には、特別な事情がない限り、それぞれの行為者に重大な過失があったものとする例示を掲げて、判定の一つの目安としています。

(1) 自動車等の運転者が、無免許、酔っ払い、信号無視、スピードの出し過ぎなど道路交通法に定める義務に著しく違反すること
(2) 雇用者が、超過積載や整備不良車の運転を指示するなど道路交通法に定

める使用者の義務に著しく違反すること
(3) 劇薬又は爆発物等を他の薬品又は物品と誤認して販売したこと

　ご質問の場合、あなたに「故意又は重大な過失」があったかどうかは不明ですが、例えば、火災の発生に注意すべき時に、すなわちわずかな注意を払えば容易に火災が予見、防止できるのにもかかわらず非常識な行為をした等の事実がなければ、軽度の過失であり、かつ、賃借人に支払った見舞金の額も社会通念上相当と認められますから、当該見舞金は、その支払った日の属する年分の不動産所得の金額の計算上必要経費に算入することができるものと考えます。

8-3　建物の売買契約の解除に伴い返還されない手付金

質問

　私は不動産所得者ですが、新たに賃貸用の建物を購入する契約を締結して手付金300万円を支払いました。その後、駅近くに立地条件の良い建物が見つかったことから先の契約を解消したため、手付金は違約金として支払うことになりました。
　この売買契約の解除に伴い支出した手付金は、不動産所得の金額の計算上必要経費に算入できますか。

回答

　いったん締結した固定資産の取得に関する契約を解除して他の固定資産を取得したこととした場合に支出する違約金の額は、その年分の不動産所得の金額の計算上必要経費に算入することができます。

解説

1　固定資産の取得費等と資産の譲渡費用

　固定資産の取得費又は取得価額に算入される金額は、その資産の購入の代価その他その資産の取得に直接要した金額のほか、その取得に関連して通常

支払われる仲介手数料、取得のために借り入れた資金の利子なども算入されることになっています（所法38、所基通38－8）。

ところで、固定資産を譲渡するために既に売買契約を締結している場合において、その契約よりも更に有利な条件で他に譲渡するため、その締結している契約を解除したことに伴い支出する違約金その他当該資産の譲渡価額を増加させるため当該譲渡に際して支出した費用は、譲渡費用とするとされています（所基通33－7）。

2 契約解除に伴い支出する違約金

上記1の資産の譲渡とは反対に、いったん締結した固定資産の取得に関する契約を解除して他の固定資産を取得することとした場合に支出する違約金の額は、各種所得の金額の計算上必要経費に算入されたものを除き、当該取得した固定資産の取得費又は取得価額に算入することとされています（所基通38－9の3）。

この通達は、既に契約した固定資産を取得するよりも他の固定資産を取得する方がより有利であると判断された場合には、手付金を没収されたり、違約金を支払ってでも新たな固定資産を取得するということがあることから、その場合の違約金等は、その固定資産の取得との間に実質的な関連性を持ち、かつ、資産の取得のために必要な支出であると認められるため、このような取扱いにしたものとされています。

したがって、ご質問の場合、取得する予定であった建物は、業務の用に供されることが確実であった固定資産ですから、その契約解除に伴い違約金として支出した手付金は、不動産所得の金額の計算上必要経費に算入することができるものと考えます。

なお、建物の売買契約を締結して手付金を支払った後に資金繰りが困難となったため取得を断念した結果、当該手付金を違約金として支払うような場合についても、その取得予定であった建物が譲渡目的ではなく、かつ、不動産貸付けの業務の用に供することが客観的に明らかであると認められるときは、不動産所得の金額の計算上必要経費に算入できるものと考えます。

8-4 賃借人の立退きに際して返還を要しない保証金を返還した場合

質問

私は、賃借人との間で、貸ビルの一室を貸付期間3年、保証金100万円、ただし、この保証金は立退きの時に30％を償却して70万円を返還するとの不動産賃貸借契約を締結しましたが、私の都合により貸ビルを建て替えることになったため、賃借人に保証金の全額を返還しました。

この場合、保証金償却額30万円は、当初契約した年分の不動産所得の金額の計算上総収入金額に計上していますが、遡及して訂正する必要がありますか。

回答

賃借人の立退きに際して返還を要しない保証金を返還した場合は、遡及して収入金額を訂正する必要はなく、その返還した年分の必要経費に算入することになります。

解説

1 返還を要しなくなった敷金等の収入すべき時期

不動産等の貸付けにより、敷金、保証金等の名目で受け取る金額のうち返還を要しない部分の金額は、それぞれ次に掲げる日の属する年分の不動産所得の金額の計算上総収入金額に算入することになります（所基通36-7、Q2-3参照）。

計上すべき金額	収入すべき時期
① 敷金等のうちに不動産等の貸付期間の経過に関係なく返還を要しないこととなっている部分の金額がある場合における当該返還を要しないこととなっている部分の金額	所得税基本通達36-6に定める日

② 敷金等のうちに不動産等の貸付期間の経過に応じて返還を要しないこととなる部分の金額がある場合における当該返還を要しないこととなる部分の金額	当該貸付けに係る契約に定められたところにより当該返還を要しなくなった日
③ 敷金等のうちに不動産等の貸付期間が終了しなければ返還を要しないことが確定しない部分の金額がある場合において、その終了により返還を要しないことが確定した金額	当該不動産等の貸付けが終了した日

2 不動産所得の基因となっていた建物の賃借人に支払った立退料

　不動産所得の基因となっていた建物の賃借人を立ち退かすために支払う立退料は、当該建物の譲渡に際し支出するもの又は当該建物を取り壊してその敷地となっていた土地等を譲渡するために支出するものを除き、その支出した日の属する年分の不動産所得の金額の計算上必要経費に算入することとされています（所基通37－23）。

　ところで、ご質問の場合のように、賃貸人が所有する賃貸用建物を取り壊すため、あるいは、賃借人が賃貸借契約期間満了前に退去する等の理由から、返還を要しないこととなっている敷金等の全部又は一部を返還したような場合における当該返還金は、一種の立退料とも解されます。

　そうすると、上記のとおり、不動産所得の基因となっていた建物の賃借人を立ち退かすために支払う立退料は、その建物の譲渡に際して支出するもの等を除き、その支出した日の属する年分の不動産所得の金額の計算上必要経費に算入することとされていますから、ご質問の返還金30万円は、遡及して総収入金額を訂正する必要はなく、支出した年分の不動産所得の金額の計算上必要経費に算入します。

8-5 信用保証協会に支払う保証料

質問

　私は不動産所得者ですが、事業資金を借りるに当たって、信用保証協会の

保証を受けることになり、保証料として500万円を支払いました。

　この保証料は、支払った年の不動産所得の金額の計算上必要経費に算入できますか。

　なお、借入金の返済期間は25年です。

回　答

　信用保証協会に支払った保証料は、前払費用又は繰延資産として計上することになるため、支払った年にその全額を必要経費に算入することはできません。

解　説

1　繰延資産と前払費用

　所得税法2条1項20号は、繰延資産とは、不動産所得、事業所得、山林所得又は雑所得を生ずべき業務に関し、個人が支出する費用のうち支出の効果がその支出の日以後1年以上に及ぶもので政令で定めるものというと規定し、同法施行令7条1項は、次のとおり繰延資産の範囲を定めています。

> (1) 開業費（不動産所得、事業所得又は山林所得を生ずべき事業を開始するまでの間に開業準備のために特別に支出する費用）
> (2) 開発費（新たな技術若しくは新たな経営組織の採用、資源の開発又は市場の開拓のために特別に支出する費用）
> (3) (1)、(2)のほか次に掲げる費用で支出の効果がその支出の日以後1年以上に及ぶもの
> 　① 公共的施設等の負担金又は共同的施設等の負担金
> 　② 資産の賃借又は使用のために支出する権利金、立退料その他の費用
> 　③ 役務の提供を受けるために支出する権利金等
> 　④ 製品等の広告宣伝用に供する資産を贈与したことにより生ずる費用
> 　⑤ ①から④に掲げる費用のほか、自己が便益を受けるために支出する費用

　また、所得税法施行令7条1項本文かっこ書きは、繰延資産から前払費用は除くと規定するとともに、同条2項において、前払費用とは、個人が一定の契約に基づき継続的に役務の提供を受けるために支出する費用のうち、その支出する日の属する年の12月31日においてまだ提供を受けていない役務に

対応するものをいうと規定しています。

したがって、繰延資産は、役務の提供を受けてその効果がその後に継続しているものであり、前払費用は、役務の提供がまだ行われていないものということになります。

2 信用保証協会の保証料

資金の借入れに際して、信用保証協会に支払う保証料は、保証期間の開始から満了までの間継続して役務の提供を受けるために支出する費用であり、その支出の効果は、その支出の日以後保証期間にわたって及ぶことから、繰延資産に該当するという考え方があります。

また、信用保証協会によっては、借入金を繰上完済すれば支払った保証料の一部を返還されることになっている契約も多いといわれていますが、このような保証料は、継続して役務の提供を受けるために支出した費用であっても、未経過の保証期間に対応する部分の金額は、未だ役務の提供を受けていないことから前払費用とする考え方があります。

ご質問の場合、保証料は、上記のいずれの考え方を採るにしても、一括して支出した日の属する年分の必要経費とすることはできません。

なお、これらの保証料については、次に掲げる経理方法による処理が認められるものと考えます。

(1) 前払金として経理する方法
前年に繰上完済したとした場合に返済を受ける保証料の額と本年に繰上完済したとした場合に返済を受ける保証料の額との差額を本年の必要経費に算入する。
(2) 繰延資産として経理する方法
保証料として支払った金額を、その保証期間(融資を受けている期間)に応じて償却を行いその償却費を各年分の必要経費に算入する。

なお、繰上完済しても保証金の一部が返済されない場合は、上記(2)の方法によります。

8-6 アパートの建替えのために地主に支払う承諾料

質問

私は借地に木造アパートを建てて賃貸していますが、老朽化したため、鉄筋コンクリート造の賃貸ビルに建て替えることにしました。

そこで、地主に相談したところ、賃貸借契約期間内の契約内容の変更となるので、承諾料として200万円を請求されました。

この承諾料は、不動産所得の金額の計算上必要経費に算入できますか。

回答

地主に支払う承諾料は、借地権の取得価額に算入しますから、不動産所得の金額の計算上必要経費に算入することはできません。

解説

1 借地権の取得費

借地権の取得費には、土地の賃貸借契約又は転貸借契約（これらの契約の更新及び更改を含む。以下「借地契約」という。）をするに際して、借地権の対価として土地所有者又は借地権者に支払った金額のほか、次に掲げる金額を含むものとされています（所基通38-12）。

(1) 土地の上に存する建物等を取得した場合におけるその建物等の購入代価のうち借地権の対価と認められる部分の金額（建物等の購入対価のおおむね10％以下の金額であるときは、強いてこれを区分しないで建物等の取得費に含めることができる。）

(2) 賃借した土地の改良のためにした土盛り、地ならし、埋立て等の整地に要した費用の額

(3) 借地契約に当たり支出した手数料その他の費用の額

(4) 建物等を増改築するに当たりその土地の所有者又は借地権者に対して支出した費用の額

2 質問のケース

ご質問の場合、地主に支払う承諾料は、建物等を増改築するに当たりその土地の所有者又は借地権者に対して支出した費用の額（所基通38-12(4)）に該当して、借地権の取得価額を構成することになりますから、その支出した日の属する年の不動産所得の金額の計算上必要経費に算入することはできません。

なお、業務の用に供する土地の借地権又は地役権の存続期間更新のために更新料等を支払った場合は、その更新料等を借地権又は地役権の取得費に算入するとともに、次の算式によって計算した金額を、その更新のあった日の属する年分の不動産所得の金額、事業所得の金額、山林所得の金額又は雑所得の金額の計算上必要経費に算入します（所令182）。

ただし、承諾料や名義書換料について、この取扱いはありません。

$(A+B-C) \times D / E$ ＝借地権等の取得費の必要経費算入額

A　借地権又は地役権の取得費
B　その更新前に支出した改良費（前回までの更新料を含む。）の額
C　取得費のうち前回までに必要経費に算入した額
D　借地権又は地役権の更新料等
E　借地権又は地役権の更新時の価額

8-7　所得税の課税処分に関して支払った弁護士費用

質問

私は不動産賃貸業を営んでいますが、所得税について増額更正処分を受けました。しかし、処分の内容に納得がいかなかったため、弁護士に依頼して不服申立てを行いました。

この場合、弁護士費用は、不動産所得の金額の計算上必要経費に算入することができますか。

回答

所得税の課税処分に関して支払う弁護士費用は、家事費に該当するため、

不動産所得の金額の計算上必要経費に算入することはできません。

解説

1 民事事件に係る弁護士費用等

　業務を営む者が当該業務の遂行上生じた紛争又は当該業務の用に供されている資産につき生じた紛争を解決するために支出した弁護士の報酬その他の費用は、次に掲げるようなものを除き、その支出をした日の属する年分（山林に関するもので、当該山林の管理費その他その育成に要した費用とされるものは、当該山林の伐採又は譲渡の日の属する年分）の当該業務に係る所得の金額の計算上必要経費に算入します（所基通37-25）。

(1) その取得の時において既に紛争の生じている資産に係る当該紛争又はその取得後紛争を生ずることが予想される資産につき生じた当該紛争に係るもので、これらの資産の取得費とされるもの

　（注）これらの資産の取得費とされるものには、例えば、その所有権の帰属につき紛争の生じている資産を購入し、その紛争を解決してその所有権を完全に自己に帰属させた場合の費用や現に第三者が賃借している資産で、それを業務の用に供するため当該第三者を立ち退かせる必要があるものを購入して当該第三者を立ち退かせた場合の費用がある。

(2) 山林又は譲渡所得の基因となる資産の譲渡に関する紛争に係るもの

　（注）譲渡契約の効力に関する紛争において当該契約が成立することとされた場合の費用は、その資産の譲渡に係る所得の金額の計算上譲渡に要した費用とされる。

(3) 所得税法45条1項《家事関連費等の必要経費不算入等》の規定により必要経費に算入されない同項2号から5号までに掲げる租税公課に関する紛争に係るもの

(4) 他人の権利を侵害したことによる損害賠償金（これに類するものを含む。）で、所得税法45条1項の規定により必要経費に算入されない同項7号に掲げるものに関する紛争に係るもの

　なお、この所得税基本通達37-25は、業務に関連して生じた民事紛争を解決するための費用の取扱いについては、民事紛争を類型化して統一的な取扱

いを示すことが困難なことから、執行上の処理の統一を図るため、必要経費に算入されないものを例示的に示しているものとされています。したがって、民事事件に関する弁護士等の費用が必要経費に算入されるかどうかに当たっては、具体的な紛争の内容等についてさまざまな観点から総合勘案して個別に判断しなければならないものと考えます。

2 所得税法45条1項2号から5号《家事関連費等の必要経費不算入等》までの定め

所得税法45条1項の規定により必要経費に算入されない同項2号から5号までに掲げる租税公課は、次のとおりです。

> (1) 所得税（不動産所得、事業所得又は山林所得を生ずべき事業を行う居住者が納付する第131条第3項《確定申告税額の延納に係る利子税》、第136条《延払条件付譲渡に係る所得税額の延納に係る利子税》、第137条の2第12項《国外転出をする場合の譲渡所得等の特例の適用がある場合の納税猶予に係る利子税》又は第137条の3第14項《贈与等により非居住者に資産が移転した場合の譲渡所得等の特例の適用がある場合の納税猶予に係る利子税》の規定による利子税で、その事業についてのこれらの所得に係る所得税の額に対応するものとして政令で定めるものを除く。）（2号）
> (2) 所得税以外の国税に係る延滞税、過少申告加算税、無申告加算税、不納付加算税及び重加算税並びに印紙税法の規定による過怠税（3号）
> (3) 地方税法の規定による道府県民税及び市町村民税（都民税及び特別区民税を含む。）（4号）
> (4) 地方税法の規定による延滞金、過少申告加算金、不申告加算金及び重加算金（5号）

したがって、所得税は家事費であり、所得税法45条1項により必要経費に算入されないと規定されていますから、ご質問の所得税の課税処分に関して支払う弁護士費用も家事費に該当することになり、不動産所得の金額の計算上必要経費に算入することはできません。

8-8 相続の争いに関する弁護士費用と相続登記費用

質問

私は、死亡した父が経営していたアパートを相続しましたが、その相続を巡っては争いがあり、弁護士費用や相続登記をする際の登記費用や登録免許税等300万円を支払いました。

これらの費用は、私の不動産所得の金額の計算上必要経費に算入できますか。

回答

相続の争いに関する弁護士費用は必要経費に算入することができませんが、相続登記に係る登記費用及び登録免許税は、あなたの不動産所得の金額の計算上必要経費に算入することができます。

解説

1 贈与等の際に支出した費用

資産を取得した際の登録免許税等の従前の取扱いとして、賃貸用不動産を購入してこれを賃貸業に使用した場合は、当該不動産の取得の際に納付した登録免許税等は不動産所得の金額の計算上必要経費として扱われてきましたが、贈与、相続又は遺贈(以下「贈与等」という。)により資産を取得した場合は、贈与等という「業務以外の行為」のための支出であり、家事費に該当するとの判断から、登録免許税等は必要経費に算入することはできませんでした。

しかし、平成17年最高裁判決において、非事業用資産(ゴルフ会員権)が贈与された場合に受贈者が支払った費用(名義書換料)の取得費算入を認めた上で、それ以外の費用であっても、例えば、不動産登記費用、不動産取得税、株式の名義書換料など、贈与等の際に通常支出される費用については当該資産の取得費に算入できるものとされました。

これを受けて、所得税基本通達60－2は、所得税法60条1項1号《贈与等

により取得した資産の取得費等》に規定する贈与等により譲渡所得の基因となる資産を取得した場合において、当該贈与等に係る受贈者等が当該資産を取得するために通常必要と認められる費用を支出しているときには、当該費用のうち当該資産に対応する金額については、37－5及び49－3の定めにより各種所得の金額の計算上必要経費に算入された登録免許税、不動産取得税等を除き、当該資産の取得費に算入できると定めています。

しかし、この通達はあくまでも、譲渡所得を計算する上での取得費の範囲について、贈与等の際に支出される「資産を取得するための付随費用」が当該資産の取得費を構成する旨を明らかにしたものであるとされています。

したがって、ご質問の場合、遺産相続を巡る争いのための弁護士費用を支出したとしても、当該費用は、相続人間の紛争を解決するための費用であり、贈与等の際に通常必要と認められる費用とはいえないことから、アパートの取得費を構成するものではないと考えられます。

なお、相続登記に係る登記費用及び登録免許税は、あなたの不動産所得の金額の計算上必要経費に算入することができます。

2 業務の用に供される資産に係る固定資産税等

所得税基本通達37－5は、業務の用に供される資産に係る固定資産税、登録免許税（登録に要する費用を含み、その資産の取得価額に算入されるものを除く。）、不動産取得税、地価税、特別土地保有税、事業所税、自動車取得税等は、当該業務に係る各種所得の金額の計算上必要経費に算入すると定め、当該業務の用に供される資産には、相続、遺贈又は贈与により取得した資産を含むとしています。

3 減価償却資産に係る登録免許税等

所得税基本通達49－3は、減価償却資産について支出する登録免許税及び登記に要する費用について、次の(1)及び(2)以外の資産に係るものは、取得価額に算入しないと定めています。

(1) 特許権、鉱業権のように登録により権利が発生する資産に係るものは、取得価額に算入する。

(2) 船舶、航空機、自動車のように業務の用に供するについて登録を要する資産に係るものは取得価額に算入しないことができる。

8-9 賃貸している建物の明渡し訴訟費用

質問

私は不動産貸付業を営んでいますが、アパートの賃借人が無断で他人に転貸していたため、弁護士に依頼して賃貸借契約の解除と部屋の明渡しを求めています。

この弁護士費用は、不動産所得の金額の計算上必要経費に算入できますか。

回答

業務の用に供されている資産について生じた紛争を解決するために支出した弁護士費用は、その支出した日の属する年分の不動産所得の金額の計算上必要経費に算入することができます。

解説

1 民事事件に関する弁護士費用等

所得税基本通達37-25は、業務を営む者が当該業務の遂行上生じた紛争又は当該業務の用に供されている資産につき生じた紛争を解決するために支出した弁護士の報酬その他の費用は、次に掲げるようなものを除き、その支出をした日の属する年分の当該業務に係る所得の金額の計算上必要経費に算入すると定めています。

(1) その取得の時において既に紛争が生じている資産に係る当該紛争又はその取得後紛争を生ずることが予想される資産につき生じた当該紛争に係るもので、これらの資産の取得費とされるもの

(注) これらの資産の取得費とされるものには、例えば、その所有権の帰属につき紛争の生じている資産を購入し、その紛争を解決してその所有権を完全に自己に帰属させた場合の費用や現に第三者が賃借している資産で、それを業

務の用に供するため当該第三者を立ち退かせる必要があるものを購入して当該第三者を立ち退かせた場合の費用がある。
(2) 山林又は譲渡所得の基因となる資産の譲渡に関する紛争に係るもの
 (注) 譲渡契約の効力に関する紛争において当該契約が成立することとされた場合の費用は、その資産の譲渡に係る所得の金額の計算上譲渡に要した費用とされる。
(3) 所得税法45条1項《家事関連費等の必要経費不算入等》の規定により必要経費に算入されない同項2号から5号までに掲げる租税公課に関する紛争に係るもの
(4) 他人の権利を侵害したことによる損害賠償金(これに類するものを含む。)で、所得税法45条1項の規定により必要経費に算入されない同項7号に掲げるものに関する紛争に係るもの

2 質問のケース

ご質問の弁護士費用は、不動産の業務の用に供されている建物につき生じた紛争を解決するために支出した弁護士費用であり、上記1の(1)から(4)には該当しませんから、当該費用を支出した日の属する年分の不動産所得の金額の計算上必要経費に算入することができます。

なお、民事事件に関する弁護士費用等が必要経費に算入できるかどうかの判断に当たっては、具体的な紛争の内容等についてさまざまな観点から総合勘案して個別に判断しなければならないものと考えます。

8-10 マンション建設に伴い近隣住民に支払った補償金等

質問

私が賃貸マンションを建築するに際して建築業者と締結した建築請負契約には、次のような近隣住民に関する条項があります。
 1 近隣住民に対して日照権の侵害による損害賠償金として金員を支払う。
 2 マンション完成後に電波障害等が判明した場合は、近隣住民に対して

電波障害等の苦情を解決するための補償金として金員を支払う。

これらの金員は、不動産所得の金額の計算上必要経費に算入することができますか。

回答

マンションの建築に際して近隣住民に支払う日照権の侵害による損賠賠償金は、当該マンションの取得価額に算入します。

また、電波障害等の苦情を解決するための補償金は、その支払いが確定した年分の不動産所得の金額の計算上必要経費に算入します。

解説

1 減価償却資産の取得価額

減価償却資産の取得価額については、所得税法施行令126条1項《減価償却資産の取得価額等》において、その減価償却資産の請負業者（購入先）に支払う購入の代価及びその購入のために要した費用のほか、当該減価償却資産を業務の用に供するために直接要した費用の額も含まれると規定しています。

また、資産の取得の際既に紛争のある減価償却資産について、その所有権等を確保するために直接要した訴訟費用等の額は、その資産の取得費とされます（所基通37-25）。

ところで、住民対策費については、法人税基本通達7-3-7において、工場、ビル、マンション等の建設に伴って支出する住民対策費、公害補償費等の費用の額で当初からその支出が予定されているもの（毎年支出することとなる補償金を除く。）については、たとえその支出が建設後に行われるものであっても、当該資産の取得価額に算入すると定められており、この点、所得税法上においても、同様に取り扱うことができるものと考えられることから、減価償却資産を取得するために要する費用として取得価額に算入します。

2 質問のケース

ご質問の場合、近隣住民に対して日照権の侵害により支払う損害賠償金は、マンション建築前から予定されていた支出であることから、マンションを取

得するために要する費用に該当すると考えられます。

電波障害等の苦情を解決するための補償金は、契約条項にはマンションの完成後に電波障害が発生した場合に支払われることとなっており、その支出がマンション建築当初から予定されていたものではないことから、当該補償金は、その支払いが確定した年分の不動産所得の金額の計算上必要経費に算入することとなります。

8-11 マンション建築主が負担する埋蔵文化財の発掘費用

質問

私は不動産賃貸業を営んでいますが、このたび新たに所有地にマンションを建築することとしました。基礎工事に着手したところ、貝塚(埋蔵文化財)が発見され、その発掘費用を私が負担することとなりました。

この費用は、不動産所得の金額の計算上必要経費に算入できますか。

回答

不動産所得を生ずべき業務の用に供する土地について、賃貸マンションの基礎工事中に負担した遺跡の発掘調査費用は、その支出した日の属する年分の不動産所得の金額の計算上必要経費に算入することができるものと考えられます。

解説

1 文化財保護法による発掘調査費用の負担

埋蔵文化財とは、土地に埋蔵されている文化財(主に遺跡といわれている場所)のことですが、埋蔵文化財の存在が知られている土地を周知の埋蔵文化財包蔵地といいます。

文化財保護法では、周知の埋蔵文化財包蔵地において土木工事などの開発事業を行う場合には、文化財保護法に基づく事前の届出等を行う必要があります。

そして、土木工事等の開発事業の届出があった場合、都道府県・政令指定都市の教育委員会はその取扱方法を決めますが、その結果、やむを得ず遺跡を現状のまま保存できない場合には、事前に発掘調査を行って遺跡の記録を保存し、その経費の負担については、開発事業者に協力を求めています。

2　埋蔵文化財の発掘費用

法人税基本通達7－3－11の4は、法人が工場用地等の造成に伴い埋蔵文化財の発掘調査等をするために要した費用の額は、土地の取得価額に算入しないで、その支出した日の属する事業年度の損金の額に算入することができる（ただし、文化財の埋蔵されている土地をその事情を考慮して通常の価額より低い価額で取得したと認められる場合における当該発掘調査等のために要した費用の額については、この限りでない。）としています。

したがって、ご質問のように、不動産賃貸業を営む個人が、自己の所有する土地上に建築する賃貸マンションの基礎工事中に、埋蔵文化財の発掘調査費用の負担を余儀なくされたときは、所得税法上も、法人税基本通達7－3－11の4の取扱いと同様、当該費用は、その支出した日の属する年分の不動産所得の金額の計算上必要経費に算入することができるものと考えられます。

8-12　建築を取り止めた賃貸マンションの設計料

質問

私は、不動産賃貸業を営んでいますが、このたび、新たに賃貸マンションを建築することとなり、その設計を友人の設計士に依頼しました。ところが、その後の資金繰りがつかなくなり、マンションの建築を断念することになりました。

このような場合、建築を取り止めた賃貸マンションに係る既払いの設計料は、不動産所得の金額の計算上必要経費に算入できますか。

回答

新たに取得する予定であった建物が譲渡（転売）目的ではなく、不動産所得を生ずべき業務の用に供する目的であったことが客観的に明らかであると認められる場合には、建築を取り止めた賃貸マンションに係る既払い設計料は、不動産所得の金額の計算上必要経費に算入することができるものと考えます。

解説

1 減価償却資産の取得価額

減価償却資産の取得価額には、資産の購入の代価及びその購入のために要した費用のほか、その資産を業務の用に供するために直接要した費用の額も含まれるとされています（所令126①）。

したがって、建物の取得に伴い支出する費用のうち建物が完成するまでに要した費用、例えば、建物の建築のために行った測量費、調査費、建築設計料、建築確認申請費用、地鎮祭費用、住民対策費などの費用については、建物の取得価額に算入されます。

2 固定資産の取得価額に算入しないことができる費用

法人税においては、建物の建設等のために行った調査、測量、設計、基礎工事等でその建設計画を変更したことにより不要となったものに係る費用の額については、たとえ固定資産の取得に関連して支出するものであっても、これを固定資産の取得価額に算入しないことができるとしています（法基通7－3－3の2(2)）。

この通達においては、建物を建築するために支出した設計料は当該建物の取得価額に算入すべきものですが、建設計画が取り止めになったことにより不要となったというような場合には、いわば計画変更のためにやむを得ず生じた損失であることから、その損失が生じた時点で単純な損金として計上することを認めたものであるとされています。

したがって、ご質問のように、新たな賃貸マンションを建築するために支

出した設計料が、資金繰りの都合により建築が取り止めとなったため、結果として無駄になったというような場合の取扱いについては、所得税法においても、法人税基本通達7－3－3の2と同様に、その支出した日の属する年分の不動産所得の金額の計算上必要経費に算入できるものと考えます。

なお、この場合の設計料については、新たに取得する予定であった建物が譲渡（転売）目的ではなく、不動産所得を生ずべき業務の用に供する目的であることが客観的に明らかであると認められることが必要であると考えます。

8-13 賃借人に支払った立退料

質問

私には不動産所得がありますが、昨年、賃借人に立退料を支払って立ち退いてもらいました。

この立退料は、どのように取り扱えばよいのでしょうか。

回答

賃借人に支払った立退料は、その支出の原因又はその立退料の性格によって、取扱いが異なります。

解説

1 建物の譲渡又は建物を取り壊して敷地を譲渡する際の立退料

所得税基本通達33－7は、所得税法33条3項に規定する「資産の譲渡に要した費用」を定めていますが、借家人等を立ち退かせるための立退料、土地（借地権を含む。）を譲渡するためその土地の上にある建物等の取壊しに要した費用、既に売買契約を締結している資産をさらに有利な条件で他に譲渡するため当該契約を解除したことに伴い支出する違約金その他当該資産の譲渡価額を増加させるため当該譲渡に際して支出した費用は、譲渡費用とされています（所基通33－7(2)）。

したがって、ご質問の場合、賃借人に支払われた立退料が、①建物の譲渡

に際して、その建物の賃借人に立ち退いてもらうために支払われたものであれば、その建物の譲渡に要した費用として、譲渡所得の金額の計算上控除されますし、また、②建物を取り壊してその敷地を譲渡する目的で、その建物の賃借人に立ち退いてもらうために支払われたものであれば、その敷地の譲渡に要した費用として、譲渡所得の金額の計算上控除されます。

2 土地、建物の取得に際して支払う立退料

　所得税基本通達38－11は、土地、建物等の取得に際し、当該土地、建物等を使用していた者に支払う立退料その他その者を立ち退かせるために要した金額は、当該土地、建物等の取得費又は取得価額に算入すると定めています。

　また、同通達49－4は、減価償却資産の取得に際し、当該減価償却資産を使用していた者に支払う立退料その他立ち退かせるために要した金額は、当該減価償却資産の取得価額に算入すると定めています。

　したがって、ご質問の場合、賃借人に支払われた立退料が、新たな土地、建物等の取得に際して、その土地、建物等の賃借人である使用者に立ち退いてもらうために支払われたものであれば、その立退料は当該土地、建物の取得費又は取得価額に算入します。

3 借地の返還に伴って支払われる立退料

　所得税基本通達59－5は、所得税法59条1項に規定する「譲渡所得の基因となる資産の移転」には借地権等の設定は含まれないのであるが、借地の返還は、その返還が次のような理由に基づくものである場合を除き、これに含まれると定めています。

(1)　借地権等の設定に係る契約書において、将来借地を無償で返還することが定められていること。

(2)　当該土地の使用の目的が、単に物品置場、駐車場等として土地を更地のまま使用し、又は仮営業所、仮店舗等の簡易な建物の敷地として使用していたものであること。

(3)　借地上の建物が著しく老朽化したことその他これに類する事由により、借地権が消滅し、又はこれを存続させることが困難であると認められる事

情が生じたこと。

このように、借地権の設定は、譲渡所得の基因となる資産の移転とはされませんが、借地の返還は資産の移転に該当します。

したがって、ご質問の場合、賃借人に支払われた立退料が、貸地の上にある建物を撤去させて土地の賃借人を立ち退かすために支払われたものであれば、いわば借地権の買戻しのための対価ということになり、土地の取得費に算入します。

4 不動産所得の基因となっていた建物の賃借人に支払った立退料

所得税基本通達37−23は、不動産所得の基因となっていた建物の賃借人を立ち退かすために支払う立退料は、当該建物の譲渡に際し支出するもの又は当該建物を取壊してその敷地となっていた土地等を譲渡するために支出するものを除き、その支出した日の属する年分の不動産所得の金額の計算上必要経費に算入すると定めています。

したがって、ご質問の場合、賃借人に支払われた立退料が、不動産所得の基因となっていた建物の賃借人を立ち退かすために支払われたものであり、上記1以外の立退料であれば、その支出した日の属する年分の不動産所得の金額の計算上必要経費に算入します。

8−14 立退料を分割で支払った場合の必要経費算入時期

質問

私は不動産賃貸業を営んでいますが、このたび、古くなった貸ビルを取り壊してマンションを新築するため、賃借人に立ち退いてもらうことになりました。

立退きに伴い、立退料として500万円を次のように支払う契約を締結しましたが、この立退料の必要経費算入の時期はいつになりますか。

1　立退契約の締結日（平成29年10月31日）に300万円を支払う。
2　実際に建物から退去する日（平成30年3月31日）に残金200万円を支払う。

回答

ご質問の立退料は、譲渡所得の金額の計算上譲渡費用となる場合を除き、その支出した日の属する年分の不動産所得の金額の計算上必要経費に算入します。

解説

1 必要経費に算入すべき費用と債務確定の判定

　所得税法37条1項《必要経費》は、その年分の不動産所得の金額、事業所得の金額又は雑所得の金額の計算上必要経費に算入すべき金額は、別段の定めがあるものを除き、これらの所得の総収入金額に係る売上原価その他当該総収入金額を得るため直接に要した費用の額及びその年における販売費、一般管理費その他これらの所得を生ずべき業務について生じた費用（償却費以外の費用でその年において債務の確定しないものを除く。）の額と規定しています。

　そして、必要経費に算入すべき費用の債務確定の判定について、所得税基本通達37-2は、所得税法37条の規定によりその年分の不動産所得の金額、事業所得の金額、山林所得の金額又は雑所得の金額の計算上必要経費に算入すべき償却費以外の費用で、その年において債務が確定しているものとは、別段の定めがあるものを除き、次に掲げる要件の全てに該当するものとするとしています。

(1)　その年12月31日までに当該費用に係る債務が成立していること。

(2)　その年12月31日までに当該債務に基づいて具体的な給付をすべき原因となる事実が発生していること。

(3)　その年12月31日までにその金額を合理的に算定することができるものであること。

　※　年の途中において死亡し又は出国をした場合には、その死亡又は出国の時において判定します。

2 不動産所得の基因となっていた建物の賃借人に支払った立退料

　所得税法37条1項は、その年分の必要経費に算入できる費用は、別段の定

めがあるものを除き、その年において債務が確定しているものに限るとしていますが、必要経費の算入時期に関しては種々具体的な取扱いが定められています。

所得税基本通達37-23は、不動産所得の基因となっていた建物の賃借人を立ち退かすために支払う立退料は、当該建物の譲渡に際し支出するもの又は当該建物を取壊してその敷地となっていた土地等を譲渡するために支出するものを除き、その支出した日の属する年分の不動産所得の金額の計算上必要経費に算入するとしています。

したがって、ご質問の場合、建物の賃借人に支払う立退料は、その建物を譲渡するために支出するものではありませんから、それぞれ立退料を支出する日（平成29年10月31日及び平成30年3月31日）の属する年分の不動産所得の金額の計算上必要経費に算入します。

8-15 土地の不法占拠者を立ち退かせるために要した費用

質問

私は不動産所得者ですが、貸付けの用に供していない土地を不法に占拠している者に対して明渡し訴訟を提起しました。その結果、土地は取り戻しましたが、和解金、強制執行費、弁護士報酬などの費用を支出しました。

これらの訴訟費用等は、不動産所得の金額の計算上必要経費に算入できますか。

回答

業務の用に供されていない資産に生じた紛争を解決するために支出した訴訟費用等は、家事費に該当しますから、不動産所得の金額の計算上必要経費に算入できません。

解説

1 資産に生じた紛争に係る訴訟費用等

　所得税基本通達38－2《所有権等を確保するために要した訴訟費用等》は、取得に関し争いのある資産につきその所有権等を確保するために直接要した訴訟費用、和解費用等の額は、その支出した年分の各種所得の金額の計算上必要経費に算入されたものを除き、資産の取得に要した金額とすると定めています。

　取得に関して争いのある資産に係る訴訟費用等とは、例えば、①その資産の所有権の帰属につき紛争が生じている資産を購入し、その紛争を解決して所有権を完全に自己に帰属させた場合の紛争解決のための訴訟費用等や、②現に第三者が賃借している資産で、それを業務の用に供するため当該第三者を立ち退かせる必要があるものを購入して当該第三者を立ち退かせた場合の紛争解決のための訴訟費用等がありますが、これらの訴訟費用等は、その資産の取得に要した費用と考えられます。

　一方、その資産の完全な所有権を取得した後に他から受けた侵害を排除するために要した訴訟費用等は、その資産の維持・管理のために要した費用と考えることができます。

　そうすると、取得に関して争いのない資産に係る訴訟費用等は、その資産の維持・管理に要する費用に該当するため、その資産の取得費に含めることはできないことになります。

　そして、資産の維持・管理のために要した費用に該当するとされた訴訟費用等のうち、業務用資産に係る訴訟費用等については、所得税基本通達37－25《民事事件に関する費用》は、業務を営む者が当該業務の遂行上生じた紛争又は当該業務の用に供されている資産につき生じた紛争を解決するために支出した弁護士の報酬その他の費用は、その支出した日の属する年分の当該業務に係る所得の金額の計算上必要経費に算入すると定めています。

2 土地の不法占拠に係る訴訟費用

　法的な権利や根拠がなく土地又は家屋を占拠されている場合に、その不法

占拠者を立ち退かせるために直接要した訴訟費用等は、その土地又は家屋の取得に関する争いでない場合には、土地又は家屋の維持・管理のための費用に該当するものと考えられます。

したがって、ご質問の場合、不法占拠されている土地が不動産所得を生ずべき業務の用に供されているのであれば、その不法占拠者を立ち退かせるために直接要した訴訟費用等は、その土地の維持・管理のために要した費用として不動産所得の金額の計算上必要経費に算入できますが、業務の用以外の用に供されている土地であれば、その訴訟費用等は家事費に該当することになりますから、たとえ他の不動産から生ずる所得があったとしても、必要経費に算入することはできません。

8-16 転勤により自宅を賃貸した場合の自己の居住用アパートの支払家賃

質問

私は、転勤に伴い東京にある自宅を賃貸しました。その後、東京に戻ることになったため、賃借人に自宅の明渡しを求めましたが、これに応じてもらえないので自己の居住用アパートを借りました。

この自己の居住用アパートの支払家賃は、不動産所得の金額の計算上必要経費に算入できますか。

回答

自己の居住用アパートの支払家賃は、家事費に該当しますから、不動産所得の金額の計算上必要経費に算入することはできません。

解説

1 不動産所得の必要経費と家事上の経費

不動産所得の金額は、その年中の不動産所得に係る総収入金額から必要経費を控除した金額とされ（所法26②）、その必要経費に算入すべき金額は、不

動産所得の総収入金額に係る売上原価その他当該総収入金額を得るため直接に要した費用の額及びその年における販売費、一般管理費その他不動産所得を生ずべき業務について生じた費用の額とされています（所法37①）。

ところで、個人は、所得稼得行為の主体であると同時に消費経済の主体でもあることから、その支出には所得稼得に関連した必要経費の性質を持つものがある一方で家事費の性質を持つものがあるとされています。

そこで、所得税法45条1項1号は、家事上の経費及び家事関連費で政令で定めるものは必要経費に算入しないと規定しています。

もともと家事費は、所得の処分と考えられることから必要経費に算入されることはないのですが、家事費の要素と必要経費の要素とが混在している家事関連費の取扱いについて、同法施行令96条1項は、家事関連費の主たる部分が不動産所得等の所得を生ずべき業務の遂行上必要であり、かつ、その必要である部分を明らかに区分することができる場合に限り必要経費に算入できると規定しており、それ以外の経費は家事費とされ、必要経費に算入できないとしています。

2 質問のケース

上記1のとおり、不動産所得の金額の計算上必要経費に算入できるのは、不動産所得に係る総収入金額を得るため直接に要した費用及び不動産所得を生ずべき業務について生じた費用の額とされています。

ご質問の場合、賃借人が不動産所得を生ずべき業務の用に供している自宅を明け渡さないために、やむを得ず居住用アパートを借りて家賃を支払ったという事情はありますが、自己の居住のための家賃は、日常生活を営む上で必要とされる生活費の一部であり、家事費に該当しますから、不動産所得の金額の計算上必要経費に算入することはできません。

8-17 賃貸用建物の建築計画を中断している期間の土地に係る費用

質問

　私は、不動産所得者ですが、業務拡大のため賃貸用マンションの建築計画を立て、そのための土地を昨年暮れに先行して取得しました。

　その後、私が体調を崩して長期入院しているため、建築計画は中断したまま未だ工事に着手しておりません。

　この場合、土地を取得するための借入金に係る支払利息及び固定資産税は、不動産所得の金額の計算上必要経費に算入できますか。

回答

　未だ貸付けの用に供されていない期間の土地に係る費用は、不動産所得の金額の計算上必要経費に算入できません。

解説

1　業務用資産の取得のために要した借入金の利子

　現に業務を営んでいる者が、その業務の用に供する資産の取得のための借入金の利子については、原則として、その業務に係る所得金額の計算上必要経費に算入するとされていますが、その資産の使用開始の日までの期間に対応する部分の金額については、その資産の取得価額に算入することもできるとされています（所基通37-27）。

　また、新たに業務を開始しようとする者が、その業務の用に供する資産の取得のための借入金の利子のうち、その業務を開始するまでの期間に対応するものは、未だ業務を行っていない期間の費用ですから、その資産の取得費又は取得価額に算入され（所基通38-8）、業務開始後に減価償却を行うことになります。

2 固定資産税等の必要経費算入

　業務の用に供される資産に係る固定資産税、登録免許税、不動産取得税、地価税、特別土地保有税、事業所税、自動車取得税等は、その業務に係る所得金額の計算上必要経費に算入することができます（所基通37-5）。

3 質問のケース

　上記１及び２のとおり、固定資産を取得するための借入金の利子又は資産に係る租税公課を必要経費に算入できるのは、その資産が業務の用に供される資産であるかどうかということになります。

　ところで、個人の所有する土地には種々の利用法があり、その利用方法等を後に変更することも可能ですから、現に貸付けの用に供されていない土地については、貸付けの用に供されるものであることが外形的、客観的に識別できるような場合にはじめて、当該土地に係る費用は、不動産所得を生ずべき業務について生じた費用であると判定することが可能となるものと考えられます。

　例えば、ご質問の場合のように、不動産事業の拡大のために借入金で土地を取得して賃貸用マンションの建築計画をしていたとしても、その土地を取得した時点では不動産所得を生ずべき業務の用に供される土地といえるかというと必ずしもそうではありません。何らかの事情により、当初の計画を変更して、土地自体を工場用地として貸し付けることもあるでしょうし、結局何もしないで譲渡してしまうこともあり得るからです。

　ご質問の場合、当初は賃貸用マンションを建築する計画のために土地を取得したとしても、その計画は中断したまま工事にも着手していない状態であり、その土地が貸付けの用に供されるものであることが外形的、客観的に識別できるような状況にはないものと考えられます。

　したがって、未だ貸付けの用に供されていない期間の土地に係る借入金の利子及び固定資産税は、不動産所得を生ずべき業務について生じた費用とは認められませんから、不動産所得の金額の計算上必要経費に算入できません。

> **参 考** 東京高裁平成5年12月13日判決（同旨：福岡高裁平成26年4月22日判決）
>
> 　個人で不動産賃貸業を営む者の所有する土地であって、当該年度においては未だ貸付けの用に供されていなかったものについて、固定資産税等がその年度における不動産所得を生ずべき業務について生じた費用として認められるためには、その者が当該土地を貸付けの用に供するとの主観的な意図を有していたということだけでは足りず、当該土地が、その形状、種類、性質その他の状況からして、近い将来において貸付けの用に供されるものと考えられるような客観的な事情が存することが必要というべきである。

8-18　賃貸マンション建築工事の着手金の貸倒れ

質問

　私は不動産賃貸業（事業的規模）を営んでいますが、このたび、自用地に新たな賃貸マンションを建築するため、建設業者のA社に依頼して着手金として2,000万円を支払いました。

　ところが、A社は工事途中で倒産したため、着手金は回収不能となりました。その後、B社に工事を依頼して賃貸マンションは完成しましたが、この工事の明細は次のとおりです。

　この場合、回収不能となった2,000万円の取扱いはどうなりますか。

(1)　回収不能となった着手金　　　　　　　　　　2,000万円
(2)　A社の未完成工事の価額（B社の見積もり）　　 500万円
(3)　B社に支払った工事代金　　　　　　　　　　 9,500万円

回答

　A社に支払った工事着手金2,000万円と同社が行った未完成工事の価額500万円との差額1,500万円を貸倒損失の額として、不動産所得の金額の計算上必要経費に算入します。

　また、A社が行った未完成工事の価額500万円は、賃貸マンションの取得価額に算入します。

解説

1 資産損失の必要経費算入

　居住者の営む不動産所得、事業所得又は山林所得を生ずべき事業について、その事業の遂行上生じた売掛金、貸付金、前渡金その他これらに準ずる債権の貸倒れその他政令で定める事由により生じた損失の金額は、その者のその損失の生じた日の属する年分の不動産所得の金額、事業所得の金額又は山林所得の金額の計算上必要経費に算入することができます（所法51②）。

　また、事業と称するに至らない不動産所得若しくは雑所得を生ずべき業務の用に供され又はこれらの所得の基因となる資産（山林又は生活に通常必要でない資産を除く。）の損失の金額は、その損失の生じた日の属する年分の不動産所得の金額又は雑所得の金額（いずれもその損失の金額を控除する前の金額）を限度として、その年分の不動産所得の金額又は雑所得の金額の計算上必要経費に算入することができます（所法51④）。

2 債権の貸倒れの形態

　事業の遂行上生じた売掛金、貸付金、前渡金等（以下「貸金等」という。）が貸倒れになったというためには、客観的に貸倒れが認識できる事実が必要ですが、その判定等については、次のとおりです。

(1) **貸金等の全部又は一部の切捨てをした場合の貸倒れ**（所基通51-11）

発生した事実	必要経費に算入する金額
① 更生計画認可の決定又は再生計画認可の決定があったこと	これらの決定により切り捨てられることとなった部分の金額
② 特別清算に係る協定の認可の決定があったこと	この決定により切り捨てられることとなった部分の金額
③ 債権者集会における協議決定や行政機関又は金融機関などのあっせんによる当事者間の協議により締結された契約で合理的な基準で切り捨てられたこと	その切り捨てられることとなった部分の金額
④ 債務者の債務超過の状態が相当期間継続し、その弁済が受けられないと認めら	その通知した債務免除額

れる場合において、その債務者に対し債
務免除額を書面で通知したこと

(2) **回収不能の貸金等の貸倒れ**（所基通51－12）

　　貸金等につき、その債務者の資産状況、支払能力等からみてその全額が回収できないことが明らかになった場合には、当該債務者に対して有する貸金等の全額について貸倒れになったものとしてその明らかになった日の属する年分の当該貸金等に係る事業の所得の金額の計算上必要経費に算入する。

3　質問のケース

　ご質問の場合、不動産賃貸業という事業を営むあなたが、賃貸マンションを建築するため、工事の請負業者であるＡ社に支払われた着手金2,000万円は、不動産所得を生ずべき事業の遂行上生じた前渡金と認められますから、その前渡金が貸倒れになった場合の損失は、賃貸マンションが完成した後の取得価額に算入するのではなく、不動産所得の金額の計算上必要経費に算入することになります。

　しかし、この場合、貸倒損失として必要経費に算入する金額は、その工事着手金2,000万円の全額ではなく、工事がある程度進捗したことによる未完成工事の価額に相当する部分の金額500万円は、事実上回収しているということができますから、工事着手金2,000万円と未完成工事の価額500万円との差額である1,500万円が損失の金額となるものと考えます。

　なお、賃貸マンションの取得価額は、未完成工事の価額500万円とＢ社に支払った工事代金9,500万円との合計額10,000万円となります。

8-19 不動産貸付け（事業に至らない規模）における回収不能となった未収家賃

質問

私は、事業に至らない規模で不動産を貸し付けていましたが、前年分の申告において総収入金額に計上していた未収家賃50万円が回収不能となりました。

この場合、回収不能となった未収家賃の額は、なかったものとして更正の請求ができますか。

なお、前年分の所得の内訳等は次のとおりです。

(1) 所得の内訳

　　不動産所得　△100万円

　　給与所得　　1,200万円

　　総所得金額　1,100万円

(2) 不動産所得の内訳

　　総収入金額　200万円（未収家賃50万円を含む）

　　必要経費　　300万円

　　不動産所得　△100万円

回答

回収不能となった未収家賃は、前年分に遡及して未収家賃がなかったものとして不動産所得の再計算をしますが、不動産所得の金額が赤字の場合は、なかったものとみなされる金額は生じないことから、ご質問の場合は、更正の請求をすることができません。

解説

1　資産の譲渡代金が回収不能となった場合等の所得計算の特例

所得税64条1項は、その年分の各種所得の金額（事業所得の金額を除く。）の計算の基礎となる収入金額若しくは総収入金額の全部又は一部を回収することができないこととなった場合又は政令で定める事由により当該収入金額若

しくは総収入金額の全部又は一部を返還すべきこととなった場合には、政令で定めるところにより、当該各種所得の金額の合計額のうち、その回収することができないこととなった金額又は返還すべきこととなった金額に対応する部分の金額は、当該各種所得の金額の計算上、なかったものとみなすと規定しています。

したがって、ご質問の場合、回収することができなくなった未収家賃は、その未収家賃を総収入金額に算入して不動産所得の金額を計算した年分に遡及して、その未収家賃はなかったものとして再計算をすることになります。

なお、不動産所得若しくは雑所得を生ずべき業務の用に供され又はこれらの所得の基因となる資産の損失の金額は、その損失の生じた日の属する年分の不動産所得の金額又は雑所得の金額の計算上必要経費に算入することとされています（所法51④）が、この資産の損失とは、固定資産、繰延資産などのように業務の用に供され又はその業務に係る所得の基因となる資産の損失をいい、収入すべき金額の全部又は一部を回収することができなくなったことによる損失については、適用されません。

2 回収不能となった場合の所得計算

所得税法64条1項に規定する収入金額又は総収入金額で回収不能額等となったもののうち、次の金額のいずれか低い金額の達するまでの金額は、同条1項に規定する各種所得の金額の計算上、なかったものとみなされます（所令180②）。

(1) 回収不能額等が生じた時の直前において確定している所得税法64条1項に規定する年分の総所得金額、退職所得金額及び山林所得金額の合計額
(2) 上記(1)に掲げる金額の計算の基礎とされる各種所得の金額のうち当該回収不能額等に係るものから、当該回収不能額等に相当する総収入金額又は総収入金額がなかったものとした場合に計算される当該各種所得の金額を控除した残額

なお、上記(2)の金額は「控除した残額」と規定していますから、「回収不能等に係る各種所得の金額」及び「回収不能額等に相当する総収入金額がなかったものとした場合に計算される各種所得の金額」はそれぞれ黒字の場合を前

提としているものとされており、これらの金額が赤字の場合は、それぞれ「0」円として計算します。

したがって、ご質問の場合、未収家賃を総収入金額に計上した前年分の不動産所得の金額は赤字ですから、なかったものとみなされる金額は生じないこととなるため、更正の請求をすることはできません。

8-20 修正申告に伴う消費税及び事業税の必要経費算入時期

質問

私は不動産賃貸業を営んでいますが、不動産所得の金額に計算誤りがあったため、過去3年分の修正申告書を税務署に提出しました。

その修正申告により納付した消費税額等と、修正申告に伴って増加する事業税は、どのように処理すればよいでしょうか。

なお、消費税等の経理処理方式は税込経理方式を適用しています。

回答

消費税額等については、修正申告書を提出した日の属する年分の不動産所得の金額の計算上必要経費に算入します。

また、事業税については、賦課決定により追徴税額が確定した日の属する年分の不動産所得の金額の計算上必要経費に算入します。

解説

1 その年分の必要経費に算入する租税

所得税法37条1項《必要経費》の規定により、その年分の各種所得の金額の計算上必要経費に算入する国税及び地方税は、原則として、その年の12月31日(年の中途において死亡し又は出国した場合には、その死亡又は出国の時。)までに申告等により納付すべきことが具体的に確定したもの、例えば、申告納税方式による税の場合はその年中に申告し又は更正若しくは決定の通知を

受けたもの、賦課課税方式による税の場合はその年中に賦課決定の通知を受けたものなどが、その年分の必要経費に算入されます（所基通37－6）。

なお、賦課決定方式による租税のうち納期が分割して定められている税額については、各納期の税額をそれぞれ納期の開始の日又は実際に納付した日の属する年分の必要経費に算入することができます（同通達(3)）。

2 消費税等の必要経費算入の時期

所得金額の計算に当たり、税込経理方式（消費税等を取引の対価の額に含めて経理する方式）を適用している個人事業者が納付すべき消費税等の必要経費算入の時期は、次に掲げる日の属する年とされています（平元直所3－8「消費税法等の施行に伴う所得税の取扱いについて」「7」）。

(1) 消費税等の納税申告書に記載された税額については納税申告書が提出された日
(2) 更正又は決定に係る税額については更正又は決定があった日

ただし、個人事業者が申告期限未到来の納税申告書に記載すべき消費税等の額を未払金に計上したときの当該金額については、その未払金に計上した年の必要経費に算入して差し支えないとされています。

なお、納税申告書とは、期限内申告書、期限後申告書及び修正申告書をいいます（通法17①、18①、19①）。

したがって、ご質問の場合、納付した消費税額等は、修正申告書を提出した日の属する年分の不動産所得の金額の計算上必要経費に算入します。

3 事業税の必要経費算入の時期

上記1のとおり、必要経費に算入する国税及び地方税は、原則として、その年の12月31日までに申告等により納付すべきことが具体的に確定したものとされていますから、個人の事業税についても、都道府県知事の賦課決定処分により税額が確定した日の属する年分の必要経費に算入することになります。

したがって、ご質問の場合も、修正申告に伴う事業税の賦課決定処分があり、追徴税額が確定した日の属する年分の不動産所得の金額の計算上必要経費に算入します。

8-21 土地等を取得した場合の未経過固定資産税等の清算金

質問

私は不動産所得者ですが、新たに賃貸用の土地建物を取得するに当たり、土地建物の売買代金とは別に固定資産税及び都市計画税（以下「固定資産税等」という。）を日割り計算して、取得日以降の未経過固定資産税等の清算金として売主に支払いました。

この未経過固定資産税等の清算金は、不動産所得の金額の計算上必要経費に算入できますか。

回答

未経過固定資産税等の清算金は、固定資産税等の納税義務者として買主が支払うものではありませんから、土地建物の取得価額に含めることになり、不動産所得の金額の計算上必要経費に算入できません。

解説

1 固定資産税等の必要経費算入

所得税基本通達37－5は、業務の用に供される資産に係る固定資産税、登録免許税（登録に要する費用を含み、その資産の取得価額に算入されるものを除く。）、不動産取得税、地価税、特別土地保有税、事業所税、自動車取得税等は、当該業務に係る各種所得の金額の計算上必要経費に算入すると定めています。

なお、「業務の用に供される資産」には、相続、遺贈又は贈与により取得した資産も含まれます（同通達（注））。

2 未経過固定資産税等の清算金の取扱い

土地又は家屋を売買する際に、売買当事者間において、その土地等に課された固定資産税等に相当する金額のうち、売買日以後の期間に対応する金額

を未経過固定資産税等の清算金として買主が負担することがあります。

ところで、固定資産税等は、その賦課期日（その年の1月1日）における土地等の所有者を納税義務者として課されるものであり、年の中途で売買等により所有者の異動が生じても、新たに所有者となった者がその土地等に係る固定資産税等の納税義務を負うことはありません（地法343、359）。

したがって、業務の用に供される土地等の売買において、売主が納税義務を負う固定資産税等の税額のうち所有権移転後の期間に相当する部分の金額を買主が売主に支払う旨の合意がある場合、この合意により支払われる未経過固定資産税等の清算金は、土地等の売買価額を算定する一要因となるものであり、買主の納税義務に基づくものとは認められませんから、所得税基本通達37－5《固定資産税等の必要経費算入》の定めによる取扱いができないこととなり、その土地等の購入代価の一部として取得価額に算入することになります。

なお、売買の対象である土地等について売主が業務の用に供している場合、売主は、その土地等の固定資産税等の納税義務を負いますから、その全額を必要経費に算入するとともに、売買に伴う未経過固定資産税等の清算金は、譲渡所得に係る収入金額に算入することになります。

8-22 相続により取得した賃貸マンションに係る固定資産税等

質問

私は、平成30年3月に死亡した父が所有していた賃貸マンションを相続して引き続き賃貸していますが、この賃貸マンションに係る固定資産税等の納税通知書が届いたのは4月に入ってからでした。

このような場合、父の準確定申告をする際に、この賃貸マンションに係る固定資産税等を必要経費に算入することができますか。

回答

　お父さんの死亡の日までに固定資産税等の納税通知書が届いていませんから、賃貸マンションに係る固定資産税等は、お父さんの準確定申告における不動産所得の金額の計算上必要経費に算入できません。
　この固定資産税等は、あなたの平成30年分の不動産所得の金額の計算上必要経費に算入することになります。

解説

1　固定資産税等の必要経費算入

　所得税基本通達37－5《固定資産税等の必要経費算入》は、業務の用に供される資産に係る固定資産税、登録免許税（登録に要する費用を含み、その資産の取得価額に算入されるものを除く。）、不動産取得税、地価税、特別土地保有税、事業所税、自動車取得税等は、当該業務に係る各種所得の金額の計算上必要経費に算入すると定めています。
　なお、上記の「業務の用に供される資産」には、相続、遺贈又は贈与により取得した資産も含まれます（同通達（注））。

2　その年分の必要経費に算入する租税

　所得税法37条1項《必要経費》の規定により、その年分の各種所得の金額の計算上必要経費に算入する国税及び地方税は、その年の12月31日（年の中途において死亡し又は出国をした場合には、その死亡又は出国の時。）までに申告や賦課決定等により納付すべきことが具体的に確定したものとされています（所基通37－6）。
　ただし、固定資産税、不動産取得税、自動車税などの賦課決定方式による租税のうち納期が分割して定められているものについては、各納期の税額をそれぞれの納期の開始の日の属する年分又は実際に納付した日の属する年分の必要経費とすることもできます。
　例えば、固定資産税の税額は賦課決定を受けた年分の必要経費となりますが、第4期分の納期はその翌年2月となっていますので、納期の開始の日で

ある翌年分の必要経費とすることもできますし、実際に支払ったその後の年分の必要経費とすることもできます。

したがって、ご質問の場合のように、相続により取得した賃貸マンションに係る固定資産税等の納税通知が相続開始後にされた場合、その固定資産税等は相続開始時までに具体的に確定していないこととなり、被相続人の不動産所得の金額の計算上必要経費に算入するのではなく、不動産賃貸業を承継した相続人の不動産所得の金額の計算上必要経費に算入することになります。

8-23 不動産を使用貸借により貸し付けている場合の必要経費

質問

私はマンションを所有し、賃貸しています。このたび、私の甥が近隣にある大学に合格したことから、このマンションの一室を無償で貸すことにしました。

この場合、無償で貸し付けた部屋に対応する部分の固定資産税や借入金の利子等の経費を不動産所得の金額の計算上必要経費に算入できますか。

回答

無償で貸し付けている部屋に対応する部分のマンションに係る費用は、不動産所得の金額の計算上必要経費に算入することはできません

解説

1 不動産所得と必要経費

所得税法26条1項は、不動産所得とは、不動産等の貸付け（地上権又は永小作権の設定その他他人に不動産等を使用させることを含む。）による所得（事業所得又は譲渡所得に該当するものを除く。）をいうと規定しています。したがって、不動産等の賃料が不動産所得の総収入金額に算入されるためには、当該賃料が不動産等の貸付けによる所得に該当する必要があります。

そして、不動産等の貸付けによる所得とは、当事者の一方が相手方に不動産等を使用収益させて、その対価を得ることを目的とする行為から生じる所得をいうものと解されていますから、不動産等の賃貸借から生じる賃料がこれに該当することになります。

　また、不動産所得の金額の計算上必要経費に算入すべき金額は、不動産所得の総収入金額を得るため直接に要した費用の額及び不動産所得を生ずべき業務について生じた費用の額とされています（所法37①）。

2 使用貸借による不動産等の貸付け

　民法593条に規定する使用貸借とは、当事者の一方が無償で使用収益した後に返還することを約して相手方からある物を受け取ることによってその効力を生ずるとされています。

　ところで、上記1のとおり、不動産等の貸付けによる所得である不動産所得は、当事者の一方が相手方に不動産等を使用収益させて、その対価を得ることを目的とする行為から生じる所得と解されていますから、対価を伴わない使用貸借において不動産等を貸し付ける行為は、不動産所得を生ずべき業務に該当しないことになります。

　そうすると、ご質問の場合のように、使用貸借（無償）により貸し付けている不動産等について生じた固定資産税や借入金の利子等の経費は、不動産所得を生ずべき業務について生じた費用ということはできませんから、不動産所得の金額の計算上必要経費に算入することはできません。

　なお、対価を伴わない使用貸借においては、不動産等の借主から貸主に対して金員の交付等があっても、それが当該不動産等の使用の対価であると認めるに足りる特段の事情がない限り、それは不動産等の経費の一部の支払いにすぎませんから、貸主は貸している不動産等に係る費用を必要経費に算入することはできないことになります。

8-24 賃貸マンションの修繕積立金

質問

私は、賃貸用に供するためにマンションの1室を購入しました。

私は、マンションの管理規約に従い、マンションの管理組合に修繕積立金を毎月支払っています。

この修繕積立金は、支払った年の不動産所得の金額の計算上必要経費に算入できますか。

回答

修繕積立金は、原則として、実際に修繕等が行われ、その修繕等が完了した日の属する年分の必要経費になりますが、一定の要件を満たす場合は、支払期日の属する年分の必要経費に算入して差し支えありません。

解説

1 必要経費の範囲と債務確定の判定

(1) 必要経費の範囲

その年の不動産所得の金額、事業所得の金額又は雑所得の金額の計算上必要経費に算入すべき金額は、別段の定めがあるものを除き、次に掲げるもの（ただし、償却費以外の費用でその年において債務が確定しているものに限る。）とされています（所法37①）。

① 総収入金額に係る売上原価
② 総収入金額を得るため直接に要した費用の額
③ その年における販売費、一般管理費その他これらの所得を生ずべき業務について生じた費用の額

(2) 必要経費に算入すべき費用の債務確定の判定

その年分の必要経費に算入できる費用は、償却費以外の費用でその年において債務が確定しているものに限られていますが、別段の定めがあるものを除き、次に掲げる要件にすべて該当するものと定められていま

す（所基通37－2）。

① その年の12月31日（年の中途において死亡し又は出国した場合には、その死亡又は出国の時。以下、同じ。）までに当該費用に係る債務が成立していること。

② その年の12月31日までに当該債務に基づいて具体的な給付をすべき原因となる事実が発生していること。

③ その年の12月31日までにその金額を合理的に算定することができるものであること。

2 賃貸の用に供するマンションの修繕積立金の取扱い

　一般に、マンション等の修繕積立金は、マンションの共有部分について行う将来の大規模修繕等の費用の額に充てるため、長期間にわたって計画的に積み立てられることになっています。

　このような修繕積立金は、実際に修繕等が行われていない限りにおいては、具体的な給付をすべき原因となる事実が発生していないことから、原則として、当該マンションを管理する管理組合への支払期日の属する年分の必要経費には算入されず、実際に修繕等が行われ、その費用の額に充てられた部分の金額について、その修繕等が完了した日の属する年分の必要経費に算入されることになります（所法37①、所基通37－2）。

　しかし、修繕積立金は、マンションの区分所有者となった時点で、管理組合へ義務的に納付しなければならないものであるとともに、管理規約において、納入した修繕積立金は、管理組合が解散しない限り当該区分所有者へ返還しないこととしているのが一般的とされています（マンション標準管理規約（単棟型）（国土交通省）60条6項）。

　このため、修繕積立金の支払いが、マンション標準管理規約に沿った適正な管理規約に従い、次の事実関係の下で行われている場合には、その修繕積立金については、その支払期日の属する年分の必要経費に算入しても差し支えないものと考えられます。

(1) 区分所有者となった者は、管理組合に対して修繕積立金の支払い義務を負うことになること

(2) 管理組合は、支払いを受けた修繕積立金について、区分所有者への返還義務を有しないこと
(3) 修繕積立金は、将来の修繕等のためにのみ使用され、他へ流用されるものでないこと
(4) 修繕積立金の額は、長期修繕計画に基づき各区分所有者の共有持分に応じて、合理的な方法により算出されていること

　ご質問の場合、支払った修繕積立金については、原則として実際に修繕等が行われ、その修繕等が完了した日の属する年分の必要経費になりますが、上記(1)ないし(4)のいずれの要件も満たす場合は、支払期日の属する年分の不動産所得の金額の計算上必要経費に算入しても差し支えありません。

第 9 章

青色申告関係

9-1 親族に給与等を支払う場合

質問

私は、都内に貸ビルを10棟所有しています。

貸ビルの所在地は、いずれも私の住まいから離れているので、貸ビルの所在地に近いところに住んでいる兄に、第三者を管理人として雇った場合と同条件で管理人を依頼しています。

この場合に、兄に支払う給与等の所得税法上の取扱いはどのようになりますか。

回答

あなたと管理人を依頼しているお兄さんが生計を一にしていない場合には、お兄さんにあなたが支払う給与等は、あなたの不動産所得の金額の計算上必要経費に算入することができます。

解説

1 生計を一にする親族に給与等を支払う場合の取扱い

所得税法56条は、事業主と生計を一にする配偶者その他の親族がその事業主の営む不動産所得、事業所得又は山林所得を生ずべき事業に従事したことその他の事由により当該事業から対価の支払いを受ける場合の取扱いを次のとおり規定しています。

取扱い	例
① その対価に相当する金額は、その事業主のその事業に係る不動産所得の金額、事業所得の金額又は山林所得の金額の計算上、必要経費に算入しない。	親族に支払う給料、賃借料等 →必要経費不算入
② その親族のその対価に係る各種所得の金額の計算上必要経費に算入されるべき金額は、その事業主のその事業に係る不動産所得の金額、事業所得の金額又は山林所得の金額の計算上必要経費に算入する。	事業のために親族が他に支払う賃借料、保険料、公租公課等 →必要経費に算入

③ その親族が支払いを受けた対価の額及びその親族のその対価に係る各種所得の金額の計算上必要経費に算入されるべき金額は、その親族の各種所得の金額の計算上ないものとみなす。	事業の用に供した親族の資産の減価償却費、資産損失等 →必要経費に算入

2 青色申告者が生計を一にする親族に給与を支払った場合の取扱い

　上記1のとおり、事業を営む者がその者と生計を一にする親族に給与を支払っても、原則として、必要経費に算入することができません。

　しかしながら、その例外として、事業を営む青色申告者が青色事業専従者に給与の支給をした場合には、一定の要件のもとで、その支給額を必要経費に算入することができます（所法57①）。

　不動産所得、事業所得又は山林所得を生ずべき事業を営む青色申告者が、青色事業専従者給与に関する届出書に記載した方法に従ってその記載されている金額の範囲内で青色事業専従者に給与の支払いをした場合には、その労務に従事した期間、労務の性質及びその提供の程度などからみて、その労務の対価として相当であると認められる金額を、その青色申告者の事業から生じた不動産所得の金額、事業所得の金額又は山林所得の金額の計算上、必要経費に算入します。

　この場合、必要経費に算入した青色事業専従者給与の金額は、その青色事業専従者の給与所得の収入金額とされます。

　青色事業専従者とは、次のいずれにも該当する人をいいます（所法57①⑦、所令165）。

① 青色申告者と生計を一にする配偶者その他の親族であること
② その年12月31日現在（専従者又は青色申告者が年の中途で死亡した場合には、それぞれ死亡当時）で年齢15歳以上であること。
③ その年を通じて6月を超える期間、青色申告者の経営する事業に専ら従事していること 　ただし、次のような場合には、事業に従事することができると認められる期間を通じてその2分の1に相当する期間を超える期間専ら事業に従事すれば、青色事業専従者と判定されます。

> イ 年の中途の開業、廃業、休業又は青色申告者の死亡、その事業が季節営業であることなどの理由により、事業がその年中を通じて営まれなかった場合
> ロ 事業に従事する親族の死亡、長期の病気、婚姻その他相当の理由によって、その年中を通じて青色申告者と生計を一にする親族として事業に従事することができなかった場合

3 白色申告者が生計を一にする親族に給与を支払った場合の取扱い

白色申告者に事業専従者がいるときは、一定の金額を事業専従者控除額として必要経費とみなすこととされています（所法57③）。

白色申告者の営む不動産所得、事業所得又は山林所得を生ずべき事業に従事する事業専従者がいるときは、各事業専従者につき、次の①及び②の金額のうちいずれか低い方の金額が、それらの所得の金額の計算上、事業専従者控除額として必要経費とみなすこととなります（所法57③、所令166）。

> ① 次に掲げる事業専従者の区分に応じ、それぞれ次に掲げる金額
>   イ 配偶者である事業専従者　　　　860,000円
>   ロ 配偶者以外の事業専従者　　　　500,000円
> ② {不動産所得、事業所得又は山林所得を生ずべき事業から生じた不動産所得の金額、事業所得の金額又は山林所得の金額} ÷（事業専従者の数＋1）

事業専従者とは、次のいずれにも該当する人をいいます（所法57③⑦、所令165）。

> ① その納税者と生計を一にする配偶者その他の親族であること
> ② その年12月31日現在（専従者又は納税者が年の中途で死亡した場合には、それぞれ死亡当時）で年齢15歳以上であること。
> ③ その年を通じて6月を超える期間、その納税者の経営する事業に専ら従事していること

4 所得税法57条の適用範囲

所得税法57条の適用は、不動産所得、事業所得又は山林所得を生ずべき「事業」の場合です。

したがって、不動産の貸付けの規模が小さい場合、すなわち事業と称するに至らない規模の場合には、その業務に従事する「生計を一にする親族」に給与を支払っても必要経費にはなりません。

5 「生計を一にする」の意義

所得税法に規定する「生計を一にする」とは、必ずしも同一の家屋に起居していることをいうものではなく、次のような場合には、それぞれ次のとおりとなります（所基通2－47）。

(1) 勤務、修学、療養等の都合上他の親族と日常の起居を共にしていない親族がいる場合であっても、次に掲げる場合に該当するときは、これらの親族は生計を一にするものとされます。

① 当該他の親族と日常の起居を共にしていない親族が、勤務、修学等の余暇には、当該他の親族のもとで起居を共にすることを常例としている場合

② これらの親族間において、常に生活費、学資金、療養費等の送金が行われている場合

(2) 親族が同一の家屋に起居している場合には、明らかに互いに独立した生活を営んでいると認められる場合を除き、これらの親族は生計を一にするものとされます。

6 質問のケース

所得税法56条、57条は、生計を一にする親族に給与等を支払う場合の規定であり、親族に給与等を支払う場合でも、その親族が事業主と生計を一にしていない場合には適用になりません。

9-2 青色事業専従者と配偶者控除・扶養控除

質　問

当社の社員の妻は、生計を一にしている妻の父が個人で営んでいる不動産

賃貸業（事業的規模）の青色事業専従者として月額8万円の事業専従者給与を受け取っています。

この妻について、当社の社員は、配偶者控除や配偶者特別控除を受けられますか。

回答

配偶者控除、配偶者特別控除を受けることはできません。

解説

1 配偶者控除

　所得税法83条1項は、居住者が「控除対象配偶者」を有する場合には、その居住者のその年分の総所得金額、退職所得金額又は山林所得から同項各号に掲げる場合の区分に応じ当該各号に定める金額を控除すると定めています。

　そして、同法2条1項33号の2は、「控除対象配偶者」を同一生計配偶者のうち合計所得金額が1,000万円以下である居住者の配偶者をいうとし、同項33号は、「同一生計配偶者」を居住者の配偶者でその居住者と生計を一にするもののうち、合計所得金額が38万円以下であるものをいうと定義しています。

　同号の規定は、かっこ書きで次のものは「同一生計配偶者」から除くものとしています。

①　所得税法57条1項に規定する青色事業専従者に該当するもので同項に規定する給与の支払いを受けるもの
②　所得税法57条3項に規定する事業専従者に該当するもの

2 配偶者特別控除

　所得税法83条の2第1項は、居住者が生計を一にする配偶者で控除対象配偶者に該当しない者を有する場合には、その居住者の総所得金額、退職所得金額又は山林所得金額から、同項各号に掲げる区分に応じ当該各号に定める金額を控除すると定めています。

　同項は、対象となる配偶者から所得税法2条1項33号に規定する青色事業専従者等を除くものとしています。

そして同法2条1項33号は、同法57条1項に規定する青色事業専従者に該当するもので同項に規定する給与の支払いを受けるもの及び同条3項に規定する事業専従者に該当するものを、「青色事業専従者等」と定義しています。

3 扶養控除

所得税法84条は、居住者が「控除対象扶養親族を有する」場合には、扶養控除を適用すると定めています。

そして、同法2条1項34号は、「扶養親族」を、居住者の親族（その居住者の配偶者を除く。）及び…のうち合計所得金額が38万円以下である者をいうと定義しています。

同号の規定は、カッコ書きで次のものは「扶養親族」から除くものとしています。

① 所得税法57条1項に規定する青色事業専従者に該当するもので同項に規定する給与の支払いを受けるもの
② 所得税法57条3項に規定する事業専従者に該当するもの

4 所得税基本通達2－48の定め

所得税基本通達2－48は、次の(1)のものは、次の(2)をいうものとすると定めています。

(1) 所得税法2条1項33号に規定する「青色事業専従者等」
(2) 「その配偶者が居住者の同一生計配偶者に該当するかどうかを判定する場合」における当該居住者又はその者と生計を一にする者の青色事業専従者等

5 所得税基本通達2－48の2の定め

所得税基本通達2－48の2は、所得税法2条1項34号《扶養親族》カッコ内に規定する「（所得税法）57条1項に規定する青色事業専従者に該当するもので同項に規定する給与の支払を受けるもの及び同条3項に規定する事業専従者に該当するもの」については、上記の同通達2－48に準じた取扱いをする旨定めています。

6 所得税基本通達2－48、2－48の2の趣旨

　所得税法2条1項33号《同一生計配偶者》は、青色事業専従者に該当する者で、専従者給与の支払いを受けるもの及び事業専従者に該当するものを「青色事業専従者等」と定義しこれを同一生計配偶者から除外しています。

　また、同項34号も、青色事業専従者に該当する者で、専従者給与の支払いを受けるもの及び事業専従者を「扶養親族」から除外しています。

　これらの規定を文字通り解釈すると、例えば、生計を一にして事業に従事し青色事業専従者給与を受けていた子が、結婚し年の途中で別世帯になり生計が別になった場合に、その子が事業主と生計を一にしていた期間のその子の青色事業専従者給与額又は事業専従者控除額が事業主の事業所得の計算上必要経費になり、その結果、その子は、結婚後の配偶者の確定申告で配偶者控除を受けることができなくなってしまいます。

　そこで、これらの通達は、上記4の(1)の所得税法2条1項33号に規定する「青色事業専従者等」を、「配偶者やその他の親族が居住者の同一生計配偶者や扶養親族に該当するかどうかを判定する場合における当該居住者又はその者と生計を一にする者の青色事業専従者等」に限定することにしたものです。

　その結果、「配偶者その他の親族」が「当該居住者又はその者と生計を一にする者」以外の者の同一生計配偶者や扶養親族に該当するかどうかを判定する場合には、所得税法2条1項33号、34号のカッコ書きの除外規定の適用がないことになります。

　この通達により、生計を一にして事業に従事し青色事業専従者給与を受けていた子が、結婚し年の途中で別世帯になり生計が別になった場合に、子の結婚後の配偶者の同一生計配偶者にその子が該当するか否かを判定する際には、その子の配偶者が、事業主と生計を一にしていない限り、所得税法2条1項33号、34号のカッコ書きの除外規定の適用は排除され、その他の要件を充足していれば、同一生計配偶者に該当するということになります。

7 まとめ

　ご質問のケースでは、社員夫婦と社員の妻の父は生計を一にしています。
　したがって、「事業を営む者の配偶者その他の親族（社員の妻）が当該事業

を営む者(妻の父)又はその者と生計を一にする居住者(社員)の控除対象配偶者又は扶養親族に該当するかどうかを判定する場合」に該当するので、配偶者控除、配偶者特別控除の適用はできないことになります。

9-3 事業的規模に至らない不動産所得から65万円の青色申告特別控除を引けるか

質問

私は個人で製造業を営む一方、ワンルームマンションを3室賃貸しています。事業所得が赤字で、不動産所得が黒字なのですが、65万円の青色申告特別控除はどのようにしたらよいでしょうか。

回答

不動産所得の金額から65万円の青色申告特別控除を引くことができます。

解説

1 65万円の青色申告特別控除の適用要件

措置法25条の2第3項及び5項は、65万円の青色申告特別控除の適用要件を次のとおり規定しています。
(1) 青色申告書を提出することにつき税務署長の承認を受けている個人であること
(2) 不動産所得又は事業所得を生ずべき事業を営むものであること(所得税法67条《小規模事業者の収入及び費用の帰属時期》の規定の適用を受ける者を除く。)
(3) 所得税法148条1項《青色申告者の帳簿書類》の規定により、当該事業につき帳簿書類を備え付けてこれにその承認を受けている年分の不動産所得の金額又は事業所得の金額に係る取引を記録していること(これらの所得の金額に係る一切の取引の内容を詳細に記録している場合として財務省令で定める場合に限る)

(4) 確定申告書に措置法25条の2第3項の規定の適用を受けようとする旨及び同項の規定による控除を受ける金額の計算に関する事項の記載並びに同項に規定する帳簿書類に基づき財務省令で定めるところにより作成された貸借対照表、損益計算書その他不動産所得の金額又は事業所得の金額の計算に関する明細書の添付があること
(5) 確定申告書をその提出期限までに提出すること

2 控除する特別控除金額

　措置法25条の2第3項は、同項の適用がある場合には、その年分の不動産所得の金額又は事業所得の金額は、所得税法26条2項又は同法27条2項の規定により計算した不動産所得の金額又は事業所得の金額から次に掲げる金額のうちいずれか低い金額を控除した金額とすると規定しています。
(1) 65万円
(2) 所得税法26条2項又は同法27条2項の規定により計算した不動産所得の金額又は事業所得の金額の合計額

3 事業所得と不動産所得がある場合の控除する順序

　措置法25条の2第4項は、同条3項の規定により控除すべき金額は、不動産所得の金額又は事業所得の金額から順次控除すると定めています。

4 措置法通達25の2－1の定め

　措置法通達25の2－1は、措置法25条の2第1項又は第3項の規定による青色申告特別控除額の計算等について、次のとおり定めています。
(1) 措置法25条の2第1項2号に規定する不動産所得の金額、事業所得の金額及び山林所得の金額又は同条3項2号に規定する不動産所得の金額及び事業所得の金額は、損益通算をする前のいわゆる黒字の所得金額をいうのであるから、これらの所得の金額の計算上生じた損失の金額がある場合には、その損失の金額を除外したところにより同条1項2号又は同条3項2号の合計額を計算する。
(2) 措置法25条の2第1項の規定による青色申告特別控除額（10万円）は、こ

の控除をする前のいわゆる黒字の不動産所得の金額、事業所得の金額又は山林所得の金額から、これらの黒字の金額を限度として順次控除する。

　また、同条3項の規定による青色申告特別控除額（65万円）は、この控除をする前のいわゆる黒字の不動産所得の金額又は事業所得の金額から、これらの黒字の金額を限度として順次控除する。

(3) 措置法26条1項《社会保険診療報酬の所得計算の特例》の規定の適用を受ける社会保険診療報酬に係る所得がある場合には、同法25条の2第1項2号又は同条3項2号に規定する合計額を計算するときはこれを除外したところにより、同条2項又は4項の控除をするときは、当該所得を含めた事業所得の金額から控除する。

5　質問のケース

　上記1の(2)の要件は、不動産所得又は事業所得を生ずべき事業を営むものであること、というものであり、当該納税者が事業的規模の不動産所得を有しているか、事業所得を有していればこの要件は充足します。

　したがって、当該納税者が不動産所得だけで、事業所得を有していない場合においては、当該不動産所得について65万円の青色申告特別控除の適用を受けるためには、その不動産所得が事業的な規模のものであることが必要ですが、当該納税者が事業所得を有している場合には、仮に、併せて有している不動産所得の規模が事業的規模に至らないものであっても、事業所得を有していることで要件は充足しますので、65万円の青色申告特別控除の適用を受けることができるということになります。

　ご質問のケースでは、事業所得がありますので、不動産所得が事業に至らない規模のものであっても、65万円の青色申告特別控除の適用を受けることができることになります。

　そして、控除する順序は、上記の措置法25条の2第4項の規定により、まず不動産所得の金額から控除し、次に事業所得の金額から控除します。

6　具体的な計算例

　青色申告特別控除前の所得金額が次のとおりである場合

・不動産所得の金額　　　150万円
・事業所得の金額　　　△200万円

⑴　青色申告特別控除の金額は、措置法25条の２第３項の規定により、65万円と「所得税法26条２項又は同法27条２項の規定により計算した不動産所得の金額又は事業所得の金額の合計額」の少ない方になります。

⑵　措置法通達25の２－１⑴により、「措置法25条の２第３項２号に規定する不動産所得の金額及び事業所得の金額」は、損益通算をする前のいわゆる黒字の所得金額をいうのであるから、<u>これらの所得の金額の計算上生じた損失の額がある場合には、その損失の金額を除外したところにより同条３項２号の合計額を計算する</u>こととなるので、同号の金額は150万円＋０円（△200万円ではない）で150万円ということになります。したがって、同条３項１号の65万円が青色申告特別控除の金額になります。

⑶　この結果、不動産所得の金額は150万円から65万円を控除した残額の85万円、事業所得の金額は△200万円ということになります。

9-4　不動産所得と事業所得がある場合の青色事業専従者給与・事業専従者控除の取扱い

質問

私は個人で食堂を営む事業所得者ですが、賃貸アパートを所有し不動産所得（事業的規模）もあります。

私の妻は、私の青色事業専従者として、食堂の営業に従事するとともにアパートの管理業務にも従事しています。

妻には、毎月20万円の青色事業専従者給与を支払っていますが、事業所得、不動産所得のどちらの必要経費にしたらよいですか。

回答

不動産所得を生ずべき事業、事業所得を生ずべき事業の両方に青色事業専従者が従事している場合の青色事業専従者給与の額は、それぞれの事業に従

事した分量が明らかな場合は、その従事した分量に応じて配分して計算し、それが明らかでない場合は、それぞれの事業に均等に従事したものとして計算します。

解説

1 所得税法施行令167条の定め

　所得税法施行令167条は、居住者が不動産所得、事業所得又は山林所得のうち2以上の所得を生ずべき事業を営み、かつ、1人の青色事業専従者又は事業専従者が2以上の当該事業に従事する場合において、これらの所得の金額の計算上必要経費に算入する青色事業専従者給与額又は事業専従者控除額は、これらの者のそれぞれの事業に従事した分量に応じて配分した金額とする旨規定しています。

　この場合に、従事した分量が明らかでない場合には、それぞれの事業に均等に従事したものとみなして計算した金額とすることとされています。

2 不動産所得の規模が事業的規模に至らない場合

　所得税法56条は、事業主と生計を一にする配偶者その他の親族がその事業主の営む不動産所得、事業所得又は山林所得を生ずべき事業に従事したことその他の事由により当該事業から対価の支払いを受ける場合の取扱いを次のとおり規定しています。

> ①　その対価に相当する金額は、その事業主のその事業に係る不動産所得の金額、事業所得の金額又は山林所得の金額の計算上、必要経費に算入しない。
> ②　その親族のその対価に係る各種所得の金額の計算上必要経費に算入されるべき金額は、その事業主のその事業に係る不動産所得の金額、事業所得の金額又は山林所得の金額の計算上必要経費に算入する。
> ③　その親族が支払を受けた対価の額及びその親族のその対価に係る各種所得の金額の計算上必要経費に算入されるべき金額は、その親族の各種所得の金額の計算上ないものとみなす。

　しかしながら、その例外として、事業を営む青色申告者が青色事業専従者に給与の支給をした場合には、一定の要件のもとで、その支給額を必要経費

に算入することができます（所法57①）。

　また、白色申告者に事業専従者がいるときは、一定の金額を事業専従者控除額として必要経費とみなすこととされています（所法57③）。

　所得税法56条、57条ともに、不動産所得が事業的規模である場合について規定しています。

　そうすると、不動産所得が事業的規模に至らない場合において、「生計を一にする親族」に給与を支払った場合にその金額を必要経費に算入することができるかということが問題になります。

　一般的には、事業的規模の不動産所得について定められた所得税法56条の趣旨から事業的規模に至らない規模の不動産所得についても同条の適用があり、同法56条の特例を規定する同法57条は、事業的規模の不動産所得に限り適用されるものと解されています。

9-5　事業専従者が他に職業を有する場合

質問

　私は青色申告者で6棟の賃貸マンションを有する不動産所得者です。

　賃貸マンションは、私の妻が平日は管理しています。

　妻は、毎週日曜日、音楽教室でピアノの講師として勤務しています。

　私は妻に通常の不動産管理に支払う程度の報酬を給料として支払いたいと思っていますが、青色事業専従者給与として不動産所得の必要経費に算入することができますか。

回答

　不動産所得の必要経費に算入することができると思われます。

解説

1　所得税法57条の定め

　事業を営む者がその者と生計を一にする親族に給与を支払った場合、原則

として、必要経費に算入することはできませんが、例外として、事業を営む青色申告者が青色事業専従者に給与の支給をした場合には、一定の要件のもとで、その支給額を必要経費に算入することができます（所法57①）。

また、白色申告者に事業専従者がいるときは、一定の金額を事業専従者控除額として必要経費とみなすこととされています（所法57③）。

不動産所得、事業所得又は山林所得を生ずべき事業を営む青色申告者が、青色事業専従者給与に関する届出書に記載した方法に従ってその記載されている金額の範囲内で青色事業専従者に給与の支払いをした場合には、その労務に従事した期間、労務の性質及びその提供の程度などからみて、その労務の対価として相当であると認められる金額を、その青色申告者の事業から生じた不動産所得の金額、事業所得の金額又は山林所得の金額の計算上、必要経費に算入します。

この場合、必要経費に算入した青色事業専従者給与の金額は、その青色事業専従者の給与所得の収入金額とされます。

青色事業専従者とは、次のいずれにも該当する人をいいます（所法57①⑦、所令165）。

① 青色申告者と生計を一にする配偶者その他の親族であること
② その年12月31日現在（専従者又は青色申告者が年の中途で死亡した場合には、それぞれ死亡当時）で年齢15歳以上であること。
③ その年を通じて6月を超える期間、青色申告者の経営する事業に専ら従事していること 　ただし、次のような場合には、事業に従事することができると認められる期間を通じてその期間の2分の1を超える期間専ら事業に従事すれば、青色事業専従者と判定されます。 　イ　年の中途の開業、廃業、休業又は青色申告者の死亡、その事業が季節営業であることなどの理由により、事業がその年中を通じて営まれなかった場合 　ロ　事業に従事する親族の死亡、長期の病気、婚姻その他相当の理由によって、その年中を通じて青色申告者と生計を一にする親族として事業に従事することができなかった場合

2　生計を一にする親族が事業に専ら従事する期間に含まれない期間

所得税法施行令165条2項は、次の一に該当する者である期間があるとき

は、当該期間は同条1項に規定する「事業に専ら従事する期間」に含まれないものとすると規定しています。

> ① 学校教育法1条《学校の範囲》、124条《専修学校》又は134条1項《各種学校》の学校の学生又は生徒である者。
> 　ただし、夜間において授業を受ける者で昼間を主とする当該事業に従事するもの、昼間において授業を受ける者で夜間を主とする当該事業に従事するもの、同法124条又は同項の学校の生徒で常時修学しないものその他当該事業に専ら従事することが妨げられないと認められる者は除かれます（所令165②一）。
> ② 他に職業を有する者。
> 　ただし、その職業に従事する時間が短い者その他当該事業に専ら従事することが妨げられないと認められる者は除かれます（所令165②二）。
> ③ 老衰その他心身の障害により事業に従事する能力が著しく阻害されている者（所令165②三）。

　ご質問のケースでは、毎週日曜日に音楽教室でピアノの講師として勤務しているとのことですが、所得税法施行令165条2項2号に規定する「他に職業を有する者」には該当しますが、同号のただし書の「その職業に従事する時間が短い者その他当該事業に専ら従事することが妨げられないと認められる者」に該当すると考えてよいと思われます。

　そうすると、妻に支払う給料は青色事業専従者給与として不動産所得の必要経費に算入することができることになります。

9-6　不動産が共有である場合の事業専従者

質　問

　私は妻と2分の1ずつの共有で部屋数16室のマンションを取得し、全室賃貸しています。

　私たち夫婦と一緒に生活している母に通常の金額の給料を支払い、そのマンションの管理をしてもらう予定にしています。

　この場合の事業専従者の取扱いはどのようになりますか。

回　答

あなたの不動産所得も妻の不動産所得もいずれも事業的規模の不動産所得になります。

事業専従者については、青色事業専従者給与、事業専従者控除のいずれの場合もあなたあるいは妻の一方で必要経費に算入することになります。

解　説

1　事業的規模の判断

所得税基本通達26－9は、建物の貸付けが不動産所得を生ずべき事業として行われているかどうかは、社会通念上事業と称するに至る程度の規模で建物の貸付けを行っているかどうかにより判定すべきであるとした上で、次に掲げる事実のいずれか一に該当する場合又は賃貸料の収入の状況、貸付資産の管理の状況等からみてこれらの場合に準ずる事情があると認められる場合には、特に反証がない限り、事業として行われているものとすると定めています。

> (1)　貸間、アパート等については、貸与することができる独立した室数がおおむね10以上であること。
> (2)　独立家屋の貸付けについては、おおむね5棟以上であること。

賃貸マンションを夫婦や親子・兄弟の共有で所有する場合のように、賃貸不動産が共有の場合に、所得税基本通達26－9の(1)貸間、アパート等については、貸与することができる独立した室数がおおむね10以上である場合、又は(2)独立家屋の貸付けについては、おおむね5棟以上である場合という形式基準の使い方が問題になります。

すなわち、10室あるいは5棟という形式基準は、共有者の各共有持分で按分し、その按分したところの室数あるいは棟数によって判定するのかどうかということです。

この場合には、共有持分で按分した室数あるいは棟数ではなく、按分前の室数あるいは棟数により判定することとされています。例えば、親子で、部屋数が12室あるマンションを2分の1ずつの共有で所有していたという場合

に、共有持分で12室を按分すると、共有者1人当たり6室となり、10室という所得税基本通達26－9の形式基準に当てはめると事業的規模にならないということになりますが、実務的には、12室を2分の1ずつに按分せず、12室が10室以上であるかどうかという判定を行うことになります。

ご質問のケースでは、夫婦の共有で16室のマンションを賃貸しているので、夫婦それぞれにとって事業的規模の不動産所得ということになります。

2 夫婦どちらの不動産所得を生ずべき事業に「専ら従事して」いるのか

母親が夫婦共有の賃貸マンションの管理をするとのことですが、この場合に、夫婦双方の不動産所得を生ずべき事業に「専ら従事している」ということができるのかという問題があります。

所得税法57条1項の文言は、「居住者と生計を一にする配偶者その他の親族で専らその居住者の営む事業に従事するもの」となっており、母親が夫婦共有の賃貸マンションの管理をしていることを以て、夫婦それぞれの不動産所得を生ずべき事業に「専ら従事している」と解することもできるし、夫の事業に「専ら従事している」時には、妻の事業には「専ら従事」していないと解することもできるように思われます。

実務的には、夫の事業に「専ら従事している」時には、妻の事業に「専ら従事」していない、また、妻の事業に「専ら従事している」時には、夫の事業に「専ら従事」していないと解されています。

したがって、青色事業専従者給与、事業専従者控除のいずれも、共有者である夫婦の一方で行うということになります。

3 共有者が他の共有者の事業専従者になることは認められるか

不動産の共有者の1人が不動産の管理行為を行うという場合、それは、自己の営む事業の遂行行為であるとともに、他の共有者の事業の遂行行為にもなります。このような場合に、共有者の1人が他の共有者の不動産所得の事業専従者になることが認められるかという問題があります。

実務的には、共有者の1人が不動産の管理行為を行った場合には、それは

自己の事業の遂行行為に他ならず、他の共有者の事業に専ら従事する行為には該当しないと解されています。したがって、共有者の1人が他の共有者の事業専従者になることはできないと考えられています。

9-7 青色事業専従者給与が未払いである場合

質問

青色事業専従者給与が未払いになっている場合には、必要経費にならないのですか。

回答

青色事業専従者給与は、原則として、現実に支給したものでなければ、必要経費に算入できません。

解説

1 所得税法57条の定め

所得税法57条1項は、青色事業専従者給与の必要経費算入は、「給与の支払いを受けた場合」に認められると規定しています。

したがって、青色事業専従者給与は、現実に支払われたものに限り必要経費に算入することができるということになります。

しかしながら、現実には、例えば売掛金の回収が売上先の事情で突然遅れてしまって資金繰りがつかず、青色事業専従者給与の支払いが遅れてしまったということも発生しないとは限りません。

このように青色事業専従者給与の支払いがやむを得ず遅れ、かつ、短期間に現実に支払われているような場合（例えば、月末に支払うことになっていた青色事業専従者給与を月末の資金繰りの関係で翌月の10日に支払ったというような場合）には、次のような仕訳をして、青色事業専従者給与の額を必要経費に算入することも認められるものと考えられます。

青色事業専従者給与支給額×××円/未払青色事業専従者給与　×××円

　しかしながら、このような事情がなく、単に青色事業専従者給与の支給を将来に向かって止めたような場合には、そもそも、このような仕訳をする会計上の事実が存在しないわけですから、仮に、会計処理としてこのような仕訳をしたとしても、それは、会計上の事実が存在しないにもかかわらず誤った会計処理を行ったに過ぎないということになります。

　したがって、そのような場合には、このような会計処理を行ったとしても、それを根拠に会計処理の基となった会計事実すなわち青色事業専従者給与を支払ったという事実が存在したことにはなりません。

　すなわち、そのような場合には、仮にそのような仕訳をしたとしても、青色事業専従者給与の必要経費算入は認められないということになります。

2 支払った青色事業専従者給与を直ちに借り入れることは認められるか

　事業の資金繰りが良くないときに、青色事業専従者給与を支給し、同時にその支給を受けた生計を一にする親族からこの青色事業専従者給与を事業主が借り入れるということは認められるかということが問題になります。

　借入れというのは、金銭を目的とする消費貸借です。消費貸借とは、当事者の一方が種類、品質及び数量の同じ物をもって返還をすることを約して相手方から金銭その他の物を受け取る契約です（民法587）。

　したがって、生計を一にする親族の間であっても、金銭消費貸借契約をすることは可能です。

　しかしながら、直系血族及び同居の親族は、互いに扶け合わなければならない（民法730）とされ、扶養義務者相互間において扶養義務を履行するため給付される金品については非課税とされています（所法9①十五、相法21の3①二）。

　したがって、生計を一にする親族間の金銭の授受は、実際には、返還（返済）を約束して行われることは必ずしも多くないと思われます。

　また、「返還をすることを約して相手方から金銭その他のものを受け取った」というためには、当然、貸主・借主双方で金銭を返済する債務があるこ

とを認識し、かつ、返済する債務があることを記録している（例えば金銭消費貸借契約書の作成）のが通常です。また、返済を約して金銭の授受をしたという場合には、当然、約定に基づいて、返済が行われているのが通常です。

「返還することを約した」場合に必然的にその後に通常発生する事実が実際に発生しているかどうかということから、「返還することを約した」金銭の授受か、「返還をすることを約しない」金銭の授受なのかということを判断（事実認定）することになります。

実際には、生計を一にする親族間で、「返還をする」という当事者の真意を前提に金銭の授受が行われることは余り多くないように思われます。

金銭の消費貸借契約（借入れ）があったというためには、少なくとも、当事者に返済の意思があることが必要ですので、例えば、青色事業専従者にそのような真意がない状態で、事業主が会計処理として、次のような仕訳をしたとしても、金銭消費貸借契約の存在を認識することはできないので、この仕訳は、具体的な会計事実に基づいた会計処理ではなく、事実に基づかない単なる誤った仕訳ということになります。

　　　青色事業専従者給与支給額×××円　／　借入金×××円

金銭消費貸借契約が存在しないにもかかわらず、このような仕訳をしたとしても、それは、事実に基づかない単なる誤った会計処理をしたに過ぎないので、青色事業専従者給与を支払ったという要件は充足されていないことになります。

9-8　非居住者が青色専業専従者給与を支払った場合等

質問

私は会社員ですが、このたび社命で2年の予定で海外駐在員として単身赴任をすることになりました。

私は日本国内に賃貸アパート15室を所有しており、妻を青色事業専従者にしています。

私は、妻を私の納税管理人として不動産所得の申告をするつもりです。

非居住者になった後も、今までと同じように私の不動産所得の金額の計算上妻に対する青色専従者給与を必要経費に算入できるのでしょうか。

回答

非居住者になった後も、妻に対する青色事業専従者給与は、不動産所得の金額の計算上必要経費に算入することができます。

解説

1 居住者・非居住者の定義

居住者とは、国内に住所を有している者及び現在まで引き続いて1年以上居所を有する者をいい、非居住者とは居住者以外の個人をいいます（所法2①三、五）。

2 住所地についての推定規定

所得税法施行令14条1項は、国内に居住することとなった個人が次のいずれかに該当する場合には、その者は、国内に住所を有する者と推定する旨規定しています。

> ① その者が国内において、継続して1年以上居住することを通常必要とする職業を有すること
>
> ② その者が日本の国籍を有し、かつ、その者が国内において生計を一にする配偶者その他の親族を有することその他国内におけるその者の職業及び資産の有無等の状況に照らし、その者が国内において継続して1年以上居住するものと推測するに足りる事実があること

所得税法施行令15条1項は、国外に居住することとなった個人が次のいずれかに該当する場合には、その者は、国内に住所を有しない者と推定する旨規定しています。

> ① その者が国外において、継続して1年以上居住することを通常必要とする職業を有すること

② その者が外国の国籍を有し、又は外国の法令によりその外国に永住する許可を受けており、かつ、その者が国内において生計を一にする配偶者その他の親族を有しないことその他国内におけるその者の職業及び資産の有無等の状況に照らし、その者が再び国内に帰り、主として国内に居住するものと推測するに足りる事実がないこと

　これらの規定を補完して、所得税基本通達3－3は、国内又は国外において事業を営み若しくは職業に従事するため国内又は国外に居住することとなった者は、その地における在留期間が契約等によりあらかじめ1年未満であることが明らかであると認められる場合を除き、それぞれ、所得税法施行令14条1項1号又は15条1項1号の規定に該当するものとすると定めています。
　ご質問の場合、あなたは、単身赴任中は非居住者になります。

3　国内にある不動産に係る非居住者の不動産所得の取扱い

　所得税法161条は「国内源泉所得」を定めていますが、同条1項7号は、国内にある不動産、国内にある不動産の上に存する権利若しくは採石法の規定による採石権の貸付け、鉱業法の規定による租鉱権の設定又は居住者若しくは内国法人に対する船舶若しくは航空機の貸付けによる対価を掲げています。
　また、所得税法164条1項2号は、恒久的施設（所得税法2条1項8号の4）を有しない非居住者については、同法161条1項2号、3号、5号から7号まで及び17号に掲げる国内源泉所得を総合課税の方法で課税すると規定しています。
　したがって、あなたは国内にある賃貸アパートに係る不動産所得を総合課税の方法で所得税の申告をすることになります。

4　所得税法56条、57条、143条の非居住者の総合課税への準用

　生計を一にする配偶者その他の親族に対価を支払った場合の必要経費の特例を規定する所得税法56条、事業に専従する親族がある場合の必要経費の特例等を規定する同法57条は、いずれも納税義務者が居住者である場合の規定です。
　また、青色申告制度を規定する同法143条から151条の条文も納税者が居住

者である場合の規定です。

所得税法165条1項は、同法164条1項各号に掲げる非居住者の当該各号に定める国内源泉所得について課する所得税（総合課税に係る所得税）の課税標準及び所得税の額は、当該各号に定める国内源泉所得について、別段の定めがあるものを除き、所得税法第2編（居住者の納税義務）第1章から第4章までの規定に準じて計算した金額とすると規定しています。

また、同法166条は、同法第2編第5章及び第6章（居住者に係る申告、納税及び還付）の規定は非居住者の総合課税に係る所得税についての申告、納付及び還付について準用すると規定しています。

所得税法56条、57条は、いずれも所得税法第2編第2章に規定されています。

また、所得税法143条～151条は、いずれも所得税法第2編第5章に規定されています。

したがって、ご質問の場合、非居住者が国内源泉所得となる不動産所得を総合課税の方法で申告する場合にも、所得税法56条、57条、143条から151条の適用があるので、あなたは妻に対する青色事業専従者給与の金額を不動産所得の金額の計算上必要経費に算入することができます。

5 非居住者の青色申告特別控除

青色申告特別控除は、措置法25条の2が規定していますが、この規定は、「青色申告書を提出することにつき税務署長の承認を受けている個人」についての規定であり、納税者を居住者に限定した規定ではありません。

したがって、非居住者の総合課税の計算をする場合においても、居住者と同じように適用になります。

9-9 賃貸不動産が共有の場合の青色申告特別控除

質問

私は、父と2分の1ずつの共有で12室の賃貸マンションを取得しました。父も私も青色申告で不動産所得の申告をしようと思っていますが、その場合

に青色申告特別控除はどのような取扱いになるのですか。

回答

共有不動産全体で判断して、事業的規模のものであれば、共有者それぞれが65万円の特別控除を受けることができます。

解説

1 青色申告特別控除の規定

措置法25条の2第1項、2項は、「青色申告書を提出することにつき税務署長の承認を受けている個人」の不動産所得の金額、事業所得の金額又は山林所得の金額の計算における10万円の青色申告特別控除を規定し、同条3項、4項は、「青色申告書を提出することにつき税務署長の承認を受けている個人で不動産所得又は事業所得を生ずべき事業を営むもの」の不動産所得の金額、事業所得の金額の計算における65万円の青色申告特別控除を規定しています。

したがって、65万円の青色申告特別控除の適用になるのか、10万円の青色申告特別控除の適用になるのかは、不動産の賃貸が事業的規模のものであるか否かによって異なることになります。

2 建物が共有である場合の事業的規模の判定

建物の貸付けが事業として行われているか否かの判定基準は所得税基本通達26－9が定めています。

建物の所有が複数人の共有になっている場合に、同通達の定める基準を充足するか否かの判定を、当該建物全体で判定するのか、各共有者の共有持分で按分して判定するのかが問題となります。

ご質問のケースでいうと、建物全体で判断すると12室なので、事業的規模であるということになり、各共有者の共有持分で按分して判定すると各共有者6室ずつということになり、事業的規模に至らないということになります。

実務的には、このような場合には、建物全体で判断するものとされているので、あなたの不動産所得も、父親の不動産所得も事業的規模のものとして扱われます。

3 青色申告特別控除の適用

事業的規模であるか否かを建物全体で判定することとされているところから、建物全体で65万円の青色申告特別控除が適用になるのではないかとの疑問もありますが、青色申告特別控除は、各共有者の不動産所得が事業的規模のものであるという前提で、各共有者について65万円を控除することができるものと解されています。

9-10 65万円の青色申告特別控除を引くと不動産所得が20万円以下になる場合

質問

私は、会社員で年末調整済の給与所得が500万円あります。

また、私は、父から相続した12室のワンルームマンションを賃貸し不動産所得があります。

昨年は、空室であった期間が多く、また、修繕費も多額に支出したため、不動産所得の金額が70万円でした。

65万円の青色申告特別控除を差し引くと5万円となり20万円以下なので、確定申告をしなくてよいですか。

回答

給与所得と不動産所得を申告しなければなりません。

解説

1 所得税法121条1項の定め

所得税法121条1項は、一の給与等の支払者から給与等の支払いを受け給与所得を有する者で、その年中において支払いを受けるべき給与等の金額が2,000万円以下であるものは、当該給与等の全部について同法183条《給与所得に係る源泉徴収義務》又は同法190条《年末調整》の規定による所得税の徴収をされた又はされるべき場合において、その年分の利子所得の金額、配当所得の

金額、不動産所得の金額、事業所得の金額、山林所得の金額、譲渡所得の金額、一時所得の金額及び雑所得の金額の合計額（給与所得及び退職所得以外の所得金額）が20万円以下であるときは、原則として、確定申告書の提出を要しないと定めています。

2 青色申告特別控除の適用要件

措置法25条の2第5項は、65万円の青色申告特別控除の適用は、次の要件を満たした場合に限り適用すると規定しています。

> ① 確定申告書に65万円控除の適用を受けようとする旨及び控除を受ける金額の計算に関する事項の記載があること
> ② 確定申告書に、帳簿書類に基づき財務省令で定めるところにより作成された貸借対照表、損益計算書その他不動産所得の金額又は事業所得の金額の計算に関する明細書の添付があること
> ③ 確定申告書をその提出期限までに提出したこと

他方、10万円の青色申告特別控除を規定する同条1項は、青色申告書を提出することにつき税務署長の承認を受けている個人という要件以外の要件を規定していません。

3 所得税基本通達121－6の定め

所得税基本通達121－6は、所得税法121条1項1号に規定する「給与所得及び退職所得以外の所得金額」とは、所得税法及びその他の法令の規定により確定申告書の提出又は確定申告書への記載若しくは明細書等の添付を要件として適用される特例等を適用しないで計算した総所得金額、退職所得金額及び山林所得金額の合計額から、給与所得の金額及び退職所得の金額の合計額を控除した金額をいうものとすると定めています。

所得税法や租税特別措置法の規定の中には、確定申告書の提出又は確定申告書への記載若しくは明細書等の添付を要件として適用される所得金額の計算の特例があります。

このような場合には、20万円以下であるか否かを判断する「給与所得及び

退職所得以外の所得」の金額は、確定申告書の提出又は確定申告書への記載若しくは明細書等の添付を要件として適用される所得金額の計算の特例を適用しないで計算した所得金額を基に計算することになります。

　例えば、65万円の青色申告特別控除を受けるためには、確定申告書に65万円の特別控除を受けようとする旨及びその適用を受ける金額の計算に関する事項を記載することが要件になっています（措法25の2⑤）。

　年末調整済の給与所得と不動産所得のある納税者の場合、10万円の青色申告特別控除を適用して不動産所得を計算すると「給与所得及び退職所得以外の所得」の金額が20万円以下になるという場合には、確定申告をする必要はないということになります。

　しかし、同様の納税者が、65万円の青色申告特別控除を適用して不動産所得を計算すると「給与所得及び退職所得以外の所得」の金額が20万円以下になるが、10万円の青色申告特別控除を適用しただけでは、「給与所得及び退職所得以外の所得」の金額が20万円超になる場合には、確定申告をする必要があるということになります。

9-11　年の中途から青色事業専従者にすることの可否

質問

　私の娘は3年前に結婚して家を出ましたが、本年6月に離婚して実家である私の家に戻ってきました。
　私が個人で経営しているマンション賃貸業（事業的規模のもの）の管理業務を通常の条件でやらせようと考えていますが、青色事業専従者にすることはできますか。

回答

　青色事業専従者として娘さんに支払った青色事業専従者給与は、あなたの事業所得の計算上必要経費に算入されます。

解　説

1 青色事業専従者

　不動産所得、事業所得又は山林所得を生ずべき事業を営む青色申告者が、青色事業専従者給与に関する届出書に記載した方法に従ってその記載されている金額の範囲内で青色事業専従者に給与の支払いをした場合には、その労務に従事した期間、労務の性質及びその提供の程度などからみて、その労務の対価として相当であると認められる金額を、その青色申告者の事業から生じた不動産所得の金額、事業所得の金額又は山林所得の金額の計算上、必要経費に算入します。

　この場合、必要経費に算入した青色事業専従者給与の金額は、その青色事業専従者の給与所得の収入金額とされます。

　青色事業専従者とは、次のいずれにも該当する人をいいます（所法57①⑦、所令165）。

①	青色申告者と生計を一にする配偶者その他の親族であること
②	その年12月31日現在（専従者又は青色申告者が年の中途で死亡した場合には、それぞれ死亡当時）で年齢15歳以上であること。
③	その年を通じて6月を超える期間、青色申告者の経営する事業に専ら従事していること 　ただし、次のような場合には、事業に従事することができると認められる期間を通じてその期間の2分の1を超える期間専ら事業に従事すれば、青色事業専従者と判定されます。 イ　年の中途の開業、廃業、休業又は青色申告者の死亡、その事業が季節営業であることなどの理由により、事業がその年中を通じて営まれなかった場合（所令165①一） ロ　事業に従事する親族の死亡、長期の病気、婚姻その他相当の理由によって、その年中を通じて青色申告者と生計を一にする親族として事業に従事することができなかった場合（所令165①二）

2 事業に従事する親族の死亡、長期の病気、婚姻その他相当の理由

　所得税法施行令165条1項2号に規定する「その他相当の理由」に該当する事情があれば、事業に従事することができると認められる期間を通じてその

期間の2分の1を超える期間専ら事業に従事していれば、青色事業専従者に該当することになります。

相当の理由の内容は、社会通念に基づき具体的に決まることになりますが、例えば縁組、離婚等の身分関係の異動、疾病あるいは傷害による心身の重大な障害、就職、退職、入学、退学は、相当の理由になるものと考えられます。

したがって、娘さんが実家に戻った時からその年の年末までの期間を従事可能期間として、娘さんがその2分の1を超える期間専らあなたの営む事業に従事していれば、娘さんは青色事業専従者に該当することになるので、青色事業専従者給与に関する届出書を提出すれば、支払った給与の金額が適正なものである限り、その給与の金額は、あなたの不動産所得の金額の計算上、必要経費に算入されます。

なお、あなたの不動産所得の金額の計算上、娘さんに支払った給与の金額を青色事業専従者給与として必要経費に算入するためには、娘さんがあなたの不動産所得を生ずべき事業（マンション賃貸業）に従事することとなった日から2か月以内に、「青色事業専従者給与に関する届出書」を納税地の所轄税務署長に提出することとされています（所規36の4③）。

9-12 年の中途で青色専従者給与の額を変更する場合

質問

私は、個人でマンション賃貸業を営み、青色申告で確定申告をしていますが、本年3月に新しいマンションを取得しました。

従前から、私の長男にマンションの管理業務をさせていましたが、新しいマンションを取得し、管理業務が大幅に増えたので、これを機に、青色事業専従者給与の額を増額したいと思っているのですが、どうしたらよいですか。

回答

増額後の青色事業専従者給与の金額が適正なものであれば、年の中途における青色事業専従者給与の額の変更をすることができます。

その場合には、「青色事業専従者給与に関する変更届出書」を提出することになります。

解説

1 青色事業専従者給与に関する届出書

　所得税法57条2項は、その年分以後の各年分の所得税につき同条1項の適用を受けようとする居住者は、その年3月15日まで（その年1月16日以後新たに同項の事業を開始した場合には、その事業を開始した日から2月以内）に、青色事業専従者の氏名、その職務の内容及び給与の金額並びにその給与の支給期その他財務省令で定める事項を記載した書類を納税地の所轄税務署長に提出しなければならないと規定しています。

　所得税法施行規則36条の4第1項は、所得税法57条2項に規定する財務省令で定める事項は、次に定める事項とすると規定しています。

> ① 所得税法57条2項に規定する書類を提出する者の氏名及び住所（国内に住所がない場合には、居所）並びに住所地（国内に住所がない場合には、居所地）と納税地とが異なる場合には、その納税地
> ② 所得税法57条1項に規定する青色事業専従者の①の者との続柄及び年齢
> ③ 青色事業専従者が他の業務に従事している場合には、その事実
> ④ その事業に従事する他の使用人に対し支払う給与の金額並びにその支給の方法及び形態
> ⑤ 昇給の基準その他参考となるべき事項

2 青色事業専従者給与に関する変更届出書

　所得税法施行令164条2項は、所得税法57条2項に規定する書類を提出した居住者は、当該書類に記載した事項を変更する場合には、財務省令で定めるところにより、その旨その他必要な事項を記載した書類を納税地の所轄税務署長に提出しなければならないと規定しています。

　そして、所得税法施行規則36条の4第2項は、所得税法57条2項に規定する書類に記載した青色事業専従者の給与の金額の基準を変更する場合には、遅滞なく、次に掲げる事由を記載した書類を納税地の所轄税務署長に提出し

なければならないと規定しています。

> ①　当該書類を提出する者の氏名及び住所（国内に住所がない場合には、居所）並びに住所地（国内に住所がない場合には、居所地）と納税地が異なる場合には、その納税地
> ②　その変更する内容及びその理由
> ③　その他参考となるべき事項

「青色事業専従者給与に関する届出書」には、具体的な給与や賞与の金額を記載する他に昇給の基準も記載することができます。

したがって、あらかじめ昇給の基準を記載しておくことによって、その後の変更届出書の提出を省略することができます。

この場合においても、給与規程を変更したり、通常の昇給の枠を超えて給与を増額する場合には、変更届出書を提出する必要があります。

「給与の金額の基準を変更する場合」において変更届出書を提出する場合には、遅滞なく納税地の所轄税務署長に提出することとされていますが、この「遅滞なく」の解釈については、特に法令上の定めがないので、少なくとも変更後の給与を最初に支給するまでに提出したらよいでしょう。

青色事業専従者給与の金額を変更した場合には、原則として変更届出書を提出することになりますが、その変更の内容が給与の額を減額するものである場合には、提出しなくてもよいこととされています。

9-13　青色事業専従者に支払う退職金

質問

私は、20室ある賃貸マンションを経営し、娘が10年間このマンションの管理人をしており青色事業専従者給与を支払っていました。

今年娘が結婚し、家を出ることになるので相応の退職金を支払いたいと思っています。

この退職金は私の不動産所得の必要経費になりますか。

回答

青色事業専従者に対して退職金を支払っても必要経費に算入することはできません。

解説

1 青色事業専従者給与の必要経費算入

　所得税法56条は、居住者と生計を一にする配偶者その他の親族がその居住者の営む不動産所得、事業所得又は山林所得を生ずべき事業に従事したことその他の事由により当該事業から対価の支払いを受ける場合には、その対価に相当する金額は、その居住者の当該事業に係る不動産所得の金額、事業所得の金額又は山林所得の金額の計算上、必要経費に算入しないとし、同法57条1項は、青色申告書を提出することにつき税務署長の承認を受けている居住者と生計を一にする配偶者その他の親族が受ける「給与」のうち一定のものをその支払った居住者の必要経費に算入すると規定しています。

2 退職金は所得税法57条1項に規定する「給与」に含まれるか

　退職金が所得税法57条1項に規定する「給与」に含まれるとすれば、労務に従事した期間、労務の性質及びその提供の程度、その事業の種類及び規模、その事業と同種の事業でその規模が類似するものが支給する給与の状況その他の政令（所令164①）で定める状況に照らしその労務の対価として相当であると認められる限り、必要経費に算入することができるということになります。

　所得税法57条1項は、「その給与の金額」は、その居住者の不動産所得の金額、事業所得の金額又は山林所得の金額の計算上必要経費に算入し、かつ、当該青色事業専従者の当該年分の給与所得に算入すると規定しており、居住者の必要経費に算入されたものは、当該青色事業専従者の給与所得に係る収入金額とされ、青色事業専従者の退職所得に係る収入金額とすると規定されていません。

　このことからも、実務的には、所得税法57条1項に規定する「給与」は、青色事業専従者の給与所得の収入金額となる給料、賞与、手当等であって、

退職所得（所法30）の収入金額となる退職金や雑所得（所法35③）の収入金額となるべき退職年金は、これに含まれないものと解されています。

したがって、必要経費に算入される青色事業専従者給与というのは、その事業専従者が従事している期間に受ける給与、賞与、手当等に限られ、退職金を支払っても、その退職金を不動産所得の必要経費に算入することはできません。

9-14 青色申告特別控除を10万円から65万円に変更する際の手続

質問

私は、昨年までは、8室の賃貸マンションを1棟所有して不動産所得で10万円の青色申告特別控除を適用していましたが、本年は8室の賃貸マンションを1棟新たに購入し、合計で16室の賃貸をすることになりました。

10室以上になるので、65万円の青色申告特別控除が適用になると思うのですが、何か手続が必要ですか。

回答

届出や申請などの手続は何ら必要ありません。

解説

1 青色申告の要件

所得税法148条1項は、同法143条《青色申告》の承認を受けている居住者は、財務省令（所規56～64）で定めるところにより、同条に規定する業務につき帳簿書類を備え付けてこれに不動産所得の金額、事業所得の金額及び山林所得の金額に係る取引を記録し、かつ、当該帳簿書類を保存しなければならないと規定しています。

2　10万円の青色申告特別控除の要件

　措置法25条の2第1項は、10万円の青色申告特別控除の要件を「青色申告書を提出することにつき税務署長の承認を受けている個人であること」と規定しています。

3　65万円の青色申告特別控除の要件

　措置法25条の2第3項、第5項は、65万円の青色申告特別控除の要件を次のとおり規定しています。

①　青色申告書を提出することにつき税務署長の承認を受けている個人であること
②　不動産所得又は事業所得を生ずべき事業を営むものであること
③　所得税法148条1項《青色申告者の帳簿書類》の規定により、事業につき帳簿書類を備え付けてこれにその承認を受けている年分の不動産所得の金額又は事業所得の金額に係る取引を記録していること（これらの所得の金額に係る一切の取引の内容を詳細に記録している場合として財務省令（措規9の6①）で定める場合に限られます。）
④　確定申告書に65万円控除の適用を受けようとする旨及び当該控除を受ける金額の計算に関する事項の記載及び帳簿書類に基づき財務省令（措規9の6②）で定めるところにより作成された貸借対照表、損益計算書その他不動産所得の金額又は事業所得の金額の計算書の添付があること
⑤　確定申告書をその提出期限までに提出していること

4　青色申告特別控除を10万円から65万円に変更する場合

　65万円の青色申告特別控除の適用を受けるための要件は上記3のとおりであり、特に届出や申請という手続は必要とされていません。

　したがって、従前10万円の青色申告特別控除を適用していた者が65万円の青色申告特別控除の適用を受けるという場合には、上記3の要件を満たしている限り特に手続は必要ありません。

5 10万円の青色申告特別控除と65万円の青色申告特別控除の相違点

10万円の青色申告特別控除と65万円の青色申告特別控除の要件は次の点で異なっています。

(1) 10万円の青色申告特別控除は青色申告書を提出することにつき税務署長の承認を受けている個人であればできますが、65万円の青色申告特別控除は、不動産所得が事業的規模でなければできません。

(2) 10万円の青色申告特別控除は、期限内申告でなくとも適用できますが、65万円の青色申告特別控除は、期限内申告でなければできません。

(3) 10万円の青色申告特別控除は、不動産所得、事業所得及び山林所得について適用できますが、65万円の青色申告特別控除が認められるのは、不動産所得と事業所得に限られ、山林所得には適用がありません。

9-15 修正申告をする際の青色申告特別控除

質問

私は会社員ですが、賃貸マンション13室を所有し、不動産所得があり、期限内に確定申告をしています。

昨年は、諸々の経費がかさみ、青色申告特別控除前の所得金額が30万円となったので、青色申告特別控除の金額を30万円として確定申告をしました。

確定申告書を提出した後、決算に計算誤りがあることが分かり、青色申告特別控除前の所得金額が100万円になりました。

修正申告をするに当たって、青色申告特別控除の金額は65万円になるのですか、当初申告の時の30万円になるのですか。

回答

青色申告特別控除の金額は65万円になります。

解　説

1　10万円の青色申告特別控除の要件

　措置法25条の2第1項は、10万円の青色申告特別控除の要件を「青色申告書を提出することにつき税務署長の承認を受けている個人であること」と規定しています。

2　65万円の青色申告特別控除の要件

　措置法25条の2第3項、第5項は、65万円の青色申告特別控除の要件を次のとおり規定しています。

①　青色申告書を提出することにつき税務署長の承認を受けている個人であること
②　不動産所得又は事業所得を生ずべき事業を営むものであること
③　所得税法148条1項《青色申告者の帳簿書類》の規定により、事業につき帳簿書類を備え付けてこれにその承認を受けている年分の不動産所得の金額又は事業所得の金額に係る取引を記録していること（これらの所得の金額に係る一切の取引の内容を詳細に記録している場合として財務省令（措規9の6①）で定める場合に限られます。）
④　確定申告書に65万円控除の適用を受けようとする旨及び当該控除を受ける金額の計算に関する事項の記載及び帳簿書類に基づき財務省令（措規9の6②）で定めるところにより作成された貸借対照表、損益計算書その他不動産所得の金額又は事業所得の金額の計算書の添付があること
⑤　確定申告書をその提出期限までに提出していること

3　措置法通達25の2－3

　措置法通達25の2－3は、次のとおり定めています。

①　措置法25条の2第1項の規定による青色申告特別控除は、確定申告書への記載を要件とするものではないから、同項の適用を受けることができる者がその控除をしないところで確定申告書を提出している場合であっても、修正申告、更正等によりその控除を受けることができる。

② 措置法25条の2第1項の規定による青色申告特別控除は、確定申告書に記載されている不動産所得の金額、事業所得の金額又は山林所得の金額が修正申告又は更正等により異動することとなったため青色申告特別控除額にも異動が生ずることとなった場合には、その異動後の控除額によりこれらの所得の金額を計算する。

4 措置法通達25の2－4

　措置法通達25の2－4は、措置法25条の2第3項及び第5項の規定による青色申告特別控除は、確定申告書に記載されている不動産所得の金額又は事業所得の金額が、修正申告又は更正（再更正を含む。）により異動することとなったため当該確定申告書に記載されている青色申告特別控除にも異動が生ずることとなった場合には、その異動後の控除額によりこれらの所得の金額を計算すると定めています。

　65万円の青色申告特別控除は、確定申告書をその提出期限までに提出していることが適用要件ですが、修正申告や更正の場合には、確定申告書に記載された金額が上限になるわけではありません。

9-16 年の途中で事業主が死亡した場合の所得控除等の取扱い

質問

　私の夫は15室の賃貸マンションを所有し不動産所得がありましたが、本年4月に死亡しました。私は、夫の生前は、夫の青色事業専従者として専従者給与を受けていましたが、夫が死亡してから3か月後に、遺産分割協議により、夫の賃貸マンションを相続することになりました。私には、今年10月で23歳になる長女と20歳の長男がいますが、いずれも大学生で仕事をしていません。私と夫の所得税の申告において、青色事業専従者給与と所得控除はどのようにしたらよいのでしょうか。

回答

夫の準確定申告において青色事業専従者給与の額を必要経費に算入できます。

また、あなたの確定申告において寡婦控除を適用することができます。

さらに、扶養親族等の所得金額の要件を満たす場合には、死亡した夫の準確定申告とあなたの確定申告で長女、長男を扶養控除等の対象にすることができます。

解説

1 準確定申告の場合の扶養控除等

所得税法85条3項は、同法79条及び81条から84条までの各所得控除の対象者が、次の①から⑧の要件に該当するかどうかの判定は、その年の12月31日の現況によるとし、その判定対象となる者がその当時既に死亡している場合は、その死亡の時の現況によると定めています。

① 老人控除対象配偶者（同法2条1項33号の3）
② その他の控除対象配偶者（同項33号の2）
③ その他の同一生計配偶者（同項33号）
④ 同法83条の2第1項《配偶者特別控除》に規定する生計を一にする配偶者
⑤ 特定扶養親族（同法2条1項34号の3）
⑥ 老人扶養親族（同項34号の4）
⑦ その他の控除対象扶養親族（同項34号の2）
⑧ その他の扶養親族（同法2条1項34号）

そして、所得税基本通達85-1は、年の中途において死亡し又は出国をした居住者の配偶者その他の親族がその居住者の同一生計配偶者若しくは所得税法83条の2第1項に規定する生計を一にする配偶者又は扶養親族に該当するかどうかの判定に当たっては、次によるものと定めています。

(1) 当該親族等がその居住者と生計を一にしていたかどうか、及び親族関係にあったかどうかは、その死亡又は出国の時（その年1月1日から当該時までに死亡した親族等については、当該親族等の死亡の時）の現況により判定する。

(2) 当該親族等が同一生計配偶者若しくは配偶者又は扶養親族に該当するかどうかは、その死亡又は出国の時の現況により見積もったその年1月1日から12月31日までの当該親族等の合計所得金額（所法2①三十ロ）により判定する。

3 質問者の青色事業専従者給与

あなたの夫は、4月に死亡していますので、あなたの青色事業専従者給与が、あなたの夫の準確定申告において、必要経費として認められるかという問題がありますが、所得税法施行令165条1項により、当該事業に従事することができると認められる期間を通じてその2分の1に相当する期間をこえる期間当該事業に専ら従事すれば足りるとされているので、あなたの夫が不動産賃貸という事業を営んでいた期間を基準にその2分の1を超える期間その事業に専ら従事していれば、青色事業専従者給与は必要経費に算入することができます。

4 質問者の申告における寡婦控除

あなたは、夫の賃貸マンションを承継していますので、自らの不動産所得の確定申告において、寡婦控除（所法81）の適用の可否が問題になります。

所得税法85条1項は、寡婦（寡夫）控除の寡婦（寡夫）に該当するかどうかの判定は、その年の12月31日の現況によると定めています。

寡婦は、所得税法2条1項30号がその定義を定めていますが、夫と死別後婚姻しておらず、かつ、扶養親族がいれば、所得の多寡にかかわらず該当することになります。

控除対象配偶者（所法2①三十三の二）と扶養親族（所法2①三十四）は、所得税法57条1項《事業に専従する親族がある場合の必要経費の特例等》に規定する青色事業専従者に該当するもので同項に規定する給与の支払いを受けるもの及び同条3項に規定する事業専従者に該当するものが除外されていますが、寡婦（寡夫）については、このような除外規定がありません。

したがって、あなたは、夫から承継した賃貸マンションに係る不動産所得を申告する際には、寡婦控除を受けることができます。

5 質問者自身の申告における扶養控除

　あなたの夫の準確定申告において扶養控除の対象とした長男と長女を、あなた自身の確定申告で再度扶養控除の対象とすることができるかという問題があります。

　所得税基本通達83～84－1は、年の中途において死亡し又は出国をした居住者の控除対象配偶者若しくは所得税法83条の2第1項に規定する生計を一にする配偶者（以下「配偶者」という。）又は控除対象扶養親族として控除された者であっても、その後、その年中において相続人等他の居住者の控除対象配偶者若しくは配偶者又は控除対象扶養親族にも該当する者については、当該他の居住者が自己の控除対象配偶者若しくは配偶者又は控除対象扶養親族として控除することができる旨定めています。

　したがって、あなたの夫の準確定申告で扶養控除の対象とした長女及び長男も、その年の12月31日の現況であなたの扶養親族に該当していれば、あなた自身の確定申告で、再度、扶養控除の適用を受けることができることになります。

6 相続開始の後分割協議が整うまでの間の不動産所得

　相続開始の後、遺産分割協議が成立するまでの間の不動産所得は、法定相続分に応じて、各法定相続人に帰属し、遺産分割協議によって、さかのぼってその帰属が変わるものではないとされています。

　その結果、当該不動産を遺産分割によって取得した相続人以外の相続人についても不動産所得が発生することになります。したがって、扶養親族等に該当するか否かを判定する際には、この間の不動産所得を計算に入れて判定する必要があります。

9-17 年の途中で事業的規模から業務的規模に変わった場合

質問

私は、7室の賃貸マンションを2棟所有し、昨年まで妻がこのマンションの管理業務を行い、私は妻に青色事業専従者給与を支払い、65万円の青色申告特別控除を適用していました。本年6月、このうちの1棟を売却し、その後は、年末まで、1棟7室のみを賃貸しています。

この場合、青色申告特別控除、青色事業専従者給与の取扱いはどのようになりますか。

回答

青色申告特別控除の適用はできますが、賃貸物件が1棟7室になった後の青色事業専従者給与の額は、必要経費算入はできません。

解説

1 10万円の青色申告特別控除の要件

措置法25条の2第1項は、10万円の青色申告特別控除の要件を「青色申告書を提出することにつき税務署長の承認を受けている個人であること」と規定しています。

2 65万円の青色申告特別控除の要件

措置法25条の2第3項、第5項は、65万円の青色申告特別控除の要件を次のとおり規定しています。

① 青色申告書を提出することにつき税務署長の承認を受けている個人であること
② 不動産所得又は事業所得を生ずべき事業を営むものであること

③ 所得税法148条１項《青色申告者の帳簿書類》の規定により、事業につき帳簿書類を備え付けてこれにその承認を受けている年分の不動産所得の金額又は事業所得の金額に係る取引を記録していること（これらの所得の金額に係る一切の取引の内容を詳細に記録している場合として財務省令（措規９の６①）で定める場合に限られます。）

④ 確定申告書に65万円控除の適用を受けようとする旨及び当該控除を受ける金額の計算に関する事項の記載及び帳簿書類に基づき財務省令（措規９の６②）で定めるところにより作成された貸借対照表、損益計算書その他不動産所得の金額又は事業所得の金額の計算書の添付があること

⑤ 確定申告書をその提出期限までに提出していること

3　65万円の青色申告特別控除の適用の可否

　65万円の青色申告特別控除を規定している措置法25条の２第３項は、65万円控除の適用要件として、「不動産所得又は事業所得を生ずべき事業を営むものであること」を定めています。

　ご質問のケースでは、この要件を、「不動産所得又は事業所得を生ずべき事業を、年を通じて営むものであること」と解すると、65万円の青色申告特別控除の適用がないということになり、「不動産所得又は事業所得を生ずべき事業を、年のどこかで営むものであること」と解すると、65万円の青色申告特別控除の適用があるということになります。

　65万円の青色申告特別控除の適用については、適用年を通じて、その適用要件の存否を判断すべきものと解されるので、「不動産所得又は事業所得を生ずべき事業を、その年において（年のどこかで）営むものであること」と解すべきものと思われますので、年の中途で、事業的規模のものから、これに至らない規模のものとなった場合においても適用があるものと思われます。

4　青色事業専従者給与の取扱い

　所得税法56条は、事業主と生計を一にする配偶者その他の親族がその事業主の営む不動産所得、事業所得又は山林所得を生ずべき事業に従事したことその他の事由により当該事業から対価の支払いを受ける場合の取扱いを次のとおり規定しています。

① その対価に相当する金額は、その事業主のその事業に係る不動産所得の金額、事業所得の金額又は山林所得の金額の計算上、必要経費に算入しない。
② その親族のその対価に係る各種所得の金額の計算上必要経費に算入されるべき金額は、その事業主のその事業に係る不動産所得の金額、事業所得の金額又は山林所得の金額の計算上必要経費に算入する。
③ その親族が支払いを受けた対価の額及びその親族のその対価に係る各種所得の金額の計算上必要経費に算入されるべき金額は、その親族の各種所得の金額の計算上ないものとみなす。

　事業を営む者がその者と生計を一にする親族に給与を支払っても、原則として、必要経費に算入することができませんが、その例外として、事業を営む青色申告者が青色事業専従者に給与の支給をした場合には、一定の要件のもとで、その支給額を必要経費に算入することができます（所法57①）。

　これらの規定は、いずれも、給与の支払者が不動産所得、事業所得又は山林所得を生ずべき事業を営んでいることを前提としています。不動産所得については、その給与の支払いの各時点で、事業的規模であるか否かを判定することができる（所基通26－9）ので、事業的規模で不動産所得を生ずべき事業を営んでいると認められる時点において支払われた青色事業専従者給与は必要経費に算入されますが、事業的規模でなくなった後の青色事業専従者に支払った給与の金額は必要経費算入の要件を欠き、必要経費に算入することはできないものと考えられます。

第 10 章

損益通算

10-1 別荘を貸し付けた場合の不動産所得の損失の損益通算

質問

私は、個人で事業を経営しており、事業所得があります。

昨年、あるリゾート地にリゾートマンションを1室購入しました。

年のうち30日間は私が優先的にかつ一般の人と比べて安い料金で使用できるという条件で、購入と同時に販売会社に賃貸しました。

販売会社に賃貸したことによる不動産所得については、減価償却費や借入金の利息で損失になります。

この不動産所得の損失は、事業所得と損益通算ができますか。

回答

その不動産所得の損失は、他の所得と損益通算はできません。

解説

1 損益通算についての所得税法の定め

所得税法69条1項は、総所得金額（所法22②）、退職所得金額又は山林所得金額を計算する場合において、不動産所得の金額、事業所得の金額、山林所得の金額又は譲渡所得の金額の計算上生じた損失の金額があるときは、政令で定める順序により、これを他の各種所得の金額から控除すると規定しています。

そして、所得税法施行令198条は、不動産所得の金額の計算上生じた損失の損益通算について次のとおり規定しています。

① 不動産所得の金額又は事業所得の金額の計算上生じた損失の金額があるときは、これをまず他の利子所得の金額、配当所得の金額、不動産所得の金額、事業所得の金額、給与所得の金額及び雑所得の金額（経常所得の金額）から控除する（1号）。

② ①の場合において、①の控除をしてもなお控除しきれない損失の金額があるときは、これを譲渡所得の金額及び一時所得の金額から順次控除する（3号）。

2 損益通算における所得税法69条2項の定め

　所得税法69条2項は、同条1項の場合において、同項に規定する損失の金額のうちに同法62条1項《生活に通常必要でない資産の災害による損失》に規定する資産に係る所得の金額（生活に通常必要でない資産に係る所得の金額）の計算上生じた損失の金額があるときは、当該損失の金額のうち政令（所令200①）で定めるものは政令（所令200②）で定めるところにより他の生活に通常必要でない資産に係る所得の金額から控除するものとし、当該政令（所令200①）で定めるもの以外のもの及び当該控除をしてもなお控除しきれないものは生じなかったものとみなすと規定しています。

　所得税法62条1項に規定する資産は、所得税法施行令178条が次のように規定しています。

①　競走馬（その規模、収益の状況その他の事情に照らし事業と認められるものの用に供されるものを除く。）その他射こう的行為の手段となる動産
②　通常自己及び自己と生計を一にする親族が居住の用に供しない家屋で主として趣味、娯楽又は保養の用に供する目的で所有するものその他主として趣味、娯楽、保養又は鑑賞の目的で所有する資産
③　生活の用に供する動産で所得税法施行令25条《譲渡所得について非課税とされる生活用動産の範囲》の規定に該当しないもの

3 質問のケース

　ご質問のケースで、自分が有利な条件で優先的に利用できる権利がなければ、通常の不動産所得として、その損失は、所得税法69条2項が適用になることなく、同条1項により、他の所得と損益通算をすることができます。

　しかしながら、この条件を付けて賃貸したことにより、当該不動産は、所得税法施行令178条1項2号に該当する資産、すなわち、所得税法69条2項にいうところの「所得税法62条1項に規定する資産」に該当することになるので、この資産に係る所得の金額の計算上生じた損失の金額があるときは、生じなかったものとみなされ、損益通算の対象にならないということになります。

10-2 非居住者の純損失の繰越控除

質問

私は、会社員ですが、1年半の予定で海外支店に勤務をすることになりました。

私は、日本国内に賃貸アパートを所有し、青色申告で不動産所得の申告をしていました。

海外支店に勤務している間に多額の経費がかかり、不動産所得の金額が赤字になりそうなのですが、海外支店に勤務している間の不動産所得の赤字は純損失の金額の繰越控除ができますか。

回答

純損失の金額は、3年間の繰越控除ができます。

解説

1 純損失の繰越控除

所得税法2条1項25号は、「純損失の金額」とは同法69条1項《損益通算》に規定する損失の金額のうち同条の規定を適用してもなお控除しきれない部分の金額をいうと定義しています。

そして、所得税法70条1項は、前年以前3年以内の各年において生じた純損失の金額がある場合には、次の要件の下、政令（所令201）で定めるところにより、総所得金額、退職所得金額又は山林所得金額の計算上控除すると規定しています。

> ① 青色申告書を提出している年に発生した純損失であること。
> ② 所得税法70条1項の規定により前年以前において控除されたもの及び同法142条2項《純損失の繰戻し還付》の規定により還付を受けるべき金額の計算の基礎となった純損失の金額でないこと。
> ③ 純損失の金額が生じた年分の所得税につき確定申告書を提出し、かつ、その後において連続して確定申告書を提出していること。

2　1年半の予定で海外支店に勤務することになった場合

　居住者とは、国内に住所を有している者及び現在まで引き続いて1年以上居所を有する者をいい、非居住者とは居住者以外の個人をいいます（所法2①三、五）。

　所得税法施行令15条1項は、国外に居住することとなった個人が次のいずれかに該当する場合には、その者は、国内に住所を有しない者と推定する旨規定しています。

(1)　その者が国外において、継続して1年以上居住することを通常必要とする職業を有すること
(2)　その者が外国の国籍を有し、又は外国の法令によりその外国に永住する許可を受けており、かつ、その者が国内において生計を一にする配偶者その他の親族を有しないことその他国内におけるその者の職業及び資産の有無等の状況に照らし、その者が再び国内に帰り、主として国内に居住するものと推測するに足りる事実がないこと

　したがって、1年半の予定で海外支店に勤務を始めた時から非居住者になります。

3　非居住者の課税所得の範囲

　所得税法7条1項3号は、非居住者の課税範囲を、同法164条1項各号《非居住者に対する課税の方法》に掲げる非居住者の区分に応じそれぞれ同項各号及び同条2項各号に定める国内源泉所得と規定しています。

　所得税法164条1項は、非居住者が総合課税の方法によって課税を受ける国内源泉所得を、恒久的施設を有する非居住者（同項1号）と恒久的施設を有しない非居住者（同項2号）に区分して規定しています。

　そして、いずれの場合も所得税法161条1項7号に規定する国内源泉所得は課税対象となっています。

4　非居住者が日本国内において不動産を賃貸し、不動産所得がある場合

　所得税法161条1項は「国内源泉所得」を規定していますが、国内において

不動産を貸し付けて対価を取得した場合には、同項7号に該当することになります。

したがって、この場合には、非居住者は所得税法164条1項により総合課税の方法により課税されることになります。

5 居住者についての規定の非居住者への準用

青色申告を規定する所得税法143条～151条（第2編第5章）、純損失の繰越控除を規定する同法70条（第2編第2章）は、いずれも居住者についての規定です。

所得税法166条は、所得税法第2編第5章及び6章《居住者に係る申告、納付及び還付》の規定は、非居住者の総合課税に係る所得税についての申告、納付及び還付について準用すると規定し、同法165条は、同法164条1項各号に定める国内源泉所得について課する所得税（総合課税に係る所得税）の課税標準及び所得税の額は、当該各号に定める国内源泉所得について、別段の定めのあるものを除き、所得税法第2編第1章から第4章まで（居住者に係る所得税の課税標準、税額等の計算）（同条所定の例外を除く。）の規定に準じて計算した金額とすると規定しています。

これらの規定により、居住者についての青色申告、純損失の繰越控除の規定は、非居住者についても同じように適用になります。

10-3 居住者期間中の純損失の金額は非居住者となった後の申告で繰越控除できるか

質問

私は、会社員で給与所得以外に不動産の貸付けによる所得があり、青色申告書により不動産所得として確定申告をしています。

昨年は、不動産所得に多額の赤字があり、給与所得の金額と損益通算をしましたが、引ききれない赤字（純損失の金額）が残ってしまいました。

本年2月に、勤務先の海外支店に勤務することになり非居住者になりまし

たが、賃貸不動産は、国内勤務の間と同じように賃貸しています。

非居住者になった後の申告における純損失の金額の取扱いはどのようにしたらよいのですか。

回答

純損失の金額は、3年間の繰越控除ができます。

解説

1 年の中途で非居住者が居住者となった場合の税額の計算

所得税法102条は、次の者に課税する所得税の額について規定しています。

> ① その年の12月31日（その年の中途において死亡した場合には、その日）において居住者である者でその年において非居住者であった期間を有するもの
> ② その年の中途において出国（所法2①四十二）をする居住者でその年1月1日からその出国の日までの間に非居住者であった期間を有するもの

同条は、これらの者に対して課する所得税の額は、居住者であった期間内に生じた所得税法7条1項1号《居住者の課税所得の範囲》に掲げる所得（非永住者であった期間がある場合には、当該期間については、同項2号に掲げる所得）並びに非居住者であった期間内に生じた同法164条1項各号《非居住者に対する課税の方法》に掲げる非居住者の区分に応ずる同項各号及び同条2項各号に掲げる国内源泉所得を基礎として政令で定めるところにより計算した金額によると規定しています。

2 所得税法施行令258条の定め

所得税法102条の規定の具体的な内容は、同法施行令258条が次のとおり規定しています。

> ① その者がその年において居住者であった期間（居住者期間）内に生じた所得税法7条1項1号《居住者の課税所得の範囲》に掲げる所得（居住者期間のうちに非永住者であった期間がある場合には、当該所得及び当該期間内に生じた同項2号に掲げる所得）及びその者がその年において非居住者であった期間（非居住者期間）

内に生じた同法164条1項各号《非居住者に対する課税の方法》に掲げる非居住者の区分に応ずる当該各号に定める国内源泉所得に係る所得を、同法第2編第2章第2節《各種所得の金額の計算》の規定に準じてそれぞれ各種所得に区分し、その各種所得ごとに所得の金額を計算する（1項1号）。

② ①の所得の金額（①により区分した各種所得のうちに、同種の各種所得で居住者期間内に生じたものと非居住者期間内に生じたものがある場合には、それぞれの各種所得に係る所得の金額の合計額）を基礎とし、所得税法第2編第2章第1節及び第3節《課税標準、損益通算及び損失の繰越控除》の規定に準じて、総所得金額（所法22②）、退職所得金額及び山林所得金額を計算する（1項2号）。

③ 所得税法第2編第2章第4節《所得控除》の規定に準じ②の総所得金額、退職所得金額又は山林所得金額から基礎控除その他の控除をして課税総所得金額、課税退職所得金額又は課税山林所得金額（所法89②）を計算する（1項3号）。

④ ③の課税総所得金額、課税退職所得金額又は課税山林所得金額を基礎とし、所得税法第2編第3章第1節《税率》の規定に準じて所得税の額を計算する（1項4号）。

⑤ その年において所得税法第2編第3章第2節《税額控除》（所得税法165条1項《総合課税に係る所得税の課税標準、税額等の計算》の規定により同節の規定に準じて計算する場合を含む。）の規定により配当控除及び外国税額控除を受けることができる場合に相当する場合には、④の所得税の額からこれらの控除を行い、控除後の所得税の額を計算する（1項5号）。

⑥ 非居住者期間内に支払を受けるべき所得税法164条2項各号に掲げる非居住者の区分に応ずる当該各号に定める国内源泉所得がある場合には、当該国内源泉所得につき所得税法169条《分離課税に係る所得税の課税標準》及び同法170条《分離課税に係る所得税の税率》の規定を適用して所得税の額を計算し、当該所得税の額を⑤の控除後の所得税の額に加算する（1項6号）。

⑦ ①で各種所得ごとに所得の金額を計算する場合において、給与所得、退職所得、所得税法35条3項《公的年金の定義》に規定する公的年金等に係る雑所得又は山林所得、譲渡所得若しくは一時所得で居住者期間内及び非居住者期間内の双方にわたって生じたものがあるときは、これらの所得に係る同法28条3項《給与所得》に規定する給与所得控除額、同条4項若しくは同法57条の2第1項《給与所得者の特定支出の控除の特例》の規定による給与所得の金額、同法30条2項《退職所得》に規定する退職所得控除額、同法35条4項に規定する公的年金等控除額又は同法32条4項《山林所得》、33条4項《譲渡所得》若しくは34条3項《一時所得》に規定する特別控除額は、居住者期間内及び非居住者期間内に生じたこれらの所得をそれぞれ合算した所得につき計算する（2項）。

3 年の中途で居住者が非居住者となった場合

　所得税基本通達165-1は、その年12月31日（その年の中途において死亡し又は出国をした場合には、その死亡又は出国の日）において非居住者である者でその年において居住者であった期間を有する者に対して課する所得税の額は、所得税法165条1項の規定により、同法102条《年の中途で非居住者が居住者となった場合の税額の計算》の規定に準じて計算すると定めています。

　純損失の繰越控除を規定する同法70条（第2編第2章）は、居住者についての規定ですが、同法165条は、同法164条1項各号に定める国内源泉所得について課する所得税（総合課税に係る所得税）の課税標準及び所得税の額は、当該各号に定める国内源泉所得について、別段の定めのあるものを除き、所得税法第2編第1章から第4章まで（居住者に係る所得税の課税標準、税額等の計算）（同条所定の例外を除く）の規定に準じて計算した金額とすると規定しています。

　したがって、居住者についての純損失の繰越控除の規定は、非居住者についても同じように適用になります。

第 11 章

地方税

11-1 不動産貸付けと事業税

質問

私は年金受給者ですが、平成29年からアパートの経営を開始して平成29年分の所得税の確定申告をしたところ、県税事務所から事業税の納税通知書が届きました。

事業税とはどのような税ですか、また、その計算方法などもご教示ください。

【平成29年分の所得税の申告内容】

不動産収入	1,500万円	青色事業専従者給与の額	120万円
必要経費	815万円	青色申告特別控除	65万円
不動産所得	500万円	繰越損失の金額	0円
その他の所得	200万円		

回答

事業税は、事業を行う個人又は法人に対して、所得又は収入金額等を課税標準として課税される地方税（都道府県民税）ですが、個人が行うアパート経営が事業に該当する場合には、個人事業税が課されることになります。

解説

1 不動産貸付けと事業税について

不動産貸付けの場合、その規模が一定の基準を超えて事業（不動産貸付業あるいは駐車場業）に該当するときは、その所得を課税標準として事業税が課税されます（地法72の2③、⑧四、十三、72の49の11①）。

個人事業税の額は、次の算式により計算します（地法72の49の12、14、17）。

算式

$$\left(\underset{(1)}{\text{事業所得・不動産所得の金額}} + \underset{(2)}{\text{青色申告特別控除額}} - \underset{(3)}{\text{損失の繰越等の控除額}} - \underset{(4)}{\text{事業主控除額}}\right) \times \underset{(5)}{\text{税率}} = \text{事業税額}$$

(1) **事業所得・不動産所得の金額**

所得税における事業所得及び不動産所得の計算と同じです（青色事業専従者給与額（事業専従者控除額）及び青色申告特別控除額を控除した後の金額です。）。

(2) **青色申告特別控除額**

個人事業税では、所得税の青色申告特別控除は適用できません（県通3−10の4）。

(3) **損失の繰越等の金額**

次に掲げる損失金額を控除します。

① 損失の繰越控除

損失の生じた年分について期限内に青色申告し、以後連続して申告している場合には3年間控除できます。

② 被災事業用資産の損失の繰越控除

災害で事業用資産に損失が発生した場合において、期限内に申告し、以後連続して申告しているときは3年間控除できます。

③ 事業用資産の譲渡損失の控除

事業用資産を事業の用に供しなくなった日の翌日から1年を経過した日の前日までに譲渡して生じた損失がある場合は、期限内申告に限り控除できます（青色申告の場合、控除しきれなかった損失額を3年間控除できます。）。

(4) **事業主控除額**

年間290万円を控除します。

（注）事業を行った期間が1年に満たない場合は、その月割額となります。

(5) **税率**

標準税率は、第一種事業5％、第二種事業4％、第三種事業5％（う

ち一部の事業は3％）とされており、不動産貸付業及び駐車場業は、第一種事業に該当します。

ご質問の場合の事業税の金額は次のとおりです。

$$\begin{pmatrix}不動産所得\\の金額\end{pmatrix} \begin{pmatrix}青色申告\\特別控除額\end{pmatrix} \begin{pmatrix}損失の繰越\\等の控除額\end{pmatrix} \begin{pmatrix}事業主\\控除額\end{pmatrix} （税率）$$

（5,000,000円 ＋ 650,000円 － 0円 －2,900,000円）× 5 ％ ＝ 137,500円

2 申告と納税

(1) 個人事業税の納税義務者は、上記1の(1)ないし(3)の計算により算出した事業の所得金額が事業主控除額を超える場合には、前年分の所得について翌年の3月15日までに申告しなければなりません（地法72の55）。

　なお、個人事業税の納税義務者が所得税の確定申告書又は個人住民税の申告書を提出している場合には、その提出がされた日に個人事業税の申告がされたものとみなされます（地法72の55の2）。

(2) 個人事業税は、都道府県税事務所から送付される納税通知書により、原則として8月と11月に納付します（地法72の51）。

(3) 個人事業税の納税者は、その納期限後にその税金を納付する場合においては、その税額に、その納期限の翌日から納付の日までの期間の日数に応じ、年14.6％（当該納期限の翌日から1月を経過するまでの期間については、年7.3％）の割合を乗じて計算した金額に相当する延滞金を加算して納付しなければなりません（地法72の53）。

（注）延滞金の割合については特例規定があります（地法附3の2）。

(4) 都道府県は、個人事業税の納税者が(1)の規定により申告し又は報告すべき事項について正当な理由がなくて申告又は報告しなかった場合は、その者に対し、条例により10万円以下の過料をする旨の規定を設けることができるとされています（地法72の57）。

11-2 事業税における「事業的規模」の認定基準

質問

私はアパートの部屋数10室と青空駐車場（駐車可能台数5台）を貸し付けて不動産収入を得ています。

この場合、個人事業税の対象となる「不動産貸付業」や「駐車場業」と認定されるのでしょうか。

回答

部屋数10室以上を貸し付けている場合は事業的規模に該当するとされ、不動産貸付業と認定されます。また、青空駐車場の貸付けは駐車可能台数10台以上が事業的規模に該当するとされ、駐車場業と認定されます。

したがって、ご質問の場合、アパート収入は不動産貸付業と認定されて個人事業税の課税対象となりますが、青空駐車場については個人事業税の課税対象とはなりません。

解説

1 事業的規模の判定

所得税においては、その不動産の貸付けが「事業的規模」か「事業的規模以外」かによって、不動産所得の金額の計算上の取扱いが異なるだけですが、個人事業税においては、その不動産の貸付けが「事業的規模」に該当した場合に課税対象とされ、「事業的規模」の認定基準は所得税のそれとはやや異なります。

なお、個人事業税においても、所得税と同様、不動産貸付けが事業的規模で行われているかどうかの判定は、原則として社会通念上事業と称するに至る程度の規模で行われているかどうか、すなわち、貸付不動産の規模、賃貸料収入及び管理等の状況等を総合的に勘案するなど、実質的に判断するものと思われます。

2 不動産貸付業における事業的規模の認定基準

　個人事業税における不動産貸付業とは、継続して対価の取得を目的として、不動産の貸付け（地上権又は永小作権の設定によるものを含む。）を行う事業をいい、不動産貸付業に該当するかどうかの認定基準は、所得税の取扱いを参考とするとともに、次表のとおりです（県通3－2の1(3)）。

貸付けの態様		認定基準	
住宅用建物	マンション、アパート等の共同住宅	10室以上	左記の基準以下でも、建物総貸付面積が一定面積以上で、かつ、貸付料収入金額が一定額以上である場合（注）
	一戸建住宅	10棟以上	
住宅用以外の建物	独立建物以外の建物（店舗等）	10室以上	
	独立建物（倉庫棟）	5棟以上	
土地	住宅用の土地	貸付契約件数10件以上又は貸付面積2,000m²以上	
	住宅用以外の土地	貸付契約件数10件以上	
種類の異なる不動産を併せて貸し付けている場合		室数、棟数、貸付契約件数の合計が10件以上	

(注)　都道府県により異なります（例：東京都の場合、建物総貸付面積600m²以上であり、かつ、貸付料収入金額が1,000万円以上とされています。）。

3 駐車場業における事業的規模の認定基準

　駐車場業とは、対価の取得を目的として自動車の駐車のための場所を提供する事業をいい、駐車場業に該当するかどうかの認定基準は、次表のとおりです（県通3－2の1(6)）。

区　　分	対象となる駐車場
建築物である駐車場を有する場合 （立体式・地下式・ガレージなど）	駐車可能台数が1台以上
建築物以外の駐車場のみを有する場合 （青空駐車場など）	駐車可能台数が10台以上のもの

なお、駐車場の利用に関する管理業務を行わずに、駐車場用として土地又は建築物を一括して貸し付けている場合やアパートマンションの居住者のために建物附属設備として設置されている駐車場の場合は、原則として不動産貸付業に該当するものと思われます。

4 不動産の貸付けと駐車場の貸付けを併せて行っている場合の所得計算

不動産の貸付けと駐車場の貸付けを併せて行っている場合で、いずれか一方が「不動産貸付業」又は「駐車場業」に該当するときは、課税標準となる所得金額を不動産の貸付けと駐車場の貸付けに区分した上で税額を計算します。

また、所得金額の区分に当たっては、それぞれの必要経費が所得税の申告書等に添付された決算書等で明確に区分されている場合や必要経費の明細書を県税事務所に提出した場合は、その内容に基づいて所得金額を計算します（必要経費が明確でない場合は、それぞれの貸付けに係る収入金額の割合で按分して所得金額を計算します。）。

なお、共有不動産は、持分に関わりなく共有不動産全体の貸付状況により事業的規模かどうかを認定し、税額は持分の所得金額に応じて計算されます。

11-3 償却資産と申告手続について

質問

不動産貸付業や駐車場業を営んでいる事業者は、償却資産の申告をしなければならないと聞いていますが、償却資産とはどのような資産をいうのですか。
また、償却資産の申告手続についてご教示ください。

回答

償却資産とは、土地及び家屋以外の事業用資産で、所得税法（法人税法）の

規定による所得の計算上減価償却費（減価償却額）として必要経費（損金）に算入されるものをいい、具体的には、アパートや駐車場を貸し付けている事業者がその事業の用に供している構築物、駐車設備、外構工事等の固定資産をいいます。

償却資産の所有者は、毎年1月1日現在所有する償却資産の内容について、1月31日までに償却資産の所在する市町村長（都税事務所長）に申告する必要があります。

解説

1 償却資産とは

償却資産は、固定資産のうち土地及び家屋以外の事業の用に供することができる資産（鉱業権、漁業権、特許権その他の無形減価償却資産を除く。）で、その減価償却費（減価償却額）が所得税法（法人税法）の規定による所得の計算上必要経費（損金）に算入されるもののうち、その取得価額が少額である資産その他の政令で定める資産以外のもの（これに類する資産で所得税（法人税）を課されない者が所有するものを含む。）と定義されています（地法341四、地令49）。

また、「事業の用に供することができる資産」とは、現在事業の用に供している資産はもとより、事業として貸し付ける場合や事業の用に供することができる状態にある場合も含まれます（市通3－4）。

2 不動産貸付業等に係る償却資産の申告の対象となる資産

不動産貸付業及び駐車場業における償却資産の申告の対象となる主な資産は、次のとおりです。

業　種	申告対象となる主な償却資産の例
不動産貸付業	受変電設備、発電機設備、蓄電池設備、中央監視制御装置、門扉・堀・緑化施設等の外構工事、駐車場等の舗装及び機械設備
駐車場業	受変電設備、発電機設備、蓄電池設備、駐車装置（機械装置、ターンテーブル）、駐車料金自動計算機、舗装路面等

なお、家屋の所有者が所有する電気設備、ガス設備、給排水設備、衛生設備、冷暖房設備、空調設備、防災設備、運搬設備、清掃設備等の建物附属設備で、家屋に取り付けられ、家屋と構造上一体となって家屋の効用を高めるものについては、家屋（固定資産）と評価されて別途、固定資産税の課税対象となります（総務省告示「固定資産評価基準（第2章家屋第1節七）」）。

したがって、屋外に設置されている電気・ガス設備、給排水設備、外灯、側溝、取り外し可能なエアコン、ソーラーパネルなど、構造的に家屋と一体となっていないものや独立した機械及び装置等としての性格の強いものは償却資産として取り扱われます。また、家屋の所有者以外の者が取り付けた事業用の資産（例：賃借人が取り付けた内装・造作・建築設備等の特定附帯設備）は、当該取り付けた者を所有者とみなして償却資産として取り扱われます（地法343⑨）。

3 償却資産の申告と納税

(1) 償却資産の所有者は、毎年1月1日現在の償却資産の所有状況（所在、種類、数量、取得時期、取得価額、耐用年数等）を記載した申告書を、1月31日までに償却資産の所在する市町村長（都税事務所長）に対して提出することとされています（地法383）。

　（注）2年目以降の申告は、市町村（都税事務所）から事業者に対して送付される「償却資産申告書（償却資産課税台帳）」に記載して提出することとなります。

(2) 固定資産税の納期は、4月、7月、12月及び2月中において市町村（都）の条例で定めることとされています（地法362①）。

　なお、納期が到来した納付税額を納付するに際して、その納期の後の納期に係る納付税額を併せて納付することができます（地法365①）。

　この場合、納税者に対しては、前納報奨金として、市町村（都）が定める報奨金を交付することができるとされています（地法365②）。

(3) 償却資産の課税標準は、賦課期日である1月1日における償却資産の評価額の合計額（決定価格）で償却資産課税台帳に登録されたものとされ（地法349の2、359）、償却資産に対する評価額及び税額の計算方法は、次のとおりです（地法350、351、総務省告示「固定資産評価基準（第3章償却資産第

1節)」)。

① 評価額の計算方法

算　式

イ　前年中に取得した資産（初年度）
　　評価額＝取得価額×（1－減価率×1/2）
ロ　前年前に取得した資産（2年度目以降）
　　評価額＝前年度の評価額×（1－減価率）

(注) 1　取得価額は、通常支出すべき金額であり、所得税法（法人税法）の算定の方法によります。
　　 2　減価率は、固定資産評価基準の別表第15「耐用年数に応ずる減価率表」のとおりですが、この場合の耐用年数は「減価償却資産の耐用年数等に関する省令（昭和40年大蔵省令第15号）」に掲げる耐用年数によります。
　　 3　評価額の最低限度額は、取得価額又は改良費の価格の5％とされています。

② 税額の計算方法

算　式

課税標準額（評価額の合計額）×税率（1.4％）＝税額
(1,000円未満切り捨て)　　　　　　　　　　　　(100円未満切り捨て)

(注) 課税標準額（償却資産の評価額の合計額）が150万円未満の場合は課税されません（地法351）。

(4)　固定資産税の納税者は、納期限後にその税金を納付する場合においては、当該税額に、その納期限の翌日から納付の日までの期間の日数に応じ、年14.6％（当該納期限の翌日から1月を経過する日までの期間については年7.3％）の割合を乗じて計算した金額に相当する延滞金を加算して納付しなければなりません（地法369）。ただし、延滞金の割合については特例があります。

11-4 償却資産の申告対象になる資産とならない資産について

質問

不動産貸付業等において、償却資産の申告の対象となる資産とならない資産にはどのようなものがありますか。

回答

償却資産の申告対象となる資産は、毎年1月1日現在で事業の用に供することができる家屋以外の減価償却資産をいいますが、現在事業の用に供している資産はもちろん、事業として貸し付ける場合や事業の用に供することができる状態にある資産も含まれます。

解説

1 償却資産の申告の対象となる資産

個人事業者における償却資産の申告の対象となる資産は、次のとおりです。
(1) その年の1月1日(賦課期日)現在において事業の用に供することができる資産で、所得税法施行令6条《減価償却資産》に規定する資産のうち、家屋及び無形固定資産以外の有形固定資産(ただし、牛、馬、果樹その他の生物を除く。)で、その減価償却費が所得税法の規定による所得の計算上必要経費に算入される資産(地法341四、市通3-5)
(2) 遊休資産・未稼働資産(維持・補修が行われている資産)(市通3-4)
(3) 償却済資産(減価償却が終了し備忘価額となっている資産)(市通3-5)
(4) 簿外資産(帳簿上記載されていないが本来減価償却可能な資産(市通3-6)
(5) 建設仮勘定で経理されている資産(一部が賦課期日までに完成し事業の用に供されている資産)(市通3-7)
(6) 借用資産(リース資産)で契約内容が所有権留保付割賦販売と同様である資産(市通3-10)
(7) 改良費(資本的支出となる改良費は新たな資産として本体と区分します。)(固

定資産評価基準第3章第1節十三）

(8) 租税特別措置法《中小事業者の少額減価償却資産の取得価額の必要経費算入の特例（措法28の2）》を適用して必要経費に算入した資産（地令49）

2 償却資産の申告の対象とならない資産

個人事業者における償却資産の申告の対象とならない資産は、次のとおりです。

(1) 無形固定資産（ソフトウエア、鉱業権、漁業権等）（市通3－5）
(2) 繰延資産（地法341四、市通3-5）
(3) 所得税法施行令138条《少額の減価償却資産の取引価額の必要経費算入》の規定により、その取得価額が10万円未満の資産のうち必要経費に算入しているもの（地法341四、地令49）
(4) 所得税法施行令139条《一括償却資産の必要経費算入》の規定により、その取得価額が20万円未満の資産のうち3年間で一括償却しているもの（地法341四、地令49）
(5) 所得税法67条の2条《リース取引に係る所得の金額の計算》第1項に規定するリース資産のうち取得価額が20万円未満のもの（地令49ただし書）

3 課税標準の特例、非課税及び減免について

汚水又は廃液の処理施設等の公共の危害防止施設や再生可能エネルギー発電設備等の資源の有効利用機械等の償却資産等については、社会政策及び経済的見地から地方税法において課税標準の特例が設けられ、固定資産税が軽減されます。

また、地方税法に規定する一定の要件を備えた償却資産は、固定資産税が非課税若しくはその全部又は一部が免除されることがあります（地法348、349の3、367、同法附則14、15等）。

※詳細は各市町村（都税事務所）にお問い合わせください。

第12章

その他

12-1 役員をしている法人に貸している土地を無償で返還してもらう場合

質問

私は、私が役員をしている会社に土地を「相当の地代」で賃貸し始め、現在まで賃貸料を受領しています。

このたび、この土地を法人から無償で返還を受けようと考えています。

このことによって、私には課税関係が発生しないと考えてよいですか。

回答

土地の賃貸開始後の地代の金額が、土地の価額の上昇に応じて順次「相当の地代」の額に改訂されていない場合には、給与所得として課税関係が発生する場合があります。

解説

1 法人税基本通達13－1－14の定め

法人税基本通達13－1－14は、法人が借地の上にある自己の建物等を借地権の価額の全部又は一部に相当する金額を含めない価額で譲渡した場合又は借地の返還に当たり、通常その借地権の価額に相当する立退料その他これに類する一時金（立退料等）を授受する取引上の慣行があるにもかかわらず、その額の全部又は一部に相当する金額を授受しなかった場合には、原則として通常収受すべき借地権の対価の額又は立退料等の額と実際に収受した借地権の対価の額又は立退料等の額との差額に相当する金額を相手方に贈与したものとして扱うとしています。

その上で、その譲渡又は借地の返還に当たり通常収受すべき借地権の対価の額又は立退料等の額に相当する金額を収受していないときであっても、その収受をしないことが次に掲げるような理由によるものであるときはこれを認めるものとしています。

① 借地権の設定等に係る契約書において将来借地を無償で返還することが定められていること又はその土地の使用が使用貸借契約によるものであること（いずれも法基通13－1－7に定めるところによりその旨が所轄税務署長に届け出られている場合に限る。）。
② 土地の使用目的が、単に物品置場、駐車場等として土地を更地のまま使用し、又は仮営業所、仮店舗等の簡易な建物の敷地として使用するものであること。
③ 借地上の建物が著しく老朽化したことその他これに類する事由により、借地権が消滅し、又はこれを存続させることが困難であると認められる事情が生じたこと。

2 法人税基本通達13－1－15の定め

　法人税基本通達13－1－15は、借地人である法人が同通達13－1－2に定める相当の地代により賃借した土地に係る借地権を譲渡し、又は当該土地を地主へ返還したときに通常収受すべき借地権の対価の額又は立退料等の額を次のとおり定めています。

① その支払うべき地代の額の改訂方法につき法基通13－1－8の(1)に掲げる方法（土地の価額の上昇に応じて順次その収受する地代の額を相当の地代の額に改訂する方法）によっている場合（法基通13－1－15(1)）	零 ただし、借地権の設定等に当たり支払った権利金又は供与した特別の経済的な利益がある場合には、当該権利金の額又は特別の経済的な利益の額に相当する金額
② ①以外の場合で、その支払っている地代の額が一般地代の額（通常支払うべき権利金を支払った場合に当該土地の価額の上昇に応じて通常支払うべき地代の額）に相当する金額となる時前にその譲渡又は返還が行われたとき（法基通13－1－15(2)イ）	その譲渡又は返還の時における当該土地の更地価額を基礎として法基通13－1－3《相当の地代に満たない地代を収受している場合の権利金の認定》に定める算式に準じて計算した金額
③ ①及び②以外のとき（法基通13－1－15(2)ロ）	その譲渡又は返還の時における当該土地の更地価額を基礎として通常取引される借地権の価額

　この通達においては、借地権の価額は、地代の額から収益還元して底地価額を算出し、これを更地価額から控除するという順序で借地権の評価をする

という考え方に立っています。

同通達(1)は、現に収受している地代の額が相当の地代の額を維持している限りにおいては、土地は依然として更地としての経済価値を維持しているものと見ます。

同通達(2)は、「相当の地代」を当初のまま固定している場合、あるいは、地代の値上げが土地の価格上昇に見合った相当の地代の上昇に追い付かない場合の取扱いです。

このような場合には、土地の価額の上昇により相対的に地代の割合が低下し、これに応じて自然発生的に借地人に借地権価額が帰属していくと考え、その譲渡又は返還がどの時点で行われるかに応じて、それぞれ借地権の価額とすべき金額を算定することとされています。

まず、その支払っている地代の額が一般地代の額に相当する金額となる以前にその譲渡又は返還が行われた場合ですが、このような場合には、その譲渡又は返還の時におけるその土地の更地価額を基礎として、同通達13－1－3《相当の地代に満たない地代を収受している場合の権利金の認定》に定める算式に準じて計算した金額をもって借地権の価額とすることとされています。

法人税基本通達13－1－3に定める算式というのは、地代の額から収益還元して底地価額を算出し、これと更地価額との差額を借地権価額とするもので、具体的には次の算式です。

算式

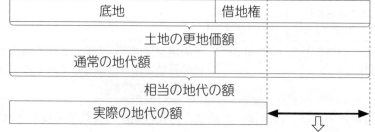

この場合の「土地の更地価額」というのは、相続税評価額ではなく、通常の取引価額を指します。

この算式によって計算すると、地代の額を当初の「相当の地代」の水準のままで固定している場合には、土地の値上り部分がそのまま借地権の価額として計算されることになります。

次に、地代の額が、一般地代の水準になってから後にその譲渡又は返還が行われた場合は、当初に権利金を支払い、その後、土地の価額の上昇に応じて通常の地代を支払っている場合と何ら変わらない状態になっているので、一般の借地権取引の慣行に照らして、通常取引される借地権の価額をもって評価することになります。

12-2 信託を設定した場合

質問

私は、私の所有する土地を信託銀行に信託し、賃貸ビルを建築し、信託配当を受け取ることを考えています。
この場合の課税関係はどうなりますか。

回答

信託配当は、あなたの不動産所得となります。

解説

1 信託

信託法2条1項は、「信託」を、契約、遺言、一定の意思表示等により、特定の者（受託者）が一定の目的に従い財産の管理又は処分及びその他の当該目的の達成のために必要な行為をすべきものとすることをいうと規定しています。

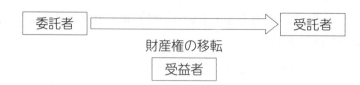

信託契約を締結すると、信託財産に属する資産の所有権は、委託者から受託者に移転します。

2 信託についての所得税法の取扱い

所得税法13条1項は、所得税法の適用に関しては、信託を次のとおり扱う旨規定しています。

> ① 信託の受益者は当該信託の信託財産に属する資産及び負債を有するものとみなす。
> ② 信託財産に帰せられる収益及び費用は当該受益者の収益及び費用とみなす。

3 委託者と受益者が同一の場合

所得税基本通達13－5は、委託者と受益者がそれぞれ一であり、かつ、同一の者である場合の受益者等課税信託（所得税法13条1項に規定する受益者がその信託財産に帰属する資産及び負債を有するものとみなされる信託）においては、次に掲げる移転は受益者である委託者にとって資産の譲渡又は資産の取得には該当しないと定めています。

> ① 信託行為に基づき信託した資産の当該委託者から当該信託の受託者への移転。
> ② 信託の終了に伴う残余財産の給付としての当該資産の当該受託者から当該受益者への移転。

信託行為に基づき信託した資産の委託者から受託者への移転は、資産の譲渡には該当しないということですから、当然、信託行為によって、委託者に譲渡所得が発生することはありません。

他方、信託財産に帰せられる収益及び費用は受益者の収益及び費用とみなすこととされているので、信託財産からの収益すなわち信託財産の賃貸収入は信託の受益者（＝委託者）の賃貸収入ということになります。

したがって、委託者（＝受益者）には不動産所得が発生することになります。

4 委託者と受益者が異なる場合

　信託において、常に委託者と受益者が同一人になるとは限りません。委託者が妻や子を受益者とする信託契約をする場合もあります。

　受益者等課税信託においては、所得税法13条1項が、上記2のとおり規定しています。

　したがって、委託者と受益者が異なっている場合には、信託財産に属する資産及び負債は受益者に属するものとみなされ、信託財産に帰せられる収益及び費用は受益者の収益及び費用とみなされます。

　その結果、信託財産からの収益すなわち信託財産の賃貸収入は、信託の受益者（≠委託者）である妻や子の賃料収入ということになり、受益者である妻や子に不動産所得が発生します。

　また、相続税法9条の2第1項は、信託の効力が生じた場合において、適正な対価を負担せずに当該信託の受益者等となるものがあるときは、当該信託の効力が生じた時において、当該信託の受益者等となる者は、当該信託に関する権利を当該信託の委託者から贈与により取得したものとみなす旨規定しています。

　したがって、適正な対価を負担せずに、信託の受益者となる場合には、信託の利益を受ける権利を委託者が受益者に贈与したものとして、その受益者に贈与税が課されることになります。

12-3 任意組合を作った場合

質問

　私は、昨年死亡した父親から相続した実家の土地を使って、友人と共同でいわゆる「任意組合」をつくり、不動産賃貸をすることを考えています。
　この場合の確定申告はどのようにしたらよいですか。

回答

任意組合の組合員の所得金額は、原則として、その組合の利益の額又は損失の額に基づき、各組合員の分配割合によって計算します。

解説

1 組合についての民法の定め

民法667条1項は、組合契約は、各当事者が出資をして共同の事業を営むことを約することによって、その効力を生ずると規定し、同法674条1項は、当事者が損益分配の割合を定めなかったときは、その割合は、各組合員の出資の価額に応じて定めると規定しています。

2 所得税基本通達36・37共-19の定め

所得税基本通達36・37共-19は、任意組合等の組合員の当該任意組合等において営まれる事業（組合事業）に係る利益の額又は損失の額は、当該任意組合等の利益の額又は損失の額のうち分配割合に応じて利益の分配を受けるべき金額又は損失を負担すべき金額とすると定めています。

併せて、当該分配割合が各組合員の出資の状況、組合事業への寄与の状況などからみて経済的合理性を有していないと認められる場合には、この限りではないと定めています。

組合事業に係る課税については、組合事業に係る資産・負債が個々の組合員の持分に応じて組合員に帰属しており、その事業の収益や損失を各組合員に帰属させることが可能である場合には、直接個々の組合員が納税義務者となります（構成員課税）。

また、任意組合等の組合員の組合事業に係る利益の額又は損失の額の各組合員への分配については、当事者がその割合を組合契約で定めたときはそれに従います。

この場合、分配割合は必ずしも出資の割合と同一である必要はなく、また、利益分配の割合と損失負担の割合を別々に定めることも可能です。

一方、分配割合の定めを無限定に認める場合には、組合員間における財産

の自由な移転を認めることとなり、課税上の弊害があると考えられることから、組合契約において定めた分配割合が経済的合理性を有している場合には、当該分配割合によって差し支えありませんが、例えば、組合員間の資産移転・利益移転を目的としていると認められるような契約など損益分配の割合に経済的合理性がない場合には、所得税の計算上は、当該損益分配の割合によらないということになります。

3 組合における収入・経費の計上時期

　所得税基本通達36・37共－19の2は、任意組合等の組合員の組合事業に係る利益の額又は損失の額は、その年分の各種所得の金額の計算上総収入金額又は必要経費に算入すると定めた上で、組合事業に係る損益を毎年1回以上一定の時期において計算し、かつ、当該組合員への個々の損益の帰属が当該損益発生後1年以内である場合には、当該任意組合等の計算期間を基として計算し、当該計算期間の終了する日の属する年分の各種所得の金額の計算上総収入金額又は必要経費に算入するものとすると定めています。

　この取扱いは、原則的な方法である所得金額の暦年による計算を貫く場合には、暦年以外の計算期間で決算を行う組合については、各組合員が独自に暦年に合わせた損益計算をしなければならないこととなり、所得計算が煩雑になるので、当該任意組合等の計算期間に合わせて当該組合員の組合事業に係る利益の額又は損失の額の計算を行うこととしたものです。

4 組合員の組合事業に係る利益等の額の計算

　所得税基本通達36・37共－20は、同通達36・37共－19、36・37共－19の2により任意組合等の組合員の各種所得の金額の計算上総収入金額又は必要経費に算入する利益の額又は損失の額は、次の(1)の方法により計算するものと定め、ただし、その者が(1)の方法により計算することが困難と認められる場合で、かつ、継続して次の(2)又は(3)の方法により計算している場合には、その計算を認めるものとすると定めています。

(1) 当該組合事業に係る収入金額、支出金額、資産、負債等をその分配割合に応じて各組合員のこれらの金額として計算する方法

(2) 当該組合事業に係る収入金額、その収入金額に係る原価の額及び費用の額並びに損失の額をその配分割合に応じて各組合員のこれらの金額として計算する方法
　この方法による場合には、各組合員は、当該組合事業に係る取引等について非課税所得、配当控除、確定申告による源泉徴収税額の控除等に関する規定の適用はありますが、引当金、準備金等に関する規定の適用はありません。

(3) 当該組合事業について計算される利益の額又は損失の額をその分配割合に応じて各組合員に按分する方法
　この方法による場合には、各組合員は、当該組合事業に係る取引等について、非課税所得、引当金、準備金、配当控除、確定申告による源泉徴収税額の控除等に関する規定の適用はなく、各組合員に按分される利益の額又は損失の額は、当該組合事業の主たる事業の内容に従い、不動産所得、事業所得、山林所得又は雑所得のいずれか一の所得に係る収入金額又は必要経費とします。

　組合事業について計算される利益の額又は損失の額のその者への報告等の状況、その者の当該組合事業への関与の状況その他の状況からみて、その者において当該組合事業に係る収入金額、支出金額、資産、負債等を明らかにできない場合は、「(1)の方法により計算することが困難と認められる場合」に当たることとされます（同通達の注書き）。

　この通達は、専ら各組合員の所得計算が煩雑化することを緩和する見地から定められたものです。

12-4　任意組合における特定組合員の所得計算

質問

　私は、知人と組合契約を締結し、不動産賃貸事業を行っています。
　私が「特定組合員」に該当する場合には、通常の組合契約の場合とは違った取扱いになるということを聞いたのですが、どういうことですか。

回答

　特定組合員又は特定受益者に該当する個人が、組合事業や信託において営まれる事業（組合事業等）から生ずる不動産所得を有している場合、その年分の不動産所得の金額の計算上、その組合事業等による不動産所得の損失の金額として計算した金額があるときは、その損失の金額に相当する金額は生じなかったものとみなされます。

解説

1　措置法41条の4の2の定め

　特定組合員又は特定受益者に該当する個人が、組合事業や信託において営まれる事業（組合事業等）から生ずる不動産所得を有している場合、その年分の不動産所得の金額の計算上、その組合事業等による不動産所得の損失の金額として計算した金額があるときは、その損失の金額に相当する金額は生じなかったものとみなされます。

2　対象となる「組合契約」の内容

　措置法41条の4の2の規定の適用対象となる組合契約は次のものです。

① 　民法667条1項に規定する組合契約（措法41の4の2②一）
② 　投資事業有限責任組合契約に関する法律3条1項に規定する投資事業有限責任組合契約（措法41の4の2②一）
③ 　外国における①及び②に類する契約（措法41の4の2②一）
④ 　外国における有限責任事業組合契約（有限責任事業組合契約に関する法律3条1項に規定する有限責任事業組合契約をいいます。）に類する契約（措令26の6の2⑤）

　外国における任意組合契約又は投資事業有限責任組合契約に類する契約には、例えば、米国におけるゼネラル・パートナーシップ（構成員であるパートナーが経営を担い、事業から生じた損失について、それぞれが無限責任を負うゼネラル・パートナーから構成されるパートナーシップ）契約やリミテッド・パート

ナーシップ（事業の経営を担い、無限責任を負う1人以上のゼネラル・パートナーと事業の経営には参加しないで、出資の範囲内で有限責任を負う1人以上のリミテッド・パートナーから構成されるパートナーシップ）契約等が考えられます。

パートナーシップ契約であっても、その組織の法的構造等により、税法上法人であると分類されるものについては、措置法41条の4の2の規定の対象にはなりません。

3 特定組合員

特定組合員とは、組合契約を締結している組合員である個人のうち、組合事業に係る重要な財産の処分若しくは譲受け又は組合事業に係る多額の借財に関する業務（重要業務）の執行の決定に関与し、かつ、重要業務のうち契約を締結するための交渉その他の重要な部分を自ら執行する組合員以外の組合員をいいます（措法41の4の2①、措令26の6の2①）。

組合契約を締結している組合員である個人が、各年において、特定組合員に該当するかどうかは、その年の12月31日（その組合員がその年の中途において死亡し又は脱退した場合には、その死亡又は脱退した日）において判定します（措令26の6の2②）。

また、組合員である個人が、組合事業の業務執行組合員又は業務執行組合員以外の者に組合事業の業務の執行の全部を委任している場合には、組合事業に係る重要業務の執行の決定に関与し、かつ、重要業務のうち契約を締結するための交渉その他の重要な部分を自ら執行しているかどうかにかかわらず、特定組合員に該当するものとされています（措令26の6の2③）。

4 特定受益者

特定受益者とは、信託の受益者（受益者としての権利を現に有するものに限る。）及び信託の変更をする権限を現に有し、かつ、当該信託の信託財産の給付を受けることとされている者をいいます（措法41の4の2①、所法13①②）。

5 組合事業等による不動産所得の損失の金額

措置法41の4の2第1項に規定する「組合事業等による不動産所得の損失

の金額」とは、特定組合員又は特定受益者のその年分における組合事業等から生ずる不動産所得の総収入金額に算入すべき金額の合計額が、その組合事業等から生ずる不動産所得の必要経費に算入すべき金額の合計額に満たない場合の、その満たない部分に相当する金額をいいます（措令26の6の2④）。

この組合事業等による不動産所得の損失の金額は、各組合契約の組合事業等ごとに計算するので、その年中に組合事業等による不動産所得の損失の金額のほかに別の黒字の組合事業等による不動産所得の金額や組合事業等以外の一般の不動産所得の金額があったとしても、その組合事業等による不動産所得の損失の金額は、他の黒字の組合事業の不動産所得の金額や組合事業等以外の不動産所得の金額から控除（不動産所得内の損益の通算）することはできないこととされています（措通41の4の2－1）。

6 特定組合員に該当するかどうかの判定

措置法41の4の2第1項に規定する「組合事業に係る重要な財産の処分若しくは譲受け」に該当するかどうかは、組合事業に係る当該財産の価額、当該財産が組合事業に係る財産に占める割合、当該財産の保有又は譲受けの目的、処分又は譲受けの行為の態様及びその組合事業における従来の取扱いの状況等を総合的に勘案して判定することとされています（措通41の4の2－2）。

また、同項に規定する「組合事業に係る多額の借財」に該当するかどうかは、組合事業に係る当該借財の額、当該借財が組合事業に係る財産及び経常利益等に占める割合、当該借財の目的並びにその組合事業における従来の取扱いの状況等を総合的に勘案して判定することとされています（措通41の4の2－3）。

第 13 章

新たな形態の取扱い

13-1 「民泊」の事業形態

質問

私は会社員ですが、自己が居住する住宅を利用して、いわゆる「民泊」を行いたいと考えています。

「民泊」という事業は、どのような形態になるのでしょうか。

回答

解説に記載のとおりです。

解説

1 「民泊」の定義

いわゆる「民泊」について、法令上の明確な定義はありませんが、住宅（戸建て住宅やマンションなどの共同住宅）の全部又は一部を活用して旅行者等に宿泊サービスを提供することを指して、一般的に「民泊（民泊サービス）」といわれています。

そして、急増する訪日外国人観光客の多様なニーズへの対応や少子高齢化社会を背景に増加する空家の有効活用といった地域活性化の観点から、健全な民泊を普及させるため、平成30年6月15日に住宅宿泊事業法が施行されました。

住宅宿泊事業法が施行された以降、「民泊」は、次のいずれかの方法により行うことになります。

① 旅館業法の許可を得る
② 国家戦略特別区域法（特区民泊）の認定を得る
③ 住宅宿泊事業法の届出を行う

2 旅館業法による「民泊」

旅館業には、①ホテル営業、②旅館営業、③簡易宿所営業及び④下宿営業の種別がありますが、いずれも「宿泊料を受けて人を宿泊させる営業」と定

義されています(旅館業法2)。

　旅館業法にいう「民泊」とは、「寝具を使用して施設を利用すること(ベッドや布団、毛布など寝具を備えた施設を提供すること)」であり、「宿泊料」とは、寝具や部屋の使用料(休憩料、寝具賃貸料、寝具等のクリーニング代、水道光熱費、室内清掃費等)とされています(旅館業法2⑤)。

　したがって、個人が自宅の一部や空き家を利用する場合であっても、有償で繰り返し、宿泊所として提供する「民泊」を行うことは基本的に旅館業に該当することになります。

　なお、旅館業を営む者は、都道府県知事の営業許可を得なければなりません(旅館業法3)。

3 国家戦略特区(国家戦略特別区域外国人滞在施設経営事業)による「民泊」

　国家戦略特区による「民泊」は、国家戦略特別区域法に基づく旅館業法の特例として規定されており、国家戦略特別区域において、外国人旅客の滞在に適した施設を賃貸借契約及びこれに付随する契約に基づき一定期間(2泊3日)以上使用させるとともに、当該施設の使用方法に関する外国語を用いた案内やその他の外国人旅客の滞在に必要な役務を提供する事業をいい、都道府県知事による認定を得なければなりません(国家戦略特別区域法13)。

4 住宅宿泊事業法による住宅宿泊事業(「民泊」)

　住宅宿泊事業とは、旅館業法3条の2に規定する営業者以外の者が宿泊料を受けて住宅に人を宿泊させる事業をいい、人を宿泊させる日数が1年間で180日を超えないものをいいます(住宅宿泊事業法2③)。

　また、住宅宿泊事業に利用できる住宅は、次に掲げる要件のいずれにも該当する家屋とされています(住宅宿泊事業法2①)。

(1) 当該家屋に台所、浴室、便所、洗面設備その他当該家屋を生活の本拠として使用するために必要な設備が設けられていること
(2) 現に人の生活の本拠として使用されている家屋、従前の入居者の賃貸借の期間の満了後新たな入居者の募集が行われている家屋その他の家屋で

あって、人の居住の用に供されていると認められること

なお、住宅宿泊事業を営む者は、都道府県知事に対し当該事業を営む旨の届出をする必要があります（住宅宿泊事業法3①）。

参考　「民泊」に関する制度の比較表

区　分	旅館業法	国家戦略特区法	住宅宿泊事業法
許認可等	許可	認定	届出
住宅専用地域での営業	不可	不可（自治体ごとに制限する場合あり）	可能（条例により制限する場合あり）
営業日数の制限	制限なし	2泊3日以上の滞在が条件	年間提供日数180日以内
最低床面積、最低床面積（3.3㎡/人）の確保	最低床面積あり（33㎡。宿泊者数10人未満の場合は3.3㎡/人）	原則25㎡以上	最低床面積あり（3.3㎡/人）
衛生措置	換気、採光、照明、防湿、清潔等の措置	換気、採光、照明、防湿、清潔等の措置、使用開始時に清潔な居室の提供	換気、防湿、清潔等の措置、定期的な清掃等
非常用照明等の安全確保の措置義務	あり	あり　6泊7日以上の滞在期間の施設の場合は不要	あり　家主同居で宿泊室の面積が小さい場合は不要
消防用設備の設置	あり	あり	あり　家主同居で宿泊室の面積が小さい場合は不要
近隣住民とのトラブル防止措置	不要	必要（近隣住民への適切な説明、苦情及び問合せに適切に対応するための体制及び周知方法、その他連絡先の確保）	必要（宿泊者への説明義務、苦情対応の義務）
不在時の管理業者への委託業務	規定なし	規定なし	規定あり

（出典）観光庁公式ホームページ『民泊制度ポータルサイト』を基に作成。

13-2 住宅宿泊事業により生じる所得の区分

質問

　私は自己が居住する住宅の一部を利用して、住宅宿泊事業法に規定する住宅宿泊事業を行う予定です。
　この事業により生じる所得は、どの所得に区分されますか。

回答

　自己が所有する住宅を利用して住宅宿泊事業法に規定する住宅宿泊事業を行うことによる所得は、原則として雑所得に区分されます。

解説

1 不動産所得と事業所得及び雑所得との関係

　不動産所得とは、不動産、不動産の上に存する権利、船舶又は航空機の貸付けによる所得をいうものとされていますが、不動産等の貸付けによる所得であっても事業所得に該当するものは、不動産所得に該当しません（所法26①）。
　また、事業所得とは、農業、漁業、製造業、卸売業、小売業、サービス業その他の事業で政令で定めるものから生じる所得をいうと規定されていますが、不動産等の貸付業に該当するものは除くとされています（所法27①、所令63）。
　そうすると、不動産所得に該当せずに事業所得あるいは雑所得に該当する不動産等の貸付けとはどういうものかが問題となります。
　例えば、アパート、下宿等の所得区分については、①アパート、貸間等のように食事を供さない場合の所得は不動産所得、②下宿等のように食事を供する場合の所得は事業所得又は雑所得とされており、貸付けや使用の対価が不動産所得となるか事業所得又は雑所得となるかの違いは、不動産等の使用の他に役務の提供（この場合は食事の提供というサービス）の有無によるものということができます（所基通26－4）。
　なお、ある業務が事業所得となるか、雑所得となるかについては、その業務が事業的規模で行われている場合には、それによる所得は事業所得とされ、

その業務が事業的規模で行われていない場合には、それによる所得は雑所得に区分されることとなります。

2 旅館業法及び国家戦略特別区域法に規定する「民泊」により生じる所得の区分

　旅館業とは、宿泊料を受けて人を宿泊させる営業であり、この場合の「宿泊」とは寝具を使用して施設を利用することと規定されています（旅館業法2）。

　したがって、旅館業法に規定する「民泊」により生じる所得は、施設等を設けて不特定多数の者を対象に対価を得て反復継続して行う事業により生じる所得ということができますから、事業所得又は雑所得に区分されます。

　なお、国家戦略特別区域法に規定する「民泊」についても、それが旅館業法の特例であり、外国人旅客の滞在に適した施設を一定期間以上使用させるとともに、外国人旅客の滞在に必要な役務を提供する事業であることに鑑みれば、旅館業法に規定する「民泊」と同様、それにより生じる所得は、事業所得又は雑所得に区分されるものと考えます。

3 住宅宿泊事業により生じる所得の区分

　住宅宿泊事業法に規定する住宅宿泊事業は、旅館業と同様、宿泊料を受けて住宅に人を宿泊させる事業であり、宿泊者の安全等の確保や換気、除湿、清潔等の措置並びに定期的な清掃等一定のサービスの提供が事業者に義務付けられています（住宅宿泊事業法2）。

　そして、利用者から受領する宿泊料には、部屋の使用料のほか、寝具等の賃貸料やクリーニング代、水道光熱費、室内清掃費、日用品、観光案内等の役務の提供の対価などが含まれていると考えられ、一般的な不動産貸付けとは異なるものということができます。

　また、住宅宿泊事業に利用できる家屋は、①現に人の生活の本拠として使用されている家屋、②従前の入居者の賃貸借の期間満了後新たな入居者の入居者の募集が行われている家屋その他の家屋であって、③人の居住の用に供されているものに限定されており、年間の宿泊を提供する日数も180日以内と制限されています（住宅宿泊事業法2）。

このような住宅宿泊事業の性質や事業規模・期間などを踏まえると、当該事業により生じる所得は、原則として雑所得に区分されると考えられます。

なお、不動産賃貸業を営んでいる者が、契約期間の満了等による不動産の貸付け終了後、次の賃貸契約が締結されるまでの間、当該不動産を利用して一時的に民泊を行った場合に得る所得は、雑所得せずに、不動産所得に含めて差し支えないものと考えられます。

また、年間の営業日数は180日以内と制限されていますが、事業の用に供する建物の棟数、室数及び宿泊料金若しくは専ら住宅宿泊事業から生じる所得により生計を立てていること等を総合勘案した結果、営業として事業的規模で行われていることが客観的に明らかな場合には、その所得は事業所得に該当します。

13-3 住宅宿泊事業における必要経費

質問

住宅宿泊事業から生じる所得金額を計算する場合、どのようなものが必要経費に算入できますか。

回答

住宅宿泊事業における必要経費は、仲介事業者に支払う手数料、管理業者等に支払う管理費用や広告宣伝費のほか、その業務について生じた費用の額となります。

また、水道光熱費や固定資産税などの家事関連費のうち必要経費に算入することができる金額は、主たる部分が業務の遂行上必要であり、かつ、その必要である部分を明らかに区分できる場合のその部分に相当する金額です。

解説

1 住宅宿泊事業における必要経費に算入すべき金額

(1) 住宅宿泊事業における必要経費の範囲と算入すべき時期

住宅宿泊事業から生じる所得金額は、当該事業に係る総収入金額から

必要経費を控除して計算します（所法26②、27②、35②）。

　必要経費に算入できる費用は、総収入金額を得るため直接に要した費用の額及びその年における販売費、一般管理費その他住宅宿泊事業による所得を生ずべき業務について生じた費用（償却費以外の費用でその年において債務の確定しないものを除く。）の額です（所法37①）。

　そして、その年において債務が確定しているものとは、次に掲げる要件のすべてに該当するものとされています（所基通37－2）。

① その年の12月31日までにその費用に係る債務が成立していること

② その年の12月31日までにその債務に基づいて具体的な給付をすべき原因となる事実が発生していること

③ その年の12月31日までにその金額を合理的に算出することができるものであること

(2) **住宅宿泊事業における費用の具体例**

　費用の具体例は、次のとおりです。

① 住宅宿泊仲介事業者に支払う手数料

　（注）住宅宿泊仲介事業者とは、宿泊サービス提供契約の締結の代理又は媒介を委託する場合の登録を受けた住宅宿泊仲介業者又は旅行業者をいいます。

② 住宅宿泊管理業者等に支払う管理費用や広告宣伝費

　（注）住宅宿泊管理業者とは、住宅宿泊事業者が不在等の場合に、事業者が行うべき宿泊者に対する衛生確保措置、騒音防止のための説明、近隣からの苦情への対応、宿泊者名簿の作成等を委託された業者をいいます。

③ 水道光熱費

④ 通信費

⑤ 非常用照明器具の購入及び設置費用

⑥ 宿泊者用の日用品等の購入費

⑦ 住宅宿泊事業に利用している家屋の減価償却費

⑧ 固定資産税

⑨ 住宅宿泊事業資金の借入金利子

　なお、生計を一にする配偶者その他の親族に支払う地代家賃等は必要

経費に算入できません（所法56）。

2 住宅宿泊事業における必要経費と家事関連費

　住宅宿泊事業から生じる所得を得るために支出する費用のうち、住宅宿泊仲介業者に支払う仲介手数料や住宅宿泊管理業者に支払う管理費用など、住宅宿泊事業を行うためにのみ支払う費用については、その全額を必要経費に算入することができます。

　一方、住宅宿泊事業における水道光熱費や固定資産税など、業務用部分と生活用部分の費用の両方が含まれているもの（家事関連費）については、住宅宿泊事業に関する部分（業務用部分）の金額のみを必要経費に算入することができます。

　家事関連費のうち必要経費に算入することができる金額は、主たる部分が業務の遂行上必要であり、かつ、その必要である部分を明らかに区分できる場合のその部分に相当する金額とされています（所令96一）。

　この区分については、その業務の内容、資産の利用状況などを総合勘案して判断することになります。

13-4 住宅宿泊事業における必要経費の計算

質問

　住宅宿泊事業による所得金額を計算する場合、必要経費として計上する水道光熱費や減価償却費はどのように計算すればよいでしょうか。

回答

　解説に記載のとおりです。

解説

1 家事関連費について

　住宅宿泊事業における水道光熱費や通信費のように、一の支出が業務用部

分と生活用部分との両方に関わりがある費用を家事関連費といいます。

この家事関連費のうち必要経費に算入することができる金額は、取引の記録等に基づいて、業務の遂行上直接必要であった部分が明らかに区分できる場合のその部分の金額に限られています（所令96）。

この区分については、業務の内容や資産の利用状況などを総合勘案して判断することとなり（所基通45－1）、例えば、住宅宿泊事業における届出等に記載した事業に利用している部分の床面積の総床面積に占める割合や実際に宿泊客を宿泊させた日数を基にするなど、合理的な方法により按分して計算する必要があります。

2 家事関連費の区分計算例

(1) 水道光熱費の区分計算

住宅宿泊事業における水道光熱費のうち、業務用部分の金額は、次のとおり計算します。

算式

［住宅宿泊事業の概要］
① 住宅宿泊事業に利用した住宅で支出した水道光熱費の年間合計額 360,000円
② 住宅宿泊事業に利用した住宅の面積 210m^2
③ ②のうち、主に住宅宿泊事業に利用している部分の面積 70m^2
④ 1年間で実際に宿泊客を宿泊させた日数 180日

［計算式］
360,000円×70m^2/210m^2×180日/365日＝59,179円
※1円未満の端数は切上げして差し支えありません。

(2) 減価償却費の区分計算

住宅宿泊事業における減価償却費は、次のとおり計算します。

算 式

[家屋の状況]
① 取得価額　25,000,000円
② 取得年月日　平成20年1月
③ 構造　木造（耐用年数22年　償却率0.046）
④ 期首（平成30年1月1日）における未償却残額　18,025,000円
※ 未償却残額の計算は《Q3-18「中古資産を非業務用から業務用に転用した場合の減価償却費の計算」》を参照してください。

[住宅宿泊事業の状況]
① 住宅宿泊事業に利用した住宅の面積　210m²
② ①のうち、主に住宅宿泊事業に利用している部分の面積　70m²
③ 住宅宿泊事業を行っていた月数（業務期間）　6月

[減価償却費（平成30年分）の計算式]
25,000,000円×0.046×6月/12月×70m²/210m²＝191,667円
※1円未満の端数は切上げして差し支えありません。

13-5　住宅宿泊事業と消費税の課税関係

質 問

私は自己所有の住宅を利用して住宅宿泊事業を行っていますが、宿泊者から受領する宿泊料に消費税は課税されますか。

回 答

住宅宿泊事業法に規定する住宅宿泊事業において宿泊者から受領する宿泊料は、ホテルや旅館などと同様に消費税の課税対象となります。

解説

1 住宅宿泊事業の宿泊料と消費税

(1) 非課税とされる「住宅の貸付け」の範囲

　消費税法上、住宅（人の居住の用に供する家屋又は家屋のうち人の居住の用に供する部分をいう。）の貸付け（当該貸付けに係る契約において人の居住の用に供することが明らかにされているものに限るものとし、一時的に使用させる場合その他政令で定める場合を除く。）は非課税とされています（消法6①、別表①十三）。

　この非課税とされる「住宅の貸付け」の範囲については、次のとおり定められています（消基通6-13-1）。

① 庭、塀その他これらに類するもので、通常、住宅に付随して貸し付けられると認められるもの

② 家具、じゅうたん、照明設備、冷暖房設備その他これらに類するもので住宅の附属設備として、住宅と一体となって貸し付けられると認められるもの

　なお、住宅の附属設備又は通常住宅に付随する施設等と認められるものであっても、当事者間において住宅とは別の賃貸借の目的物として、住宅の貸付けの対価とは別に使用料等を収受している場合には、当該設備又は施設の使用料等は非課税とはなりません。

(2) 「住宅の貸付け」から除外される旅館業に該当するものの範囲

　消費税が非課税とされる「住宅の貸付け」から除外されるものとして、住宅を一時的に使用させる場合のほか、住宅の貸付けに係る期間が1月に満たない場合及び当該貸付けが旅館業法2条1項に規定する旅館業に係る施設の貸付けに該当する場合とされています（消令16の2）。

　そして、旅館業法2条1項に規定する旅館業に該当するものの範囲については、次のとおりです。

① ホテル営業、旅館営業、簡易宿泊所営業及び下宿営業

② リゾートマンション、貸別荘等で旅館業法の適用を受ける施設

(3) 住宅宿泊事業の宿泊料と消費税の課税関係

　住宅宿泊事業法に規定される住宅宿泊事業は、旅館業法3条の2に規定する営業者以外の者が宿泊料を受けて住宅に人を宿泊させる事業であり（住宅宿泊事業法2③）、宿泊者の安全等の確保や換気、除湿、清潔等の措置並びに定期的な清掃等一定のサービスの提供が事業者に義務付けられています（住宅宿泊事業法2⑤）。

　そして、住宅宿泊事業法にいう宿泊とは、寝具を使用して施設を利用することをいい（住宅宿泊事業法2②）、宿泊者から受領する宿泊料には、部屋の使用料のほか、寝具等の賃貸料やクリーニング代、水道光熱費、室内清掃費、日用品、観光案内等の役務の提供の対価などが含まれているとされています。

　以上の点から判断すると、住宅宿泊事業法に規定する住宅宿泊事業は、ホテル営業や旅館営業などと同種の事業ということができますから、消費税が非課税とされる「住宅の貸付け」から除外されるものに該当することとなり、宿泊者から受領する宿泊料は、消費税の課税対象となります。

　なお、当課税期間の基準期間（個人事業者の場合は前々年、法人の場合は前々事業年度）における課税売上高が1千万円以下の場合、当課税期間は原則として免税事業者に該当しますから、消費税の申告・納税義務はありません。

2　住宅宿泊事業者がウェブサイトを利用している場合の消費税

　消費税の課税事業者に該当する住宅宿泊事業者が、ウェブサイト上に住宅宿泊事業に提供する物件を掲載するため、当該ウェブサイトの運営事業者に掲載料を支払っている場合、支払先が国内事業者又は国外事業者によって、次のとおり仕入税額控除等の取扱いが異なります。

(1) 国内事業者への支払い

　住宅宿泊事業者における課税仕入れとして仕入税額控除の対象となります。

(2) 国外事業者への支払い

① 一般課税で申告する者で課税売上高が95％以上の者又は簡易課税制

度を適用している者

　　支払った掲載料は仕入税額控除の対象となりません。
②　一般課税で申告する者で課税売上高が95％未満の者（①以外の者）

　　支払った掲載料は仕入税額控除の対象となるとともに、同額をリバースチャージ方式（参考参照）により課税標準額に加算して申告・納税する必要があります。

参　考

「リバースチャージ方式」について
1　電気通信回線（インターネット等）を介して行われる役務の提供（以下、「電気通信利用役務の提供」という。）については、国外から行われるものも国内取引として消費税が課税されます（消法4③三）。
2　電気通信利用役務の提供は、「事業者向け電気通信利用役務の提供」とそれ以外のものに区分されますが、国外事業者が行う電気通信利用役務の提供のうち、役務の性質又は当該役務の提供に係る取引条件などから、当該役務の提供を受ける者が通常事業者に限られるものが、「事業者向け電気通信利用役務の提供」に該当します（消法2①八の四、消基通5－8－4）。
3　消費税法においては、資産の譲渡等を行った事業者がその資産の譲渡等に係る申告・納税を行うこととされています。
　　しかし、電気通信利用役務の提供のうち「事業者向け電気通信利用役務の提供」の課税方式については、国外事業者からその役務の提供を受けた国内事業者が、その役務の提供に係る申告・納税を行う、いわゆる「リバースチャージ方式」が導入されています（消法4①）。

13-6　不動産賃貸のフリーレントに係る収入金額の計上時期

質　問

私は不動産賃貸業者ですが、賃借人との賃貸借契約において、3か月間の賃料を無料とするフリーレント期間を設定しようと考えています。

このフリーレントに係る収入の計上時期は、どのような取扱いになるのでしょうか。

回答

フリーレント期間に係る収入金額の計上時期については、賃貸借契約の内容やその実態に基づいて総合的に判断することになると考えますが、次の2通りの処理方法があります。

(1) フリーレント期間中は収入計上をせず、実際に賃料を受領した期間から収入計上する処理方法
(2) 賃料の総額をフリーレント期間を含む賃貸期間で按分し、賃貸期間にわたって収入計上する処理方法

解説

1 不動産所得の総収入金額の収入すべき時期

不動産所得の総収入金額の収入すべき時期については、別段の定めがある場合を除き、それぞれ次に掲げる日によるものとされています（所基通36－5）。

契約又は慣習により支払日が定められている場合	その定められた支払日
支払日が定められていない場合	その支払いを受けた日
請求があったときに支払うべきものとされている場合	その請求の日

また、不動産等の貸付けが事業的規模で行われている場合あるいは事業的規模に至らない場合であっても、一定の要件を満たすものについては、その賃貸料に係る貸付期間の経過に応じ、その年中の貸付期間に対応する部分の賃貸料の額をその年分の不動産所得の総収入金額に算入すべき金額とすることができます（2－1－2「昭和48年11月6日付直所2－78『不動産等の賃貸料に係る不動産所得の収入金額の計上時期について』」参照）。

2 フリーレントに係る期間の収入金額の取扱い

フリーレントとは、不動産の賃貸借契約において、賃貸物件の稼働率を上昇させることを目的として数か月間の賃料を無料とするスキームのことをいいますが、ここで問題となるのは、フリーレント期間中の賃貸料に係る収入金額の計上時期の取扱いです。

所得税法上、不動産所得の総収入金額の収入すべき時期は、原則として、契約又は慣習によって支払日が定められているものについてはその支払日と規定されていますから、フリーレント契約においても、フリーレント期間終了後から賃料の支払いを受けることが契約等で明記されているのであれば、実際に賃料を受領した期間から収入に計上することで問題はないものと考えることもできます。

　しかし、所得税基本通達36－5は、そもそも定期的に支払いを受ける賃料についての定めであり、フリーレントを想定して規定されているものではないことから、フリーレント期間中の賃料の取扱いについては、賃貸借契約の内容やその実態に基づいて総合的に判断することになるものと考えます。

　そこで、現状におけるフリーレント契約の内容及び当事者間の認識から判断すると、フリーレント期間に係る収入金額の計上時期については、次の2通りの処理方法があります。

(1)　フリーレント期間中は収入計上をせず、実際に賃料を受領した期間から収入計上する処理方法
(2)　賃料の総額をフリーレント期間を含む賃貸期間で按分し、賃貸期間にわたって収入計上する処理方法

　(1)の方法は、フリーレントの賃貸借契約において、当事者間ではフリーレント期間中の賃料は「実質的に賃料の免除又は値引き」と認識して、フリーレントが終了して実際に賃料を受領した期間から収入計上するものであり、他方、(2)の方法は、当事者間で「月額賃料は賃料総額をフリーレント期間を含む賃貸期間で按分した金額」と認識して、フリーレント期間に対応する賃料相当額を収入計上するものです。

　上記(1)及び(2)の処理方法については、フリーレント契約の内容及び当事者間の認識を踏まえた合理的なものであり、いずれも不動産所得の収入金額の計上方法として妥当であると考えられます。したがって、所得税法上、不動産所得に係るフリーレント期間の賃料の取扱いについても、これらの処理方法に合わせて収入金額に計上することになると考えます。

> **参 考**
>
> 《フリーレント契約の一例》
> ［賃貸借要項］
> 　賃貸借期間　平成30年10月1日より平成33年9月30日まで
> 　第5条（賃料及び共益費）
> 　2．賃料は平成31年1月1日より起算とする。
> 　3．共益費は平成30年10月1日より起算とする。
> ［特約事項］
> 　本契約賃貸借要項に定める賃貸借期間内の乙の申し入れにより本契約を解約した場合、又は乙の責に帰する理由により本契約が解除された場合に、乙は本契約第5条第2項に定める賃料の免除期間に免除された賃料と消費税の合計額相当額、金××××円也を違約金として甲に支払わなければならない。

13-7　サブリース（一括転貸）における税務上の取扱い

質　問

　私は住宅用の賃貸マンション経営を開始するに当たり、節税対策として妻を役員とする不動産管理会社（同族会社）を設立して、私が所有するマンションを法人にサブリース（一括転貸）したいと考えています。
　この場合、私と法人とのサブリース契約において、法人に対する適正な一括賃貸料はどのように算定すればよいでしょうか。
　また、サブリースの場合、消費税は課税対象となるのでしょうか。

回　答

　サブリース方式による賃料は、建物の種類、築年数、立地条件や見込まれる入居率などを加味して算定することになりますが、一般の不動産管理会社と同程度の賃料（満室賃料の85％から90％程度）とすることが適当であると考えます。
　また、住宅用の賃貸マンションを同族会社である不動産管理会社にサブリース方式により一括転貸した場合、消費税は非課税取引に該当します。

解説

1 サブリースの形態

(1) サブリースの形態

　不動産賃貸業にサブリースという新しい契約形態が定着しつつあります。

　賃借権の譲渡及び転貸について、民法612条はこれを制限しており、賃借人は、賃貸人の承諾を得なければその賃借権を譲り渡し又は賃借物を転貸することができず、賃借人がこれに反して賃借物の使用又は収益をさせたときは、賃貸人は契約を解除することができるとされていますが、貸主の承諾があれば、第三者への転貸は可能となります。

　この仕組みを不動産事業に利用したのがサブリースであり、サブリースとは、賃貸不動産の所有者と不動産管理業者との間の転貸借を目的とした原賃貸借契約と、不動産管理業者と借主との転貸借契約を合わせたシステムをいいます。

(2) サブリース方式による管理業務の特徴

　賃貸不動産の管理業務には、多く分けて①管理受託方式と②サブリース（一括転貸）方式の2つの方式（自己所有方式を除く。）があります。

　管理受託方式による管理の場合、不動産管理業者は貸主からの委託を受け、賃貸管理の受任者として貸主に代わって管理業務を行います。

　他方、サブリース方式による管理の場合、不動産管理業者は借主との転貸借契約における貸主の地位にあり、転貸人として自ら賃貸物件を転借人に転貸して、直接賃貸管理を行います。したがって、サブリース方式による管理には、不動産管理業者が貸主・転借人の双方に対して契約当事者としての責任を負うこととなります。

　ところで、サブリース方式の場合、経営上生じる様々な費用は貸主又は不動産管理業者のいずれが負担するかを契約上詳細に定めておく必要があります。

　例えば、建物本体の修繕費や建物附属設備、構築物の修繕や維持管理のための費用負担は、建物の所有者である貸主となり、不動産賃貸経営

を行うための費用、具体的には、入退去時のクロス・壁・畳・フローリング等の改修リフォーム費用や室内のクリーニング費用、共用部分の水道光熱費などの費用負担は、不動産管理業者となるものと考えます。

2 同族会社が不動産管理会社である場合の適正な賃料

同族会社によるサブリース方式の場合、同族会社である不動産管理業者は、賃貸不動産の所有者である個人貸主から、空き室リスクを加味した低い賃料で建物を賃借して、これを市場価格で第三者の賃借人に転貸することによって、転借人からの受取家賃と個人貸主への支払家賃との差額を法人の利益としています。

したがって、個人貸主からみると、同族会社である不動産管理会社を介在させることにより、同族会社を設立する前の個人貸主の所得は、個人貸主の所得と同族法人の利益に2分されることになり、結果として節税につながることにもなります。

サブリース方式により同族会社である不動産管理会社が個人貸主から受領する賃料（管理料）は、契約で自由に決定することができますが、その賃料が非同族会社である不動産管理会社の賃料と著しくかけ離れていると、所得税法157条《同族会社等の行為又は計算の否認等》の規定により、租税負担を不当に免れる行為として課税当局に否認されることになりかねませんから、注意が必要です。

通常、一般の不動産管理会社が行うサブリース方式による賃料は、建物の種類、築年数、立地条件や見込まれる入居率などを加味して算定されますが、満室賃料の85％から90％程度が多いとされています。

したがって、個人貸主と同族会社である不動産管理会社との間のサブリース方式による賃料を算定する場合には、同族会社以外の不動産管理会社のサブリース契約の条件を参考にして決定することが適当であると考えます。

3 サブリースにおける消費税について

消費税法において、住宅の貸付け（一時的な貸付けを除く。）は、非課税とされています（消法6①、別表①十三）。

ところで、住宅の貸付けが非課税とされるのは、賃借人が自ら住宅として使用する場合に限られるのか、あるいは賃借人は自ら使用しないが他の者に住宅として転貸する場合の当該賃借人に対する貸付けも含まれるのかについて、疑問が生じるところです。

この点について、消費税法基本通達6－13－7《転貸する場合の取扱い》は、住宅用の建物を賃貸する場合において、賃借人が自ら使用しない場合であっても、当該賃貸借に係る契約において、賃借人が住宅として転貸することが契約書その他において明らかな場合には、当該住宅用の建物の貸付けは、住宅の貸付けに含まれる（この場合、賃借人が行う住宅の転貸も住宅の貸付けに該当します。）と定められています。

したがって、住居用の賃貸マンションを同族会社である不動産管理会社にサブリース方式により一括転貸した場合、消費税は非課税取引に該当することになります。

13-8 シェアハウスにおける税務上の取扱い

質問

私は年金所得者ですが、所有する空き家を利用してシェアハウスを経営しようと考えています。

シェアハウスにおける税務上の取扱いはどうなるのでしょうか。

回答

シェアハウスにより生じる所得は不動産所得に該当します。

また、シェアハウスは、消費税法上の「住宅の貸付け」に該当しますから、非課税となります。

解説

1 シェアハウスの形態

近年、一戸の賃貸物件に複数の者が共同で生活する、いわゆる「シェアハ

ウス」と呼ばれる共同居住型賃貸住宅が注目を集めています。

　シェアハウスについては、法律上の定義はなく、主に賃貸人と個々の賃借人との間で賃貸借契約を締結して、個室（寝室）を専用部分とし、リビング、台所、浴室、トイレ、洗面所等の共用部分を他の入居者と共有して、共用部分の利用方法や清掃・ゴミ出し等に関する生活ルールが設けられている点が特徴とされています。

　シェアハウスは、賃貸住宅の一種ですが、家賃のほか共用部分の使用の対価として共益費を支払い、多くは当該共益費により水道光熱費を賄う契約内容であるため、一般の賃貸住宅のように、水道光熱費は居住者ごとに負担し、共益費は共用する廊下やエレベーター等の使用の対価とされている賃貸借契約とは異なるようです。

2 シェアハウスにより生じる所得の区分

　不動産の貸付けによる所得は、原則として不動産所得となります（所法26①）が、不動産等の貸付けによる所得であっても、事業所得に該当するものは不動産所得からは除かれています（所令63）。

　これらの所得の区分については、①不動産所得は、資産所得であり、専ら不動産等を使用することにより生じるものとされ、②事業所得は、資産・勤労結合の所得であり、不動産等の使用のほかに役務の提供が加わりこれらが一体となった給付の対価という性質をもつものとされています（所基通26-4）。

　シェアハウスの場合、住宅の専用部分及び複数の賃借人と共同して利用する住宅の附属設備を住宅と一体となって貸し付けることにより生じる所得であり、そこに役務の提供は含まれていませんから、不動産所得に該当します。

3 シェアハウスにおける消費税について

(1) 「住宅の貸付け」の範囲

　　住宅とは、人の居住の用に供する家屋又は家屋のうち人の居住の用に供する部分をいい、一戸建ての住宅のほか、マンション、アパート、社宅、寮、貸間等が含まれるとされています。

消費税法において「住宅の貸付け」は非課税とされていますが、その範囲には、①通常、住宅に付随して貸し付けられると認められるもの、②家具、じゅうたん、照明器具、冷暖房設備等の住宅の附属設備で住宅と一体となって貸し付けられると認められるものが含まれます（消基通6－13－1）。

(2) 資産の貸付けの対価となる「家賃」の範囲

消費税法上「住宅の貸付け」は非課税とされていますから、住宅の貸付けの対価である家賃は非課税となりますが、この家賃の範囲については、月決め等の家賃のほか、敷金、保証金、一時金等のうち返還を要しない部分及び共同住宅における共用部分に係る費用を入居者が応分に負担するいわゆる共益費（ただし、住宅の貸付けに含まれない施設等に係る費用部分を除く。）も含まれるとされています（消基通6－13－9）。

(3) シェアハウスと消費税との関係

シェアハウスの場合は、一つの住宅に賃借人が共同して居住する「共同居住型賃貸住宅」という賃貸住宅の一種であり、契約を締結する個々の賃借人に住宅本体を貸し付けるものではありませんが、住宅の専用部分としての個室及び複数の賃借人と共有する家具、照明器具、冷暖房設備等の住宅の附属設備が住宅と一体となって貸し付けられていると認められますから、消費税が非課税とされる「住宅の貸付け」に該当するものと考えます。

また、シェアハウスの共益費は、共同住宅における共益費とは異なりますが、その賃貸住宅において他の入居者と共有するリビング、台所、浴室、トイレ、洗面所等の共用部分に係る電気、ガス、水道料等の応分の負担額を入居者から収受しているものと認められますから、住宅の貸付けの対価である家賃であり、消費税は非課税となるものと考えます。

【編著者】
安井　和彦
　　東京国税局査察部、調査部、課税第一部国税訟務官室、税務大学校教授、東京国税不服審判所国税副審判官、国税審判官、総括審判官、横浜支所長などを経て、平成26年3月退職、税理士開業。東京地方税理士会税法研究所研究員、東京税理士会会員相談室相談委員として活躍中。

【主な著書】
『逆転裁判例にみる事実認定・立証責任のポイント』、『所得税重要事例集』（税務研究会）、『所得拡大促進税制の手引き：法人税＆所得税まるごと解説！』、『税理士のための審査請求制度の手続と理論：実務に役立つQ&A』（税務経理協会）

【著　者】
増渕　実
　　東京国税局総務部事務管理課、課税第一部国税訟務官、芝税務署副署長、東京国税不服審判所国税審判官、総括審判官、部長審判官などを経て、平成24年3月退職、税理士開業。関東信越税理士会所属。

伊倉　博
　　東京国税不服審判所審査官、衆議院法制局参事、金沢国税局課税部国税訟務官、神奈川税務署副署長、東京国税局課税第一部国税訟務官、横浜中税務署特別調査官、出水税務署署長などを経て、平成27年7月退職、税理士開業。東京税理士会所属。

本書の内容に関するご質問は、ファクシミリ等、文書で編集部宛にお願いいたします。(fax 03-6777-3483)
なお、個別のご相談は受け付けておりません。

本書刊行後に追加・修正事項がある場合は、随時、当社のホームページ（https://www.zeiken.co.jp）にてお知らせいたします。

不動産賃貸の所得税 Q&A

平成30年11月29日　初版第一刷印刷
平成30年12月20日　初版第一刷発行

（著者承認検印省略）

ⓒ　編著者　安 井 和 彦

発行所　税 務 研 究 会 出 版 局

週刊「税務通信」「経営財務」発行所

代表者　山 根　毅

郵便番号 100-0005
東京都千代田区丸の内 1-8-2 鉄鋼ビルディング
振替 00160-3-76223
電話〔書 籍 編 集〕03 (6777) 3463
　　〔書 店 専 用〕03 (6777) 3466
　　〔書 籍 注 文〕
　　〔お客さまサービスセンター〕03 (6777) 3450

各事業所　電話番号一覧

北海道 011(221)8348　神奈川 045(263)2822　中　国 082(243)3720
東　北 022(222)3858　中　部 052(261)0381　九　州 092(721)0644
関　信 048(647)5544　関　西 06(6943)2251

＜税研ホームページ＞　https://www.zeiken.co.jp

乱丁・落丁の場合は、お取替え致します。　　印刷・製本　東日本印刷株式会社

ISBN 978-4-7931-2393-1